河北省长城保护管理和执法情况调查研究报告

河北省文物局　编

文物出版社

图书在版编目（CIP）数据

河北省长城保护管理和执法情况调查研究报告/河北省文物局编.
—北京：文物出版社，2009.8

ISBN 978－7－5010－2722－4

Ⅰ.河… Ⅱ.河… Ⅲ.长城－文物保护－研究报告－河北省
Ⅳ.K928.77

中国版本图书馆CIP数据核字（2009）第034962号

河北省长城保护管理和执法情况调查研究报告

编　　者：河北省文物局
责任编辑：段书安
责任印制：王少华
出版发行：文物出版社
地　　址：北京市东直门内北小街2号楼
邮　　编：100007
http：//www.wenwu.com
E－mail：web@wenwu.com
经　　销：新华书店
印　　刷：北京达利天成印刷有限公司
版　　次：2009年8月第1版第1次印刷
开　　本：889毫米×1194毫米　1/16
印　　张：17
书　　号：ISBN 978－7－5010－2722－4
定　　价：136.00元

《河北省长城保护管理和执法情况调查研究报告》

编辑委员会

目录

序

七月下旬，我到西宁为中国法学会培训部举办的文物法律培训班讲课，七月二十七日返京时，在西宁机场偶遇刘华彬、谢飞同志等一行三人，他们去考察了解青海长城。谢飞同志希望我为即将出版的河北长城保护和执法调研一书写个序。八月初，河北省文物局将《河北省长城保护管理和执法情况调查研究报告》（以下简称《调研报告》）征求意见稿寄给我，同时寄来谢飞同志写的信。我首先认真阅读了《调研报告》，在此热诚祝贺他们这次调研取得重要成果。

长城是中国古代伟大的建筑工程，是中华民族的象征，重要的历史文化遗产。新中国成立以来，我国政府对长城保护一直十分关注和重视，在不同的时期，做出规定，制定法规，保护维修，公布为文物保护单位，辟为参观游览场所，开展群众性宣传保护活动，等等，取得了重要成绩。对保护长城中出现的问题，及时采取有效措施，也取得了明显成果。各地保护长城的有效措施和取得的丰富经验，为进一步依法保护好长城创造了十分有利的条件，打下了良好的基础。

胡锦涛总书记关于要“始终坚持党的事业至上，人民利益至上，宪法法律至上”（以下简称“三个至上”）的要求，是对社会主义法制建设规律的科学总结，是高度统一的不可分割的整体。坚持“三个至上”对于长城保护乃至整个文物保护事业都具有十分重要的指导意义。长城保护工作是文化建设，是党的文化事业的重要组成部分，保护长城是守护全国人民长远利益和精神财富。宪法是国家根本大法，法律根据宪法制定，从根本上代表人民利益和集中体现国家意志。因此，在保护长城乃至整个文物保护领域践行“三个至上”，就是要以党的事业发展目标作指引，以维护人民利益为目的，以宪法法律为准绳。这是我们保护长城乃至保护所有文物的出发点和落脚点。

在文物保护领域，以《中华人民共和国文物保护法》（以下简称《文物保护法》）为主体的文物保护法律体系已初步形成，为文物保护包括长城保护提供了强有力的法律依据。就保护长城而言，既有《文物保护法》及其实施条例，还有专门的行政法规《长城保护条例》，以及地方性法规、规章等相关规定，为进一步依法保护长城，将长城保护纳入法治轨道提供了重要保障。

进一步依法保护长城，把长城保护工作全面纳入法治轨道，是保护好长城的根本之策。其中尤为重要的有：

保护长城国有所有权。长城所有权是一种物权，我国规范财产关系的民事基本法律《中华人民共和国物权法》（以下简称《物权法》）第五十一条规定：“法律规定属于国家所有的文物，属于国家所有。”

根据《文物保护法》规定，长城属于国家所有的不可移动文物，为国家专属所有权。《物权法》第五十六条规定，“国家所有的财产受法律保护，禁止任何单位和个人侵占、哄抢、私分、截留、破坏。”在第四十一条规定：“法律规定专属于国家所有的不动产和动产，任何单位和个人不能取得所有权。”保护长城国有所有权是保护长城的根本问题，我们应当根据法律规定，保护专属于国家所有的长城所有权的安全，不受侵犯。

在保护长城国有所有权中，应当依法处理好国有长城与属于集体所有土地、山林等等的关系。它们之间的关系在法律上称为“相邻关系”，简单说，长城是国有不可移动文物，是权利主体（国家）保护的文化遗产，集体所有的土地、山林是权利主体（集体）支配的自然资源，它们在法律上分属不同所有权的客体，所有权主体对各自所有权的行使，不能损害相邻方的合法权益。《物权法》中对处理“相邻关系”原则等作出了一系列规定，为处理好“相邻关系”，保护双方权益提供了重要法律依据。

树立和践行整体保护长城观念。长城重要段落公布为省级文物保护单位始于1956年，公布为全国重点文物保护单位始于1961年，当年国务院公布的第一批全国重点文物保护单位中，有3处明长城段落：万里长城—山海关、万里长城—八达岭、万里长城—嘉峪关。此后又相继公布了金山岭长城、万里长城—紫荆关、万里长城—九门口等，这些段落都是明长城的重要组成部分，由此可反映出对明长城的保护多为重点段落，或者重点保护一些段落。而其他朝代修筑的长城，在2000年之前只先后公布了汉代“玉门关及长城烽燧遗址”（1988年）、战国“魏长城遗址”和秦“固阳秦长城遗址”（1996年）为全国重点文物保护单位，直到2006年国务院公布第六批全国重点文物保护单位时，才公布“战国—明”长城为全国重点文物保护单位，同时把此前尚未公布为全国重点文物保护单位的齐长城、燕长城和明长城一些重要段落作为子目列出。

由公布明长城重点段落，到公布各朝代长城为全国重点文物保护单位，由分段落重点保护到整体保护，反映了保护长城观念的提升，保护对象全面，文化内涵进一步丰富。《长城保护条例》规定：“国家对长城实行整体保护、分段管理。”只有整体保护，才能反映出长城是中国古代伟大建筑工程的全貌，才能保护更丰富的各时代建筑长城的历史信息，才更具有历史、艺术、科学价值。因此，《长城保护条例》进一步规定，“本条例施行前已经认定为长城但未核定公布为全国重点文物保护单位或者省级文物保护单位的段落，应当自本条例施行之日起1年内依法核定公布为全国重点文物保护单位或者省级文物保护单位。”河北省长城保护已达到这一要求。我们在长城保护实践中，应积极探索，践行整体保护长城观念，认真贯彻执行《长城保护条例》规定的“坚持科学规划，原状保护的原则”，切实把长城保护好。

坚持联合保护，协同做好长城基础工作。长城是带状系列大型不可移动文物，长度长，分布广。在现代行政区划中，长城往往成为省、自治区、直辖市和市、县级行政区域的边界。长城的这一重要特点，给保护工作带来了一定的特殊性，这些段落的长城保护，需要长城两侧县级以上人民政府及其文物行政部门共同采取措施，联合行动，才能做到有效保护，真正收到成效。因此，各地应从实际出发，建立联合保护长城领导小组或者联席会议制度，构建相应机制，制定共同保护长城计划、措施，解决保护中的重大问题，推动联合保护长城工作深入开展。

长城作为全国重点文物保护单位或者有的段落作为省级文物保护单位，都应根据《文物保护法》及其实施条例和《长城保护条例》以及相关规范，对其划出保护范围及建设控制地带，作出标志说明，建立记录档案，设立保护机构等长城保护基础工作。作为行政区域边界的长城保护范围及建设控制地带的划定和记录档案的建立，相关政府及文物行政部门应密切合作，协同进行，特别是记录档案在各项主要内容、数据，如长城结构、形制、用材、建筑方法、高度和宽度等方面应当保持一致和完整性、科学性。由于长城分布极为广泛，保存状况不同，除在长城重点段落设立保护机构外，各长城沿线文物行政部门应当在长城内外组建群众保护长城组织，聘请长城保护员，这是动员群众参与长城保护的一种有效形式。文物行政部门应对长城保护员进行培训，明确保护职责，讲授长城保护法律、法规和长城保护知识及方法等，对在保护长城中做出成绩的给予表扬、奖励，充分发挥他们的积极性和主动性。同时，建立县、乡（镇）、村三级长城保护网和责任制。

坚持依法处理好长城保护与建设工程、旅游开放等关系。保护长城是保护中华民族象征，集中体现了全国人民利益。《文物保护法》规定："基本建设、旅游发展必须遵守文物保护工作方针，其活动不得对文物造成损害。"在长城保护中，经常会遇到建设工程穿过长城，拆除一段墙体的现象，破坏了长城的完整性和科学性。近些年来，有的建筑工程如西气东输工程，采取从长城下开挖通道方式铺设管道，避免了拆除长城墙体，保持了该段长城墙体的完整。我们在嘉峪关长城段对这一做法进行了调查，认为这是处理长城保护和建设工程关系的一种好的方式。《长城保护条例》对建设工程中保护长城作出了明确规定："进行工程建设应当绕过长城。无法绕过的，应当采取挖掘地下通道的方式通过长城。无法挖掘地下通道的，应当采取架设桥梁的方式通过长城，任何单位或者个人进行工程建设，不得拆除、穿越、迁移长城。"严格执行这些规定，就会做到既有利于保护长城的完整性，又有利于建设工程进行，从而达到"两利"。

不得转让、抵押长城。《文物保护法》明确规定："国有不可移动文物不得转让、抵押。"长城是国有不可移动文物，不得转让，包括出租、出让、承包、出卖等形式的转让，或者是事实上的、合同形式的转让，包括所有权、管理权、经营权等整体权益的转让，或者是分项权益如门票经营权的转让，都是禁止的。长城归国家所有，《物权法》第四十五条第二款明确规定："国有财产由国务院代表国家行使所有权"。所有权人对自己的不动产依法享有占有、使用、收益和处分的权利，国家对长城所有权的行使只能是国务院。同时，长城归国家所有，任何单位或者个人无权以债务人身份将国有长城作为债权的担保，即抵押长城。

长城的合理利用，在《文物保护法》及其实施条例和《长城保护条例》中都有原则规定。长城作为不可再生的文化资源，首先是文化方面的利用，或者是文化用途。文物包括长城核心价值体系是文化，只有通过文化方面的利用，才能充分体现其历史、艺术、科学价值，才是科学的、符合长城保护规律的利用。在《文物保护法》中规定："核定为文物保护单位的属于国家所有的纪念建筑或者古建筑，除可以建立博物馆、保管所或者辟为参观游览场所外"，作其他用途的须依法批准。《长城保护条例》对长城辟为参观游览区条件和备案等作出了明确的规定，同时规定应核定游人容量指标等。因此长城的合理利用是：

辟为参观游览场所，即参观游览区，建立长城博物馆，设立长城保护机构；

在长城参观游览区或其他重要段落，建立爱国主义教育基地，通过长城实体开展爱国主义教育，焕发人民群众的爱国情怀，增强自信心和自豪感，为振兴中华而奋斗；

进行科学研究。长城是我国重要文化遗产，也是世界文化遗产，通过各种手段对长城进行调查、勘测，摸清长城文化资源，为研究修建长城朝代的政治、经济、军事、科技文化等提供资料，同时运用丰富的资料，对长城进行全面、系统研究，建立中国特色长城学。让长城学走向世界，弘扬中华优秀传统文化。

进而言之，合理利用一是文化的、科学的利用，充分发挥长城的宣传教育、欣赏愉悦、科学研究的作用；不能作为企业资产经营，以营利为目的。二是文化的科学的利用，应是适度的，也就是说对长城的合理利用有一定的度，应有一个临界点，如果超过了度和临界点，就违背了合理利用的原则，就会对长城造成损害，甚至造成破坏，这是必须注意和强调的。正因为如此，《长城保护条例》明确规定："在参观游览区内举行活动，其人数不得超过核定的旅游容量指标。"否则会带来安全隐患。

不得作为企业资产经营。长城是中华民族祖先留下来的遗产，是一种具有公益性和公共性的文化公共品，供人们共享。长城保护事业是公益事业，是文化建设事业，不是文化产业。长城不是供企业经营、营利的资产。《文物保护法》明确规定："建立博物馆、保管所或者辟为参观游览场所的国有文物保护单位，不得作为企业资产经营。"前些年，有些地方把长城参观游览场所转让给旅游企业，或者与企业捆绑上市等，造成了严重后果；近年来有的地方已依法纠正，但有的至今尚未纠正，当地政府及其文物行政部门应当依法督查，依法纠正。

长城保护和合理利用，都需要依法加强管理。各级政府及其文物行政部门应当依据《文物保护法》及其实施条例和《长城保护条例》的规定，履行保护管理长城职责，依法行政，依法许可，依法实施行政处罚，加强对长城保护和利用工作的监督检查，使保护和利用合法、有序，收到成效。对于破坏长城的犯罪行为，应当依法追究刑事责任。

长城保护是一项庞大的系统工程。依法保护，按照1978年中共中央十一届三中全会提出的"有法可依、有法必依、执法必严、违法必究"的十六字方针衡量，从国家层面看，保护长城已有《文物保护法》及其实施条例和《长城保护条例》等法律、法规以及相关规范，基本上达到"有法可依"。但在长城保护实践中，还没有做到"有法必依，执法必严、违法必究"，有些方面还有一定距离。这不仅需要各级政府及其文物行政部门和有关部门长期不懈地努力，学习、宣传《文物保护法》及其实施条例和《长城保护条例》等法律法规，提高自身和群众法律素质，增强法律意识，还要切实做好大量贯彻执行保护长城法律法规的各项工作，其中对长城保护管理和执法情况全面的有计划的调查研究，了解实际情况，肯定成绩，总结经验，同时发现问题及时解决，或者提出对策，逐步落实，不使问题积攒成堆，有的甚至演变成"痼疾"，不仅给日后解决造成更大困难，也会对长城安全造成危害，产生不良影响。因此，这是一项必须认真对待、切实做好的重要工作，它对保护好长城有着重要价值和作用。在这方面河北省文物局的做法提供了一个很好的范例。

今年是改革开放30周年。河北长城调研，是针对20世纪80年代以来长城保护和执法情况，实际上也就是调查研究改革开放以来经济社会发展变化的新形势下，长城保护面临的新情况，在保护中的成绩、经验及问题，也是调查研究《文物保护法》公布实施以来长城依法保护管理和执法情况。因此，可以说这次调查研究，是近30年来长城保护管理和执法情况的一次全方位的、系统的调查研究和总结，同时针对存在的问题，提出保护长城的新任务和新举措。这是这次调查研究和取得成果的重要特点和价值。

《调研报告》还有几个主要特点：一是带着明确目的、要求和方法进行调查研究，收效较大；二是调查研究涉及内容广泛、项目设计科学、规范，涵盖面广，数据采集丰富；三是以法律为准绳，对长城保护、利用、管理状况进行衡量，总结经验，找出存在问题；四是对存在问题多角度分析其原因，有针对性的提出今后改进意见和建议。

《调研报告》对今后长城保护意见和建议，还有一个付诸实践，由实践检验的过程。希望在实践中根据实际情况，适时做出必要调整，不断完善，使其在长城保护工作中发挥重要作用，取得显著成效。

李晓东

2008.9.11

第一部分

河北省长城保护管理和执法情况调查研究的启动和工作进程

一、河北省长城保护管理和执法情况调查研究工作的启动

长城是人类历史上最伟大的建筑之一，是世界上规模最大的文化遗产，是我国文化遗产保护的重中之重。但目前长城仍然面临着诸多自然和人为破坏的威胁。2002 年以来，国家相继公布实施了《文物保护法》、《文物保护法实施条例》、《长城保护条例》等一系列法律、法规、规章和规范性文件，对新时期长城保护工作提出了新的要求。为加强长城保护，2005 国务院批转了国家文物局制定的《“长城保护工程(2005－2014)”总体工作方案》，国家开始实施长城保护工程。国家文物局确定河北和甘肃为全国实施“长城保护工程”的两个试点省份。

河北是长城资源分布大省，为了贯彻实施长城保护法律、法规，全面配合实施“长城保护工程”，准确掌握全省长城保护管理现状，为长城保护管理和行政执法工作提供理论和现实依据，河北省文物局启动了全省长城保护管理和执法情况调查研究工作。

全省长城保护管理和执法情况调查研究工作从 2006 年 5 月开始，到 2007 年 3 月结束，历时 10 个月，涉及全省 9 个设区市，48 个县（市、区），共 268 处长城区段。通过发放调研表、组织实地调查、重点调查和数据分析等调研方式和手段，对各级政府及有关部门履行长城保护职责、长城的利用、长城保护的“四有”工作、长城维修和长城执法情况进行了全面调查，掌握了详实的调查数据和资料。通过对调研数据的统计、分类和梳理，形成了系统的数据信息。在对各类调查数据资料和信息进行综合分析研究的基础上，形成了《河北省长城保护管理和执法情况调查研究报告》。

二、河北省长城保护管理和执法情况调查研究工作进程

1. 2006 年 5 月，制定了《河北省长城保护管理和执法情况调研工作实施方案》（见附件一）。方案包括调研总体目标、工作依据、调研范围、调研内容、工作方式、时间安排和保障措施等七部分。

2. 2006 年 5 月，编制了《长城保护管理和执法情况调查表》（见附件二），并对各调查表的填写做了详细说明。

调查表包括：

表一：长城概况；

表二：长城保护法规和制度建设调查表；

表三：长城保护管理体制调查表；

表四：长城保护范围和建设控制地带调查表；

表六：长城保护标志调查表；

表七：长城保护管理机构和人员调查表（包括长城保护员登记表）；

表八：长城维修情况调查表；

表九：破坏长城的违法、违规案件调查表。

3. 2006 年 6 月，河北省文物局向各市下发了《河北省文物局关于开展长城保护管理和执法情况调研工作的通知》（见附件三），对全省长城保护管理和执法调研的各项工作做了安排，提出了要求。

4. 2006 年 6 月，河北省文物局成立了调研工作领导小组，执法督查处具体承担调研任务；各市确立一名主管领导和一名工作人员负责调研的具体工作。

5. 2006 年 6 月，将与调研工作有关的文件、资料、调查表、法律法规依据等汇编成册，编印了调研工作手册，作为调研工具书，并发放到参与调研工作的人员手中。

图 1－1　谢飞副局长在培训班上讲话

6. 2006 年 6 月 9 日至 10 日，河北省文物局在石家庄市组织召开了全省长城保护管理和执法情况调研工作会议和业务培训班。全省 9 个设区市和有关县级文物行政主管部门承担调研工作的业务人员参加了培训（图 1－1）。

7. 2006 年 7 月至 10 月，各市、县文物行政主管部门组织进行长城保护管理和执法情况实地调查，并填报调查表（图 1－2、1－3）。

8. 2006 年 11 月，回收调查表和有关资料。

9. 2006 年 11 月到 12 月，开展长城保护管理和执法情况调研核查工作，制定了《长城保护管理和

图 1－2　基层文博单位组织行长城实地调查

图 1－3　基层文博单位组织行长城实地调查

执法情况调研核查工作方案》（见附件四），组织核查组对全省4个设区市10个县（市、区）的重点长城区段进行了重点核查（图1－4～图1－7）。

图1－4　在秦皇岛进行重点核查

图1－5　在张家口进行重点核查

图1－6　核查组与基层文保单位进行长城保护座谈

图1－7　核查组与基层文保单位进行长城保护座谈

10. 2007年1月到2月，对调研表和有关资料进行统计、梳理、研究。

11. 2007年3月到4月，撰写《河北省长城保护管理和执法情况调查研究报告》。

12. 2007年6月27日，在北京召开了“《河北省长城保护管理和执法情况调查研究报告》座谈会”，谢辰生、黄景略、张廷皓、吴加安、成大林、王力军等文物专家和国家文物局有关领导出席，专家和领导对报告给予了充分肯定，同时也提出了具体的修改意见和建议（图1－8、图1－9）。

图1－8　北京座谈会现场

图1－9　北京座谈会现场

13. 2007 年 7 月 16 日，国家文物局在宁夏银川召开全国长城资源调查座谈会，河北省文物局在会上做了题为“河北省长城保护管理和执法情况调查研究报告”的专题发言，重点介绍了调查研究工作的背景、过程和调查研究报告的主要内容（图1－10）。

图 1－10　在银川全国长城资源调查工作会议上做专题报告

附件一：

河北省长城保护管理和执法情况调研工作实施方案

河北拥有战国、秦、汉、北魏、北朝、唐、金、明等不同时期的长城，东起渤海之滨，顺燕山而西，横跨冀北山地和坝上草原，又向南纵贯太行山脊，分布于全省9个设区市，49个县（市、区）。其中金代以前长城现存地表遗存1000余公里，明代长城2000余公里。为加强长城保护，对本省区域内长城“四有”等基础工作和破坏长城的违法违规事件情况进行调研，特制定本方案。

一、总体目标

通过调研，全面掌握全省各设区市、县（市、区）现行长城保护管理体制、“四有”工作和破坏长城的违法、违规事件，为建立、健全长城保护法规制度，理顺长城管理体制，加快长城执法机构和队伍建设，严厉打击各类破坏长城的违法行为，实现长城保护管理工作的良性发展打下坚实基础；并为进一步加强长城保护、管理和研究，以及全面实施河北“长城保护工程”提供可靠的依据。

二、调研依据

1. 《中华人民共和国文物保护法》；
2. 《〈中华人民共和国文物保护法〉实施条例》；
3. 《长城保护条例》；
4. 文化部、国家文物局、公安部、国土资源部、建设部、国家环境保护总局、国家旅游局《关于进一步加强长城保护管理工作的通知》；
5. 全国重点文物保护单位保护范围、标志说明、记录档案和保管机构工作规范（试行）；
6. 河北省人民政府《关于进一步加强长城保护管理工作的通知》；
7. 国务院批准的《“长城保护工程（2005—2014）”总体工作方案》。

三、调研范围

本省行政区域内有不同时期长城分布的9个设区市、49个县（市、区）。具体范围参照《河北省境内各时期长城分布情况表》（附后）。

四、调查内容

（一）长城保护法规和制度建设

1. 当地立法机关制定的关于长城保护的规定、办法，以及关于长城保护的决定等情况；
2. 当地政府下发的关于长城保护的通告、通知、决定、命令等情况；
3. 各级政府或部门组织召开的关于长城保护工作的重要会议情况。

（二）长城保护管理体制

1. 当前长城保护的主管部门和具体管理使用单位；

2. 长城维修情况及现状；

3. 长城是否被开发利用成为文物旅游景区（点），开发、开放时间和开发人等情况；

4. 长城是否被作为企业资产进行经营，经营人和经营方式。

（三）长城保护“四有”等工作

1. 保护范围和建设控制地带：是否依据文物法律、法规，划定保护范围和建设控制地带，何时划定，划定的具体范围（宽度或四至）；

2. 保护标志：是否依据文物法律、法规，树立长城保护标志和警示标志，树立的数量和位置；经过长城的交通道路有几条及道路名称；

3. 记录档案：是否依据文物法律、法规，做出规范的长城记录档案，档案是否经过备案，备案机关；记录档案动态管理情况；

4. 保护机构和人员：

（1）是否依据文物法律、法规，设立专职的长城保护管理机构，隶属机关、机构名称、级别、设立时间及人员情况；

（2）没有设置专职长城保护管理机构的，是否确定了专职保护人员，人员隶属机关和人员数量情况；

（3）没有设立专职保护机构和人员的，是否设立长城保护员，设立多少名，对长城保护员如何进行管理，每人报酬多少，由哪个机关和部门落实和发放。

（四）破坏长城的违法、违规情况

1995 年以来，发生的下列长城违法行为：

1. 未经批准，以长城开发为目的擅自对长城进行修缮，破坏长城历史和环境风貌的行为；

2. 非法拆除、盗挖长城的行为；

3. 在长城本体和保护范围内进行其他建设工程或者爆破、钻探、发掘、采矿等作业的行为；

4. 其他违反文物法律、法规，对长成保护造成破坏的行为。

五、调研手段

1. 根据调研内容，制作调查表，发放到长城沿线各市、县两级文物行政部门，由市、县文物行政部门填写，并报省文物局；

2. 省文物局组织调研组，根据本方案和各地填写的调查表，对重点县（市、区）进行核查；

3. 在调查、核查的基础上，对所有调研、核查资料进行归纳、总结和综合分析。

六、工作项目、步骤和时间安排

第一阶段：情况调查和重点核查（6—7 月）

1. 情况调查

（1）根据调研内容，制作调查表；

（2）印发调研通知，提出调研要求，并将本方案和调研表下发长城沿线各市、县文物行政部门；

（3）要求设区市文物行政部门确立一名工作人员，专门负责此次调研工作，在正式开展工作前进行统一培训。

（4）回收调查表。

2. 重点核查

（1）组织调研小组。由省文物局组成5个调研小组，每组4人，共20人。调研小组人员由省文物局和各市、县文物部门专业人员组成，开展工作前进行统一培训。

（2）调研小组到重点长城区段，根据本方案和调查表，进行核查；

（3）核查工作结束后召开总结会，对核查结果进行总结。

第二阶段：归纳总结、综合分析（8—9月）。

1. 对调查表和调研核实的情况，进行统计和分类整理，形成数据资料；

2. 将数据资料进行编辑整理，编印成册；

3. 对各类数据资料进行综合分析。根据长城保护工程的要求和河北省长城资源的实际情况，重点在长城保护管理体制、长城保护“四有”工作、长城执法等方面提交科学、翔实的报告和建设性意见。

第三阶段：根据长城调研结果，有针对性地开展一系列长城保护工作和课题研究（10—11月）。

1. 召开长城保护员队伍建设现场会；

2. 举办长城保护员法制培训班；

3. 对长城保护管理工作进行专项执法督察；

4. 长城管理体制课题研究。

七、保障措施

1. 机构和人员保障：省文物局成立调研工作领导小组，执法督查处具体承担调研任务；各市确立一名主管领导和一名工作人员负责调研的具体工作。

2. 经费保障：用于调研人员的培训和与调研有关的会议、交通、住宿、差旅，以及调研资料的整理编印。

附件二：

长城保护管理和执法情况调查表

表一　长城概况调查表

填表单位：　　　　　　　　　　　　　　　　　　　　　　年　　月　　日

行政区域	市　　　　　　县（市、区）
本行政区域内长城概况（包括：长城名称、长度、年代、特点、起始、分布、现状、保护管理等情况简介）	

表二　长城保护法规和制度建设调查表

填表单位：　　　　　　　　　　　　　　　　　　　　　　　　　　　　　年　　月　　日

部门	标题	文号	发布时间
人大和政府制定的关于长城保护的规定、办法等规范性文件			
政府下发的关于长城保护的通知、通告、决定、命令等文件			
政府及有关部门召开的关于长城保护的重要会议	会议名称	主办机关	召开时间
其他长城保护管理制度			
备注			

表三　长城保护管理体制调查表

填表单位：　　　　　　　　　　　　　　　　　　　　年　　月　　日

<table>
<tr><td>长城名称</td><td colspan="2"></td><td>长度（公里）</td><td></td></tr>
<tr><td>主管部门</td><td colspan="4"></td></tr>
<tr><td>使用单位</td><td colspan="4"></td></tr>
<tr><td rowspan="5">开发利用情况</td><td>是否开发利用</td><td colspan="3"></td></tr>
<tr><td>开发人（单位）</td><td colspan="3"></td></tr>
<tr><td>批准机关</td><td colspan="3"></td></tr>
<tr><td>开放时间</td><td colspan="3"></td></tr>
<tr><td>年门票收入</td><td colspan="3"></td></tr>
<tr><td rowspan="7">长城是否作为企业资产经营情况</td><td>是否作为企业资产经营</td><td colspan="3"></td></tr>
<tr><td>经营方式</td><td colspan="3"></td></tr>
<tr><td>经营人</td><td colspan="3"></td></tr>
<tr><td>批准机关</td><td colspan="3"></td></tr>
<tr><td>经营时间</td><td colspan="3"></td></tr>
<tr><td>近三年年平均门票收入</td><td colspan="3"></td></tr>
<tr><td>用于长城本体维修的经费支出</td><td colspan="3"></td></tr>
<tr><td>备注</td><td colspan="4"></td></tr>
</table>

表四　长城保护范围和建设控制地带调查表

填表单位：　　　　　　　　　　　　　　　　　　　　　　　　年　　月　　日

<table>
<tr><td>长城名称</td><td colspan="3"></td></tr>
<tr><td>年代</td><td></td><td>类型</td><td></td></tr>
<tr><td>所处地理位置</td><td colspan="3"></td></tr>
<tr><td>划定时间</td><td></td><td>公布机关</td><td></td></tr>
<tr><td>保护范围宽度和四至</td><td colspan="3"></td></tr>
<tr><td>建设控制地带宽度和四至</td><td colspan="3"></td></tr>
<tr><td>保护范围和建设控制地带宽度是否适应当前长城保护需要</td><td colspan="3"></td></tr>
<tr><td rowspan="9">保护范围和建设控制地带内建筑物和构筑物及其他建设工程情况</td><td>工程项目名称</td><td>建设时间</td><td>审批机关</td></tr>
<tr><td></td><td></td><td></td></tr>
<tr><td></td><td></td><td></td></tr>
<tr><td></td><td></td><td></td></tr>
<tr><td></td><td></td><td></td></tr>
<tr><td></td><td></td><td></td></tr>
<tr><td></td><td></td><td></td></tr>
<tr><td></td><td></td><td></td></tr>
<tr><td></td><td></td><td></td></tr>
<tr><td>备注</td><td colspan="3"></td></tr>
</table>

表五　长城保护标志调查表

填表单位：　　　　　　　　　　　　　　　　　　　　　　　　　年　　月　　日

<table>
<tr><td>长城名称</td><td colspan="4"></td></tr>
<tr><td rowspan="4">保护标志</td><td>树立日期</td><td colspan="3"></td></tr>
<tr><td>树立机关</td><td colspan="3"></td></tr>
<tr><td>数量</td><td></td><td>材质</td><td></td></tr>
<tr><td>位置</td><td colspan="3"></td></tr>
<tr><td rowspan="4">警示标志</td><td>树立时间</td><td colspan="3"></td></tr>
<tr><td>树立单位</td><td colspan="3"></td></tr>
<tr><td>数量</td><td></td><td>材质</td><td></td></tr>
<tr><td>位置</td><td colspan="3"></td></tr>
<tr><td rowspan="4">保护界桩</td><td>树立时间</td><td colspan="3"></td></tr>
<tr><td>树立单位</td><td colspan="3"></td></tr>
<tr><td>数量</td><td></td><td>材质</td><td></td></tr>
<tr><td>位置</td><td colspan="3"></td></tr>
<tr><td colspan="2">目前保护标志、警示标志和保护界桩的数量是否适应当前长城保护需要</td><td colspan="3"></td></tr>
<tr><td>备注</td><td colspan="4"></td></tr>
</table>

表六　长城记录档案调查表

填表单位：　　　　　　　　　　　　　　　　　　　　　　　　　　年　　月　　日

<table>
<tr><td colspan="2">长城名称</td><td colspan="2"></td></tr>
<tr><td colspan="2">建档单位</td><td colspan="2"></td></tr>
<tr><td colspan="2">建档时间</td><td colspan="2"></td></tr>
<tr><td colspan="2">档案保管单位</td><td colspan="2"></td></tr>
<tr><td colspan="2">保管人员</td><td colspan="2"></td></tr>
<tr><td colspan="2">备案机关</td><td colspan="2"></td></tr>
<tr><td colspan="2">备案时间</td><td colspan="2"></td></tr>
<tr><td colspan="2" rowspan="3">档案内容是否完备、装帧是否符合规范要求</td><td>主卷</td><td></td></tr>
<tr><td>副卷</td><td></td></tr>
<tr><td>备考卷</td><td></td></tr>
<tr><td rowspan="8">档案变更或补充情况</td><td>时间</td><td>变更、补充单位</td><td>变更或补充内容</td></tr>
<tr><td></td><td></td><td></td></tr>
<tr><td></td><td></td><td></td></tr>
<tr><td></td><td></td><td></td></tr>
<tr><td></td><td></td><td></td></tr>
<tr><td></td><td></td><td></td></tr>
<tr><td></td><td></td><td></td></tr>
<tr><td></td><td></td><td></td></tr>
<tr><td colspan="3">收集、整理、借阅、利用制度</td><td></td></tr>
<tr><td>备注</td><td colspan="3"></td></tr>
</table>

表七　长城保护管理机构和人员调查表

填表单位：　　　　　　　　　　　　　　　　　　　　　　　　　　年　　月　　日

<table>
<tr><td colspan="2">长城名称</td><td></td></tr>
<tr><td rowspan="5">长城保护专职机构</td><td>机构名称</td><td></td></tr>
<tr><td>设立时间</td><td></td></tr>
<tr><td>隶属机关</td><td></td></tr>
<tr><td>人员编制</td><td></td></tr>
<tr><td>负责人</td><td></td></tr>
<tr><td rowspan="2">无专职机构，但设有专职人员的情况</td><td>人员数量</td><td></td></tr>
<tr><td>隶属机关</td><td></td></tr>
<tr><td rowspan="7">长城保护员</td><td>人员数量</td><td></td></tr>
<tr><td>设立时间</td><td></td></tr>
<tr><td>平均年龄</td><td></td></tr>
<tr><td>培训情况</td><td></td></tr>
<tr><td>管理单位</td><td></td></tr>
<tr><td>管理方式</td><td></td></tr>
<tr><td>报酬落实</td><td></td></tr>
<tr><td colspan="3">本段长城沿线经多少乡（镇）、自然村</td></tr>
<tr><td colspan="3">通过本段长城的公路有多少条</td></tr>
<tr><td colspan="3">备注</td></tr>
</table>

注：本表后附《长城保护员登记表》

长城保护员登记表

填表单位：　　　　　　　　　　　　　　　　　　　　　　　　　　　　　　年　　月　　日

姓名	性别	年龄	身份	住址	联系电话

表八　长城维修情况调查表

填表单位：　　　　　　　　　　　　　　　　　　　　　　　　年　　月　　日

长城名称						
维修项目	审批机关	工程设计单位	工程施工单位	工程起止时间	经费投入	资金来源
长城现状和需要维修情况						

表九　破坏长城的违法、违规案件调查表

填表单位：　　　　　　　　　　　　　　　　　　　　　　　　年　　月　　日

案件简介	
执法调查	
处理结果	
备注	

调查表填写说明

一、总体要求：

1. 调查表由各设区市、县（市、区）政府文物行政部门或相关单位，在认真调查的基础上如实填写；

2. 调查表内容要逐一全面填写，不填则视为无此项内容；

3. 如所填内容超出表格范围，或根据《长城保护管理和执法情况调研方案》仍需有其他内容需要说明，请另附纸；

4. 调查表三到表九要按本行政区域内各时期的各长城区段分别填写；

5. 填写单位要在调查表左上角加盖公章，并对所填内容真实、完整性负责。

二、表一填写说明

1. 设区市和县（市、区）文物部门分别按本辖区长城情况填写。

三、表二填写说明

1. 设区市和县（市、区）文物部门分别按本级人大、政府制定和印发的有关文件填写，并提供相应文件的复印件。

2. 本表填写内容的时期为1995至2006年。

四、表三填写说明

1. 长度：指长城现地表遗存长度；

2. 如长城为当地政府或文物行政部门开发利用为文物开放单位，应填写“开发利用情况”栏；如长城被其他单位、企业，或成立企业，以合资、租赁、合营、股份等方式进行经营，应填写“长城是否作为企业资产经营情况”栏。

3. 经营方式：指合资、租赁、合营、股份等方式；

4. 年门票收入：指2003至2005三年的平均收入；

5. 用于长城本体维修的经费支出：指开始经营以来对长城本体保护维修经费的总投入。

五、表四填写说明

1. 类型：指长城墙体为土石混筑（砌）、黄土夯筑、石砌、砖砌等。

六、表五填写说明

1. 警示标志：指为保护长城、杜绝破坏长城违法行为而树立具有警示作用的宣传、告知标志。

七、表七填写说明

1. 管理方式：是指对长城保护员进行管理的方式，如会议、奖惩等；

2. 报酬落实：是指对长城保护员的经济补助或其他物质补贴，人均数额，经费来源。

八、表九填写说明

1. 违法破坏长城的案件范围为《长城保护管理和执法情况调研方案》第四部分第（四）破坏长城的违法、违规情况中的四种情形。

附件三：

河北省文物局关于开展长城保护管理和执法情况调研工作的通知

各市文物（文化局）：

为加强长城保护，最近国务院批转了国家文物局制定的《“长城保护工程（2005－2014）”总体工程方案》，我省是全国实施长城保护工程的两个试点省份之一。为全面实施“长城保护工程”，准确掌握全省长城保护管理情况，建立、健全长城保护法规制度，理顺长城管理体制，加快长城执法机构和队伍建设，严厉打击各类破坏长城的违法行为，我局根据《“长城保护工程（2005－2014）”总体工程方案》，制定了《河北省长城保护管理和执法情况调研工作实施方案》（以下简称调研方案），在全省范围内开展长城保护管理和执法情况调研工作。现将有关事宜通知如下：

一、此次调研对我省长城保护工作具有重要意义，各级文物行政部门要高度重视，将调研工作列入重要议事日程，按本通知和调研方案的要求，对调研工作认真进行安排部署，确保按期完成调研工作任务。

二、接到本通知后，各设区市和县级文物行政部门要按调研方案要求，对本行政区域的长城保护管理和执法情况进行认真调查，在调查基础上认真填写《长城保护管理和执法情况调查表》，并确保调研内容的真实性和完整性。我局将组织人员对各市、县填报的内容进行重点核查。

三、为确保调研工作的顺利进行，各设区市和县级文物行政部门要明确一名主管领导和一名组织协调能力强、业务水平高的工作人员，负责此次调研工作。各设区市文物行政部门要将主管领导和工作人员名的姓名、性别、职务、联系电话、电子邮箱地址，于6月5日前报我局执法督查处。我局将于近期对各市具体负责的工作人员进行统一培训。

四、此次调研工作实行动态管理，各设区市和县级文物行政部门要将调研过程中的工作进展情况和重要信息，及时向省文物局报告。调研工作结束后，对按要求、按时限圆满完成调研工作任务的单位和个人给予表彰；对未按时限完成工作任务，或者所完成的工作不符合要求，以及填报的调查内容不真实的单位给予通报。

二〇〇六年六月二日

附件四：

长城保护管理和执法情况调研核查工作方案

一、核查目的

对各市上报的调查表进行实地核查，并听取各市、县文物行政部门关于本辖区内长城保护管理和执法情况的报告，了解各地关于长城保护管理和执法工作的先进经验，摸清长城保护管理及执法工作情况及存在的问题。

二、核查内容

被核查的县级文物行政部门和长城保护管理专门机构要结合以下核查内容，向核查小组进行汇报，并提供汇报的书面和电子文本。

（一）对各地上报的长城保护调查表准确性、真实性进行核查，具体包括：

1. 长城保护法规和制度建设

（1）当地立法机关制定的关于长城保护的规定、办法，以及关于长城保护的决定等情况；

（2）当地政府下发的关于长城保护的通告、通知、决定、命令等情况；

（3）各级政府或部门组织召开的关于长城保护工作的重要会议情况。

2. 长城保护管理体制

（1）当前长城保护的主管部门和具体管理使用单位；

（2）长城维修情况及现状；

（3）长城是否被开发利用成为文物旅游景区（点），开发、开放时间和开发人等情况；

（4）长城是否被作为企业资产进行经营，经营人和经营方式。

3. 长城保护“四有”等工作

（1）保护范围和建设控制地带：是否依据文物法律、法规，划定保护范围和建设控制地带，何时划定，划定的具体范围（宽度或四至）；

（2）保护标志：是否依据文物法律、法规，树立长城保护标志和警示标志，树立的数量和位置；经过长城的交通道路有几条及道路名称；

（3）记录档案：是否依据文物法律、法规，做出规范的长城记录档案，档案是否经过备案，备案机关；记录档案动态管理情况；

（4）保护机构和人员：

①是否依据文物法律、法规，设立专职的长城保护管理机构，隶属机关、机构名称、级别、设立时间及人员情况；

②没有设置专职长城保护管理机构的，是否确定了专职保护人员，人员隶属机关和人员数量情况；

③没有设立专职保护机构和人员的，是否设立长城保护员，设立多少名，对长城保护员如何进行管理，每人报酬多少，由哪个机关和部门落实和发放。

4. 破坏长城的违法、违规情况

1995 年以来，发生的下列长城违法行为：

（1）未经批准，以长城开发为目的擅自对长城进行修缮，破坏长城历史和环境风貌的行为；

（2）非法拆除、盗挖长城的行为；

（3）在长城本体和保护范围内进行其他建设工程或者爆破、钻探、发掘、采矿等作业的行为；

（4）其他违反文物法律、法规，对长成保护造成破坏的行为。

（二）本地关于长城保护管理和执法工作的先进经验，长城保护管理及执法工作存在的问题和建议

三、核查方式

（一）形成四条核查路线：

1. 唐山、秦皇岛一线；
2. 承德、张家口一线；
3. 石家庄、保定一线；
4. 邯郸、邢台一线。

（二）核查组：

由省局执法督查处与有关市文物部门形成核查组，对四条路线的相关市、县进行核查。

四、被核查市、县名单

唐山：迁安市、迁西县
秦皇岛：山海关区、抚宁县
承德：滦平县、宽城县
张家口：蔚县、怀来县、万全县
石家庄：平山县、赞皇县
保定：易县、涞源县
邯郸：武安市
邢台：邢台县、沙河市

五、核查时间

2006 年 10 月至 11 月，具体时间另行通知。

六、联系人（略）

第二部分 河北省长城保护管理和执法工作基本情况

说明：本部分内容和数据来源于本次长城保护管理和执法情况调查研究中，各市、县文物行政主管部门调查并上报的调研表和有关材料。

河北省长城保护管理和执法情况调研涉及9个设区市、49个县（市、区）、221个乡镇、738个自然村，268处长城区段，总长约3699．64公里，其中明长城173处，总长约2615．86公里（注：由于一些地段长城为市、县境边界，本报告中长城长度有的被重复统计。长城长度的准确数据以长城资源调查的数据为准）。

调研涉及到各市长城区段的数量：

1. 张家口市：共88处，其中明代长城42处；
2. 秦皇岛市：共22处，其中明代长城20处；
3. 承德市：共34处，其中明代长城20处；
4. 唐山市：共24处，其中明代长城24处；
5. 保定市：共48处，其中明代长城22处；
6. 石家庄市：共38处，其中明代长城33处；
7. 邢台市：共6处，其中明代长城6处；
8. 邯郸市：共6处，其中明代长城6处；
9. 廊坊市：共2处，其中明代长城0处。

第一节 长城保护地方政策法规和制度建设情况

自上世纪80年代以来，省人大常委会制定的综合性文物保护地方性法规1件，省政府下发的关于长城保护的通知2件。全省设区市级人大没有制定或发布长城保护的地方性法规或决定命令。设区市级政府制定的长城保护规范性文件1件。张家口、唐山、秦皇岛等设区市政府发布长城保护管理方面的文件4

件；共有16个县（区）政府印发了长城保护通知，共29件。设区市级政府没有召开过全市关于长城保护的专题会议；共9个县级政府或文物行政部门召开了有关长城保护会议，共25次。

一、地方法规和有关规章制度

（一）省级

1. 地方性法规

1984年6月12日，河北省六届人民代表大会常务委员会第七次会议通过《河北省文物保护管理条例》。

1993年12月22日，河北省第八届人民代表大会常务委员会第五次会议通过《河北省文物保护管理条例》。1984年6月12日公布的《河北省文物保护管理条例》废止。

1997年12月22日，河北省第八届人民代表大会常务委员会第三十一次会议，对《河北省文物保护管理条例》进行了修正。2004年7月22日，河北省第十届人民代表大会常务委员会第十次会议对《河北省文物保护管理条例》进行了修正。

2007年7月19日，河北省第十届人民代表大会常务委员会第二十九次会议通过《河北省实施〈中华人民共和国文物保护法〉办法》。《河北省文物保护管理条例》同时废止。

2. 省政府关于长城保护的布告、通知

（1）《河北省人民政府关于保护长城的布告》（省政府1980年印发）

（2）《河北省人民政府关于进一步加强长城保护管理工作的通知》（冀政［2002］51号，2002年11月18日印发）

（二）市级

1. 规范性文件

《秦皇岛市长城保护管理办法（暂行）》（秦皇岛市人民政府2004年4月16日发布）

2. 有关长城保护的通知

（1）《张家口市人民政府关于加强长城保护管理的通知》（张政字［2002］128号）

（2）《张家口市人民政府关于进一步加强长城保护管理工作的通知》（张政字［2006］49号）

（3）《秦皇岛市人民政府关于印发<秦皇岛市长城保护管理办法（暂行）>的通知》（秦政［2004］75号）

（4）《唐山市人民政府办公厅转发市文化局关于加强世界文化遗产保护管理工作及制止在文物保护范围内乱采滥挖和无序开发利用工作的意见的通知》（唐政办函［2004］77号）

（三）县级

1. 张家口市

赤城县

（1）《赤城县人民政府关于加强长城保护管理的通知》（赤政通知［2002］83号）

（2）《赤城县人民政府关于进一步加强长城保护管理的通知》（赤政通知［2006］21号）

怀来县

(2)《怀来县人民政府关于进一步加强长城保护管理工作的通知》(怀政［2005］7 号)

(3)《关于成立怀来县长城保护管理委员会的通知》(怀政办函［2005］5 号)

康保县

(4) 康保县人民政府《关于转发<张家口市人民政府关于进一步加强长城保护管理工作的通知>的通知》(政字［2006］68 号)

(5) 康保县人民政府《关于公布文物保护单位的保护范围及建设控制地带的通知》(政字［2006］69 号)

万全县

(6)《万全县人民政府关于长城保护管理的通知》

宣化区

(7)《宣化区关于进一步加强文物保护工作的通知》(宣教字〔2003〕106)

张北县

(8)《张北县人民政府关于加强对长城保护管理的通知》政字［2003］16 号

(9)《张北县人民政府关于进一步加强长城保护管理的工作的通知》(政字［2006］64 号)

2. 秦皇岛市

抚宁县

(1)《抚宁县人民政府关于加强文物保护的通知》(抚政通［2003］25 号)

(2)《抚宁县人民政府关于进一步加强长城及附属建筑保护工作的通知》(抚政通［2003］6 号)

(3)《抚宁县人民政府关于成立抚宁县长城保护与开发利用领导小组的通知》(抚政办字［2003］87 号)

卢龙县

(4)《卢龙县人民政府关于加强长城及周围生态环境资源保护的通告》

(5)《卢龙县人民政府关于加强桃林口景区长城及周围生态环境资源保护的通告》(［2006］4 号)

青龙县

(6)《青龙县人民政府关于加强长城保护的通知》(青政［2005］8 号)

(7)《青龙满族自治县文体局关于聘请长城保护联络员的通知》(青文体［2005］31 号文件)

山海关区

(8)《山海关区人民政府关于转发《秦皇岛市人民政府关于印发〈秦皇岛长城保护管理办法(暂行)〉通知》的通知》(山政［2004］49 号)

3. 承德市

宽城县

(1) 宽城县革委会《关于建立宽城县保护长城委员会的通知》(宽革发［1980］第 98 号)

(2) 宽城县革委会《关于保护长城的几点意见》(宽革发［1980］第 96 号)

(3) 宽城县人民政府《关于调整宽城县长城保护委员会成员的通知》(宽政［1982］112 号)

(4) 宽城县人民政府《关于调整文物管理委员会成员及确定县级文物保护单位的通知》(宽政［1985］5 号)

（5）宽城县人民政府《关于采取切实措施加强县境内长城保护管理工作的通知》（宽政［2003］45号）

（6）《宽城满族自治县长城保护工作委员会组织成员名单》（宽政［2003］45号）

4. 保定市

涞源县

（1）涞源县人民政府《关于保护阁院寺、兴文塔和万里长城的布告》

（2）涞源县人民政府《关于加强长城保护工作的通知》

阜平县

（3）阜平县人民政府《关于阜平县境内长城保护管理工作的实施意见》（阜政［2003］35号）

徐水县

（4）徐水县人民政府《关于对燕长城重点保护的紧急通知》

易县

（5）易县人民政府《关于加强长城保护管理工作的通知》（易政［2003］7号）

5. 石家庄市

平山县

（1）平山县人民政府《关于平山县第一批县级重点文物保护单位保护范围及建设控制地带的通知》（平政［1998］72号）

二、各市、县召开的长城保护会议

（一）张家口市

1. 桥西区张库古道及西沟长城研讨会（东窑子镇政府）
2. 大境门长城保护开发汇报会（桥西区政府）

（二）秦皇岛市

1. 抚宁县政府召开文物保护员成立大会（文化局）
2. 抚宁县文物保护员表彰总结工作会（文化局）
3. 抚宁县召开乡镇文物保护员表彰总结工作会（文化局）
4. 山海关区文物保护工作会（山海关区人民政府、山海关区文物局）
5. 山海关古城文物古迹保护规划论证会（河北省文物局、山海关区人民政府、山海关区文物局）
6. 山海关望洋楼、钟鼓楼复原方案论证会（河北省文物局、山海关区人民政府、山海关区文物局）
7. 山海关迎恩楼、望洋楼、威远楼三座城楼复建有关城台问题专家论证会（山海关区人民政府、山海关古城保护开发项目指挥部、山海关区文物局）
8. 山海关古城保护开发项目进行现场办公会（国家文物局、河北省文物局、山海关区人民政府、山海关区文物局）
9. 山海关古城西门、南门城台修缮加固方案专家论证会（河北省文物局、山海关区人民政府、山海关区文物局）
10. 山海关长城修复项目专题调研会（河北省人民政府、河北省文物局、山海关区人民政府、山海关

区文物局）

11. 山海关长城修复项目现场办公会（国家文物局、河北省文物局、山海关区人民政府、山海关区文物局）

12. 卢龙县长城保护工作检查汇报会（市文物局）

13. 全县长城保护工作会议（卢龙县政府）

（三）承德市

1. 六县联合保护长城会议（即“联保例会”，宽城县）

2. 九县联合保护长城会议（即“联保例会”，宽城县）

3. 国家文物局关于金山岭长城行政执法专项督察会议（国家文物局、河北省文物局、承德市文物局、滦平县政府）

4. 国家文物局关于落实金山岭长城管理体制检查会议（国家文物局、河北省文物局、承德市文物局、滦平县政府）

5. 纠正金山岭长城管理体制违法行为验收会（国家文物局、河北省文物局、承德市文物局、滦平县政府）

（四）唐山市

1. 长城保护会议（遵化市政府）

2. 红峪口长城问题调度会（迁安市政府）

3. 长城保护管理开发利用工作座谈会（迁安市政府）

4. 文物保护工作会议（迁安市政府）

第二节 河北省长城被核定公布为文物保护单位情况

一、全国重点文物保护单位

河北省共有5处明代长城被国务院公布为全国重点文物保护单位

1. 万里长城山海关，位于秦皇岛市山海关区，1961年3月4日被国务院公布为全国重点文物保护单位；

2. 金山岭长城，位于承德市滦平县，1981年11月3日被国务院公布为全国重点文物保护单位；

3. 万里长城—紫荆关，位于保定市易县，1996年11月20日被国务院公布为全国重点文物保护单位；

4. 万里长城—九门口，位于河北省抚宁县与辽宁省绥中县，1996年11月20日被国务院公布为全国重点文物保护单位；

5. 乌龙沟长城，位于保定市易县，2001年6月25日被国务院公布为全国重点文物保护单位。

二、省级文物保护单位

1. 1957年，河北省人民委员会公布了第一批河北省文物保护单位，1982年7月，河北省人民政府对

1956年公布的河北省文物保护单位进行了调整和补充，印发了《关于重新公布河北省重点文物保护单位的通知》，重新公布的河北省文物保护单位共计304处。其中战国至金代的“古长城”、明“万里长城”、“万里长城山海关”被列为省级文物保护单位，并划定了保护范围和建设控制地带。

2. 1993年河北省人民政府印发了《关于公布第三批省级文物保护单位及其保护范围和建设控制地带的通知》，新公布省级文物保护单位234处。其中红山长城采石场遗址被公布为省级文物保护单位。

3. 2001年河北省人民政府印发了《关于公布第四批省级文物保护单位及其保护范围和建设控制地带的通知》，新公布省级文物保护单位132处。其中“金山岭长城”、“万里长城九门口”、“万里长城紫荆关”三处全国重点文物保护单位划定了保护范围和建设控制地带。另外，战国“长城堤”、“大岭寨明长城砖窑群、大岭寨明长城灰窑群”三处与长城有关的古遗址被公布为省级文物保护单位。

省政府经先后公布四批省级文物保护单位，已将我省境内长城整体公布为省级文物保护单位，同时有4处与长城有关的遗址被公布为省级文物保护单位。

第三节　河北省长城保护管理体制和利用情况

一、长城的主管部门

268处长城区段中，县（区）文物（文化、文体、文教）行政部门主管的长城区段共246处；由县旅游行政部门管理的长城区段共16处；由建设行政部门管理的长城区段共6处

（一）县（区）文物（文化、文体、文教）行政部门主管的长城区段：共246处

1. 张家口市：88处
2. 秦皇岛市：22处
3. 承德市：34处
4. 唐山市：24处
5. 保定市：27处
6. 石家庄市：37处
7. 邯郸市：6处
8. 邢台市：6处
9. 廊坊市：2处

（二）由县旅游行政部门管理的长城段：共16处

1. 保定市：15处
2. 石家庄市：1处

（三）由建设行政部门管理的长城区段：共6处

保定市：6处

二、长城利用情况

目前全省区域内有12处长城区段被开放利用，1处正在开发中，均为明长城。已利用的12处长城中有10处是以长城为主的独立旅游景区，2处是随其他景区共同开发，长城作为景区中的一部分景观。7处是当地政府有关部门自主管理，开放供参观游览，1处是个人联合租赁经营，1处是国家某部委与县文物旅游部门联合经营，1处是村民委员会自主经营，2处是随其他景区开发。

（一）由当地政府文物（文化、文体、文教）行政主管部门及有关部门自主管理开放利用的7处：

1. 张家口大境门，由张家口市桥西区文化体育局管理；
2. 赞皇县段岭口长城，由赞皇县旅游局管理；
3. 山海关老龙头，山海关区文物局管理；
4. 山海关天下第一关，山海关区文物局管理；
5. 山海关角山长城，山海关区文物局管理；
6. 迁西榆木岭长城，迁西县旅游局管理；
7. 滦平县金山岭长城，滦平县金山岭长城管理处管理。

（二）由个人联合经营的1处

1. 抚宁县董家口长城，由私人联合租赁经营长城景区

（三）国家机关联合经营的1处

1. 迁西青山关，县旅游局、国家民族宗教委员会联合开发

（四）由当地村民委员会自主经营的1处

1. 迁安白羊峪长城，大崔庄镇白羊峪村村民委员会开发经营

（五）随其他景区，作为其中一部分进行开发利用的2处

1. 宽城喜峰口长城，随塞外潘龙湖景区开发，县文化旅游局主管
2. 涞源白石口长城，随白石山景区开发，涞源县旅游文物局主管

（六）正在开发的1处

1. 卢龙桃林口长城，县政府组织开发

第四节　长城保护范围和建设控制地带情况

河北省人民政府分别于1957、1982、1993、2001年先后公布四批省级文物保护单位，将我省境内长

城整体公布为省级文物保护单位，并同时公布了长城保护范围和建设控制地带。

一、省政府公布的跨设区市、县的长城保护范围和建设控制地带

（一）古长城（战国—金代）

1. 保护范围

（1）边墙：均以墙基边缘为基线向两侧各外扩 50 米。

（2）独体设施（如墩台、烽燧、城堡等）：均以其基础外缘为基线，四周各外扩 50 米。

（3）界壕：均以中心线为基线，向外两侧各外扩 50 米。

2. 建设控制地带

（1）边墙：均以保护范围边线为基线向两侧各外扩 100 米。

（2）独体设施（墩台、烽燧、城堡等）：均以其保护范围边线为基线，四周各外扩 100 米。

（3）界壕：均以保护范围边线为基线，向两侧各外扩 100 米。

（二）万里长城（明代）

1. 保护范围

（1）边墙：均以墙基边缘为基线向两侧各外扩 50 米。

（2）独体设施（如烽燧、敌楼、战台、关隘等）：均以其基础外缘为基线，四周各外扩 50 米。

2. 建设控制地带

（1）边墙：均以保护范围边线为基线向两侧各外扩 100 米。

（2）独体设施（如烽燧、敌楼、战台、关隘等）：均以其保护范围边线为基线，四周各外扩 100 米。

二、省政府公布的重点长城区段保护范围和建设控制地带

（一）金山岭长城

1. 保护范围：以长城基础两侧为基线，分别向两侧外扩水平距离 300 米。

2. 建设控制地带：以保护范围边线为基线，再分别外扩 300 米。

（二）万里长城—山海关

1. 保护范围

（1）由老龙头入海石城起，至角山主峰大平顶长城，以城墙两侧墙体外皮为基线，各外扩 50 米。

（2）山海关关城、东罗城、南翼城、北翼城各以内外城墙墙基外缘为基线，两侧各外扩 50 米。

（3）宁海城以外侧墙基外缘为基线，向东南 50 米至海岸线；向南 120 米至海岸线；向西 50 米至水泥路外边；向北 50 米至停车场。

2. 建设控制地带

以保护范围边线为基线，由老龙头入海石城至角山主峰大平顶的长城，各外扩 150 米；山海关关城、南翼城、北翼城各外扩 150 米；宁海城各外扩 150 米，东南至渤海、西至海神庙，北至停车场外缘。

（三）万里长城—紫荆关

1. 保护范围：以长城两侧墙基为基线，外扩水平距离300米。
2. 建设控制地带：无

（四）万里长城—九门口

1. 保护范围：以长城两侧墙基为基线，向两侧各外扩水平距离300米。
2. 建设控制地带：无

三、省政府公布的与长城有关的重要遗址保护范围和建设控制地带

（一）战国“长城堤”

1. 保护范围：堤基两侧向外扩50米。
2. 建设控制地带：以保护范围外缘为基线，向外扩50米。

（二）红山长城采石场遗址

1. 保护范围：以保护标志为基点，向东扩250米，南扩350米，西扩1025米，北扩375米。
2. 建设控制地带：无

（三）大岭寨明代长城砖窑群

1. 保护范围：以窑群中心界桩为基点，向东扩520米，西扩800米，北扩1240米，南扩700米。
2. 建设控制地带：以中心界桩为基点，向东扩800米，西扩960米，北扩1240米，南扩880米。

（四）大寨岭村明长城灰窑群

1. 保护范围：以保护标志（段连山责任田中心）为基点，向东、西扩30米，南扩110米，北扩60米。
2. 建设控制地带：以保护范围外缘为基线，向东、西扩10米，南、北扩20米。

四、长城保护范围和建设控制地带的实际划定情况

经统计，全省268处长城区段中，已划定保护范围和建设控制地带的共235处，只划定保护范围未划定建设控制地带的共10处，未划定保护范围和建设控制地带的共23处。划定保护范围和建设控制地带，但不符合省政府公布标准的有34处；已划定保护范围和建设控制地带，但不适应当前需要，应当进行重新核定公布的有45处。

（一）张家口市

1. 已划定保护范围和建设控制地带的长城区段共88处，88处均符合省政府公布的标准。

2. 已划定保护范围和建设控制地带，但其范围已不适应长城保护需要，建议重新核定公布保护范围和建设控制地带的有 15 处。

（二）秦皇岛市

1. 已划定保护范围和建设控制地带的长城区段共 17 处，17 处均符合省政府公布的标准。

2. 已划定保护范围和建设控制地带，但其范围已不适应长城保护需要，建议重新核定公布保护范围和建设控制地带的有 4 处。

3. 未划定保护范围和建设控制地带的长城区段共 5 处。

（三）承德市

1. 已划定保护范围和建设控制地带的长城区段共 34 处，34 处均符合省政府公布的标准。

2. 已划定保护范围和建设控制地带，但其范围已不适应长城保护需要，建议重新核定公布保护范围和建设控制地带的有 7 处。

（四）唐山市

1. 已划定保护范围和建设控制地带的长城区段共 22 处，22 处均符合省政府公布的标准。

2. 已划定保护范围和建设控制地带，但其范围已不适应长城保护需要，建议重新核定公布保护范围和建设控制地带的有 17 处。

3. 未划定保护范围和建设控制地带的长城区段共 2 处。

（五）保定市

1. 已划定保护范围和建设控制地带的长城区段共 37 处，37 处均符合省政府公布的标准，并适应长城保护需要。

2. 未划定保护范围和建设控制地带的长城区段共 11 处。

（六）石家庄市

1. 已划定保护范围和建设控制地带的长城区段共 25 处，25 处均不符合省政府公布的标准。

2. 只划定保护范围，无建设控制地带 8 处。

3. 未划定保护范围和建设控制地带的长城区段共 5 处。

（七）邢台市

1. 已划定保护范围和建设控制地带的共 4 处，其中 1 处不符合省政府公布的标准。

2. 只划定保护范围，未划定建设控制地带的共 2 处。

（八）邯郸市

1. 已划定保护范围和建设控制地带的共 6 处，6 处均不符合省政府公布的标准。

2. 已划定保护范围和建设控制地带，但其范围已不适应长城保护需要，建议重新核定公布保护范围和建设控制地带的有 2 处。

（九）廊坊市

1. 已划定保护范围和建设控制地带的共 2 处，2 处均不符合省政府公布的标准。

五、长城保护范围和建设控制地带内其他建设工程情况

268 处长城区段中，22 处长城的保护范围或建设控制地带内有建设工程，其中 5 处有采矿区或采矿场，6 处为公路，7 处为输变电、电信等各类塔站，5 处有其他建设工程（注：赤城县上虎村北至三岔口村南唐长城保护范围内同时有 50 万伏输变电塔 1 座和水泥材料场 1 处）。

1. 白石口长城，明代，位于保定涞源，建设控制地带内采矿 3 处；

2. 浮图峪长城，明代，位于保定涞源，建设控制地带内采矿 4 处，选矿 2 处；

3. 宁静安长城，明代，位于保定涞源，建设控制地带内 4 家铁矿；

4. 倒马关长城，明代，位于保定唐县，保涞公路通过；

5. 红峪口长城，明代，位于唐山迁安市，板东楼城墙通关涵洞；

6. 喜峰口长城，明代，位于唐山迁西县，保护范围、建设控制地带内有电影拍摄外景基地；

7. 山海关南翼长城，明代，位于秦皇岛山海关区，保护范围、建设控制地带内有铁道部干校招待所、开发区龙源酒店、自来水公司办公楼等；

8. 边墙子峰火台遗址，位于秦皇岛山海关区，保护范围、建设控制地带内有金峰园农业观光园；

9. 铁三局烽火台遗址，明代，位于秦皇岛山海关区，保护范围、建设控制地带内有铁三局厂房、办公楼；

10. 黄背岩口长城，明代，位于邯郸武安市，武安至沙河公路穿城；

11. 黄泽关长城，明代，位于邯郸武安市，武左公路穿城；

12. 青羊沟北至窑湾沟段长城，明代，位于张家口赤城县，保护范围、建设控制地带内有 50 万伏输变电塔 4 座；

13. 赤城八里庄至周村唐长城，唐代，位于张家口赤城县，保护范围、建设控制地带内有 50 万伏输变电塔 1 座；

14. 赤城县三岔口村南至村西唐长城，唐代，位于张家口赤城县，保护范围、建设控制地带内有通信发射塔；

15. 赤城县三岔口村西至八里庄唐长城，唐代，位于张家口赤城县，保护范围、建设控制地带内有 50 万伏输变电塔 3 座；

16. 赤城县上虎村北至三岔口村南唐长城，唐代，位于张家口赤城县，保护范围、建设控制地带内有 50 万伏输变电塔 1 座，水泥材料场一处；

17. 渡口堡乡北山长城，明代，位于张家口怀来县，丹拉高速公路通过；

18. 马市口村西北长城，明代，位于张家口怀来县，丹拉高速公路通过；

19. 西洋河村西长城，明代，位于张家口怀来县，丹拉高速公路通过；

20. 常峪口水库长城，明代，位于张家口宣化县，保护范围、建设控制地带内有凤凰山寇真矿区、大

白阳金矿；

21. 军民友谊路至张家口电视台段长城，明代，位于张家口宣化县，保护范围、建设控制地带内有张家口电视转播台；

22. 青边口至常峪口段长城，明代，张家口宣化县，保护范围、建设控制地带内有东高山雷达站（军委）、王宗军堆氢厂。

六、长城保护范围和建设控制地带分布的居民和企业、事业单位情况

共有24处长城保护范围或者建设控制地带内建有民居和企业、事业单位，其中明长城17处，唐长城6处，北齐长城1处。

1. 紫荆关长城，明代，位于保定易县，有镇政府、水文站、教委、供销社、电管所、民居290户；
2. 小新城长城，明代，位于保定易县，有民居38户；
3. 官座岭长城，明代，位于保定易县，有民居55户；
4. 擦崖子—榆木岭长城，明代，位于唐山迁西县，有擦崖子村居民、兰城沟村居民、榆木村居民、青山口村居民；
5. 龙洞峪至马兰关段，明代，位于唐山遵化县，有马兰关村居民；
6. 大安口至冷嘴头段，明，唐山遵化县，大安口村、双义村、冷嘴头村民居；
7. 沙坡峪段，明代，位于唐山遵化县，有沙坡峪村居民；
8. 罗文峪段，明代，位于唐山遵化县，有罗文峪村民居；
9. 山海关南翼长城，明代，位于秦皇岛山海关区，有小湾村、南营子等村居民；
10. 第一关景区，明代，位于秦皇岛山海关区，有第一中学、民居等；
11. 关城、东罗城，明代，位于秦皇岛山海关区，有民房、企事业单位；
12. 山海关北南翼长城，明代，位于秦皇岛山海关区，有镇北街村民房；
13. 刘道庄烽火台旧址，明代，位于秦皇岛山海关区，有刘道庄村居民；
14. 威远城遗址，明代，位于秦皇岛山海关区，有烈士陵园、民房；
15. 虎龙沟至栅子口段长城，明代，位于张家口赤城县，有塞北林场赤城分场；
16. 康庄东山至下虎村唐长城，唐代，位于张家口赤城县，有康庄村依长城建住房50户；
17. 赤城县三岔口村南至村西唐长城，唐代，位于张家口赤城县，有三岔口村民居；
18. 赤城县三岔口村西至八里庄唐长城，唐代，位于张家口赤城县，高家沟村民住房10户；
19. 赤城县上虎村北至三岔口村南唐长城，唐代，位于张家口赤城县，有椴木沟村、三岔口新村依长城而建的民居164户；
20. 赤城县上虎村东至上虎村北段长城，唐代，位于张家口赤城县，有两村村民民居；
21. 赤城县周村东至前所村西段长城，唐代，位于张家口赤城县，有两村350户居民；
22. 北齐长城青羊沟段，北齐，位于张家口赤城县，有云州村村民建房屋一间；
23. 赵家蓬马水长城，明代，位于张家口涿鹿县，有民居10户；
24. 大境门长城，明代，位于张家口桥西区，2000户居民、20间店面。

第五节　河北省长城保护标志、警示标志、保护界桩树立情况

在全省 268 处长城区段中，已树立保护标志的共 134 处，标志数量 232 个；已树立警示标志的 15 处，标志数量共 110 个；已树立保护界桩的 1 处，界桩数量共 6 个；保护标志、警示标志、保护界桩数量已不适应长城保护需要的有 231 处。

一、张家口市

88 处长城区段中：

1. 已树立保护标志的共 55 处，标志数量 93 个（其中石质 90 个，水泥质 3 个）。

2. 已树立警示标志的 8 处，标志数量共 22 个（其中水泥质 8 个、涂料喷写 6 个、铁质 1 个、不锈钢质 7 个）。

3. 已树立保护界杜的 0 处。

4. 保护标志、警示标志、保护界桩数量已不适应长城保护需要的有 72 处。

二、秦皇岛市

22 处长城区段中：

1. 已树立保护标志的共 17 处，标志数量 24 个（其中石质 18 个，水泥质 6 个）。

2. 已树立警示标志的 0 处。

3. 已树立保护界桩的 0 处。

4. 保护标志、警示标志、保护界桩数量已不适应长城保护需要的有 22 处。

三、承德市

34 处长城区段中：

1. 已树立保护标志的共 17 处，标志数量 52 个（其中石质 9 个，水泥质 36 个，砖砌 5 个、铁质 2 个）。

2. 已树立警示标志的 1 处，数量 1 个（水泥质）。

3. 已树立保护界桩的 0 处。

4. 保护标志、警示标志、保护界桩数量已不适应长城保护需要的有 27 处。

四、唐山市

24 处长城区段中：

1. 已树立保护标志的共 15 处，标志数量 19 个（其中石质 13 个，水泥质 6 个）。
2. 已树立警示标志的 0 处。
3. 已树立保护界桩的 0 处。
4. 保护标志、警示标志、保护界桩数量已不适应长城保护需要的有 24 处。

五、保定市

48 处长城区段中：
1. 已树立保护标志的共 22 处，标志数量 36 个（其中石质 21 个，水泥质 8 个，砖砌 7 个）。
2. 已树立警示标志的 5 处，数量 85 个（水泥质）。
3. 已树立保护界桩的 0 处。
4. 保护标志、警示标志、保护界桩数量已不适应长城保护需要的有 36 处。

六、石家庄市

38 处长城区段中：
1. 已树立保护标志的共 5 处，标志数量 5 个（其中石质 5 个）。
2. 已树立警示标志的 1 处，数量 2 个（铁质）。
3. 已树立保护界桩的 0 处。
4. 保护标志、警示标志、保护界桩数量已不适应长城保护需要的有 38 处。

七、邢台市

6 处长城区段中：
1. 已树立保护标志的共 1 处，标志数量 1 个（其中石质 1 个）。
2. 已树立警示标志的 0 处。
3. 已树立保护界桩的 0 处。
4. 保护标志、警示标志、保护界桩数量已不适应长城保护需要的有 6 处。

八、邯郸市

6 处长城区段中：
1. 已树立保护标志的共 0 处。
2. 已树立警示标志的 0 处。
3. 已树立保护界桩的 0 处。
4. 保护标志、警示标志、保护界桩数量已不适应长城保护需要的有 6 处。

九、廊坊市

2 处长城区段中：

1. 已树立保护标志的共 2 处，标志数量 2 个（水泥质）。
2. 已树立警示标志的 0 处。
3. 已树立保护界桩的 1 处，共 6 个（木质）。
4. 保护标志、警示标志、保护界桩数量已不适应长城保护需要的有 0 处。

第六节　河北省长城记录档案建立情况

全省 268 处长城区段中，建立了长城记录档案的 197 处。其中，档案设专门人员负责保管的共 180 处，档案已按规定进行备案有 69 处，档案同时具备主卷、副卷和备考卷的共 80 处，只有主卷，无副卷和备考卷的共有 110 处，只有主卷、备考卷，无副卷的共有 7 处，记录档案做过变更或补充的有 14 处，已制定收集、整理、借阅制度的共有 39 处。

一、张家口市

88 处长城区段中：

共有 44 处建立了长城记录档案

其中：

1. 设有专门人员负责保管档案的有 44 处。
2. 档案已按规定进行备案的有 14 处。
3. 档案同时具备主卷、副卷和备考卷的共 20 处。
4. 只有主卷，无副卷和备考卷的共有 17 处。
5. 只有主卷、备考卷，无副卷的共有 7 处。
6. 记录档案做过变更或补充的有 0 处。
7. 已制定收集、整理、借阅制度的共有 9 处。

二、秦皇岛市

22 处长城区段中：

共有 17 处建立了长城记录档案

其中：

1. 设有专门人员负责保管档案的有 17 处。
2. 档案已按规定进行备案的有 14 处。

3. 档案同时具备主卷、副卷和备考卷的共 0 处。
4. 只有主卷，无副卷和备考卷的共有 17 处。
5. 只有主卷、备考卷，无副卷的共有 0 处。
6. 记录档案做过变更或补充的有 0 处。
7. 已制定收集、整理、借阅制度的共有 13 处。

三、承德市

34 处长城区段中：
共有 34 处建立了长城记录档案
其中：
1. 设有专门人员负责保管档案的有 34 处。
2. 档案已按规定进行备案的有 11 处。
3. 档案同时具备主卷、副卷和备考卷的共 10 处，其中 4 处档案内容不完备。
4. 只有主卷，无副卷和备考卷的共有 24 处，其中 17 处档案内容不完备。
5. 只有主卷、备考卷，无副卷的共有 0 处。
6. 记录档案做过变更或补充的有 0 处。
7. 已制定收集、整理、借阅制度的共有 2 处。

四、唐山市

24 处长城区段中：
共有 19 处建立了长城记录档案
其中：
1. 设有专门人员负责保管档案的有 19 处。
2. 档案已按规定进行备案的有 5 处。
3. 档案同时具备主卷、副卷和备考卷的共 5 处。
4. 只有主卷，无副卷和备考卷的共有 14 处。
5. 只有主卷、备考卷，无副卷的共有 0 处。
6. 记录档案做过变更或补充的有 0 处。
7. 已制定收集、整理、借阅制度的共有 14 处。

五、保定市

48 处长城区段中：
共有 37 处建立了长城记录档案
其中：

1. 设有专门人员负责保管档案的有35处。

2. 档案已按规定进行备案的有20处。

3. 档案同时具备主卷、副卷和备考卷的共37处，主卷、副卷和备考卷内容完备的共22处，主卷、副卷和备考卷内容不完备的15处。

4. 只有主卷，无副卷和备考卷的共有0处。

5. 只有主卷、备考卷，无副卷的共有0处。

6. 记录档案做过变更或补充的有14处。

7. 已制定收集、整理、借阅制度的共有1处。

六、石家庄市

38处长城区段中：

共有33处建立了长城记录档案

其中：

1. 设有专门人员负责保管档案的有25处。

2. 档案已按规定进行备案的有0处。

3. 档案同时具备主卷、副卷和备考卷的共8处，主卷、副卷和备考卷内容完备的共1处，主卷、副卷和备考卷内容正在整理（不完备）7处。

4. 只有主卷，无副卷和备考卷的共有25处。

5. 只有主卷、备考卷，无副卷的共有0处。

6. 记录档案做过变更或补充的有0处。

7. 已制定收集、整理、借阅制度的共有0处。

七、邢台市

6处长城区段中：

共有5处建立了长城记录档案

其中：

1. 设有专门人员负责保管档案的有5处。

2. 档案已按规定进行备案的有5处。

3. 档案同时具备主卷、副卷和备考卷的共0处。

4. 只有主卷，无副卷和备考卷的共有5处。

5. 只有主卷、备考卷，无副卷的共有0处。

6. 记录档案做过变更或补充的有0处。

7. 已制定收集、整理、借阅制度的共有0处。

八、邯郸市

6 处长城区段中：
共有 6 处建立了长城记录档案
其中：
1. 设有专门人员负责保管档案的有 6 处。
2. 档案已按规定进行备案的有 0 处。
3. 档案同时具备主卷、副卷和备考卷的共 0 处。
4. 只有主卷，无副卷和备考卷的共有 6 处。
5. 只有主卷、备考卷，无副卷的共有 0 处。
6. 记录档案做过变更或补充的有 0 处。
7. 已制定收集、整理、借阅制度的共有 0 处。

九、廊坊市

2 处长城区段中：
共有 2 处建立了长城记录档案
其中：
1. 设有专门人员负责保管档案的有 1 处。
2. 档案已按规定进行备案的有 0 处。
3. 档案同时具备主卷、副卷和备考卷的共 0 处。
4. 只有主卷，无副卷和备考卷的共有 2 处。
5. 只有主卷、备考卷，无副卷的共有 0 处。
6. 记录档案做过变更或补充的有 0 处。
7. 已制定收集、整理、借阅制度的共有 0 处。

第七节　河北省长城保护管理机构和管理人员情况

全省 268 处长城区段中，共有 4 处设专门保护管理机构（滦平县金山岭长城、山海关区天下第一关、老龙头、角山长城）。38 处无专门机构但有专职人员管理，保护人员共 118 人。设立群众长城保护员的共 148 处，共 737 人，平均年龄 45 岁；长城区段的群众长城保护员受过培训的有 98 处（包括已设立专职人员又设立保护员的 24 处），已培训过的群众长城保护员共 200 人；对群众长城保护员采取开会、奖惩等办法进行管理的有 91 处；群众长城保护员经费已得到落实的有 47 处，其中报酬由当地政府财政补贴的共 43 处，其他途径筹集的有 4 处。无长城保护管理机构、也未设专职人员、长城保护员的共 102 处。

一、张家口市

88 处长城区段中：

1. 设专门机构保护管理的 0 处。

2. 无专门机构但有专职人员管理的有 15 处，保护人员 43 人。

3. 设立群众长城保护员的共 59 处。

（1）群众长城保护员共 224 人，平均年龄 47 岁；

（2）长城区段的群众长城保护员受过培训的有 7 处，已培训 46 人；

（3）对群众长城保护员采取开会、奖惩等办法进行管理的有 41 处；

（4）群众长城保护员经费已得到落实的有 19 处，其中报酬由当地政府财政补贴的共 15 处，其他途径酬集的有 4 处。

4. 无长城保护管理机构、专职人员、群众长城保护员的共 29 处。

二、秦皇岛市

22 处长城区段中：

1. 设专门机构保护管理的 3 处，均隶属于文物行政主管部门。

2. 无专门机构但有专职人员管理的有 3 处，保护人员 9 人。

3. 设立群众长城保护员的共 14 处。

（1）群众长城保护员共 93 人，平均年龄 51 岁；

（2）长城区段的群众长城保护员受过培训的有 14 处，已培训 93 人；

（3）对群众长城保护员采取开会、奖惩等办法进行管理的有 14 处；

（4）群众长城保护员经费已得到落实的有 14 处，其中报酬由当地政府财政补贴的共 14 处。

4. 无长城保护管理机构、专职人员、群众长城保护员的共 2 处。

三、承德市

34 处长城区段中：

1. 设专门机构保护管理的 1 处，隶属于文物行政主管部门管理。22 处设有保护组织，隶属于当地政府或文物部门。

2. 无专门机构但有专职人员管理的有 4 处，保护人员 26 人。

3. 设立群众长城保护员的共 31 处（其中 3 处既有专职人员，也有兼职人员）。

（1）群众长城保护员共 237 人，平均年龄 41 岁；

（2）长城区段的群众长城保护员受过培训的有 17 处，已培训 30 人；

（3）对群众长城保护员采取开会、奖惩等办法进行管理的有 18 处；

（4）群众长城保护员经费已得到落实的有 0 处。

4. 无长城保护管理机构、专职人员、群众长城保护员的共1处。

四、唐山市

24处长城区段中：

1. 设专门机构保护管理的0处。设立长城保护组织的有5处，隶属于当地政府或文物行政主管部门。
2. 无专门机构但有专职人员管理的有0处。
3. 设立群众长城保护员的共9处。

（1）群众长城保护员共115人，平均年龄46岁；

（2）长城区段的群众长城保护员受过培训的有0处；

（3）对群众长城保护员采取开会、奖惩等办法进行管理的有8处；

（4）群众长城保护员经费已得到落实的有0处。

4. 无长城保护管理机构、专职人员、群众长城保护员的共15处。

五、保定市

48处长城区段中：

1. 设专门机构保护管理的0处。
2. 无专门机构但有专职人员管理的有10处，共27人。
3. 设立群众长城保护员的共16处。

（1）群众长城保护员共28人，平均年龄48岁；

（2）长城区段的群众长城保护员受过培训的有7处，已培训19人；

（3）对群众长城保护员采取开会、奖惩等办法进行管理的有9处；

（4）群众长城保护员经费已得到落实的有14处，当地政府财政补贴的14处。

4. 无长城保护管理机构、专职人员、群众长城保护员的共22处。

六、石家庄市

38处长城区段中：

1. 设专门机构保护管理的0处。
2. 无专门机构但有专职人员管理的有0处。
3. 设立群众长城保护员的共5处。

（1）群众长城保护员共5人，平均年龄43岁；

（2）长城区段的群众长城保护员受过培训的有0处；

（3）对群众长城保护员采取开会、奖惩等办法进行管理的有0处；

（4）群众长城保护员经费已得到落实的有0处。

4. 无长城保护管理机构、专职人员、群众长城保护员的共33处。

七、邢台市

6 处长城区段中：
1. 设专门机构保护管理的 0 处。
2. 无专门机构但有专职人员管理的有 6 处，保护人员 13 人。
3. 设立群众长城保护员的共 6 处。
(1) 群众长城保护员共 12 人，平均年龄 47 岁；
(2) 长城区段的群众长城保护员受过培训的有 6 处，已培训 12 人；
(3) 对群众长城保护员采取开会、奖惩等办法进行管理的有 0 处；
(4) 群众长城保护员经费已得到落实的有 0 处。
4. 无长城保护管理机构、专职人员、群众长城保护员的共 0 处。

八、邯郸市

6 处长城区段中：
1. 设专门机构保护管理的 0 处。
2. 无专门机构但有专职人员管理的有 0 处。
3. 设立群众长城保护员的共 6 处。
(1) 群众长城保护员共 11 人，平均年龄 51 岁；
(2) 长城区段的群众长城保护员受过培训的有 0 处；
(3) 对群众长城保护员采取开会、奖惩等办法进行管理的有 0 处；
(4) 群众长城保护员经费已得到落实的有 0 处。
4. 无长城保护管理机构、专职人员、群众长城保护员的共 0 处。

九、廊坊市

2 处长城区段中：
1. 设专门机构保护管理的 0 处。
2. 无专门机构但有专职人员管理的有 0 处。
3. 设立群众长城保护员的共 2 处。
(1) 群众长城保护员共 12 人，平均年龄 30 岁；
(2) 长城区段的群众长城保护员受过培训的有 0 处；
(3) 对群众长城保护员采取开会、奖惩等办法进行管理的有 1 处；
(4) 群众长城保护员经费已得到落实的有 0 处。
4. 无长城保护管理机构、专职人员、群众长城保护员的共 0 处。

第八节　河北省长城维修情况

全省目前共11处长城得到了维修，维修项目24个；24个维修项目中，有21处经过依法审批，1处为市文物部门越权审批，1处为县旅游局违法审批，1处未经审批；19个项目为有资质的文物设计单位设计，5个项目未经设计或为没有资质的设计单位设计；24个长城维修项目共投入资金3496.05万元，9个工程项目经费为国家或省级财政拨款，共2049.73万元，当地县（市、区）政府及有关部门自筹的共1451.32万元。已维修的11处长城中有7处还需维修。

一、经依法批准的长城维修区段和项目

1. 保定市涞源县浮图峪长城

批准：河北省文物局

设计：河北省古代建筑保护研究所

施工：河北省古代建筑保护研究所

维修时间：2004年2月至2004年3月

投入资金及资金来源：53159.49元，自筹

2. 保定唐县倒马关长城

批准：河北省人民政府

设计：河北省古代建筑保护研究所

施工：易县清西陵古建处

维修时间：2000年7月至2001年8月

投入资金及资金来源：30万元，县政府自筹

3. 保定易县紫荆关关城城墙维修

批准：国家文物局

设计：中国文物研究所

施工：河北省古建园林有限公司

维修时间：2003年4月至2004年9月

投入资金及资金来源：180万，国家文物局财政拨款

4. 承德市滦平县金山岭长城

（1）砖垛口西墙体

批准：国家文物局

设计：国家文物局专家

施工：滦平县巴克什营古建队

维修时间：1983年

投入资金及资金来源：10万，国家文物局财政拨款

（2）西方台、砖垛楼、墙体维修

批准：国家文物局

设计：国家文物局专家

施工：滦平县巴克什营古建队

维修时间：1984 年

投入资金及资金来源：30 万，国家文物局财政拨款

（3）库房楼、支墙、墙体维修

批准：国家文物局

设计：国家文物局专家

施工：滦平县巴克什营古建队

维修时间：1985 年

投入资金及资金来源：30 万，国家文物局财政拨款

（4）沙岭口、黑楼、墙体维修

批准：国家文物局

设计：国家文物局专家

施工：滦平县巴克什营古建队

维修时间：1986 年

投入资金及资金来源：30 万，国家文物局财政拨款

（5）大小金山楼、墙体维修

批准：国家文物局

设计：国家文物局专家

施工：滦平县巴克什营古建队

维修时间：1987 年

投入资金及资金来源：18 万，国家文物局财政拨款

（6）文字砖墙等维修

批准：无

设计：无

施工：金山岭长城维修队

维修时间：1998 年至 2005 年

投入资金及资金来源：20 万，自筹

5. 山海关天下第一关（靖边楼至关城北垣烽号台）

（1）山海关镇东楼维修

批准：国家文物局

设计：河北省古建专家组

施工：山海关区文物局

维修时间：1998 年 10 月至 1999 年 4 月

投入资金及资金来源：256 万，地方政府自筹

（2）牧营楼北侧长城外墙抢险维修
批准：国家文物
设计：河北省古代建筑保护研究所
施工：河北古建筑园林公司
维修时间：2005 年 7 月至 2006 年 7 月
投入资金及资金来源：120 万，自筹
（3）牧营楼南 110 米长城维修工程
批准：国家文物局
设计：河北省古代建筑保护研究所
施工：北京首华建设经营公司
维修时间：2006 年 7 至 11 月
投入资金及资金来源：180 万，自筹
6. 关城、东罗城段长城
（1）山海关迎恩楼、望洋楼城台修缮加固工程
批准：国家文物局
设计：河北省古代建筑保护研究所
施工：河北古建园林工程有限公司
维修时间：2004 年 6 月至 2005 年 5 月
投入资金及资金来源：222 万，地方政府自筹
（2）山海关迎恩楼、望洋楼城台两侧城墙、马道修缮工程
批准：国家文物局
设计：河北省古代建筑保护研究所
施工：河北古建园林工程有限公司
维修时间：2004 年 9 月至 2005 年 7 月
投入资金及资金来源：880 万，国拨
（3）东罗城南墙长城修缮工程
批准：国家文物局
设计：河北省古代建筑保护研究所
施工：山西古建保护工程有限公司
维修时间：2006 年 7 月至 11 月
投入资金及资金来源：480 万，国拨
（4）山海关迎恩楼修复
批准：国家文物局
设计：河北省古代建筑保护研究所
施工：北京房修一建筑公司
维修时间：2005 年 2 月至 2006 年 8 月
投入资金及资金来源：225 万，地方政府自筹

(5) 山海关望洋楼修复
批准：国家文物局
设计：河北省古代建筑保护研究所
施工：苏州园林发展股份有限公司
维修时间：2004 年 10 月至 2006 年 8 月
投入资金及资金来源：200 万，地方政府自筹
(6) 山海关东罗城服远楼
批准：国家文物局
设计：河北省古代建筑保护研究所
施工：河北古建园林工程有限公司
维修时间：2005 年 10 月至 2006 年 5 月
投入资金及资金来源：42 万，地方政府自筹
(7) 山海关东罗城城台及东南、东北角台整体保护
批准：国家文物局
设计：河北省古代建筑保护研究所
维修：河北古建园林工程有限公司
维修时间：2005 年 8 月
投入资金及资金来源：364 万，国家文物局财政拨款
7. 迁安市红峪口长城板楼东城墙维修
批准：国家文物局
设计：河北省古代建筑保护研究所
施工：河北省古代建筑保护研究所
维修时间：2005 年 3 月至 2005 年 10 月
投入资金及资金来源：100 万元，地方政府财政
8. 抚宁县抚宁九门长城点将台（子母台）维修
批准：河北省文物局
设计：秦皇岛市文物管理处
施工：秦皇岛市文物管理处
维修时间：2001 年 3 月到 6 月
投入资金及资金来源：27. 7 万元，省级财政拨款

二、未经依法审批擅自进行维修的项目

1. 武安市峻极关长城维修
批准：邯郸市文物局
设计：武安市文物保管所
施工：长寿泉公司施工队

维修时间：2003年6月至7月
投入资金及资金来源：2万元，自筹
2. 赞皇县段岭口长城墙体维修
批准：县旅游局
设计：县旅游局
施工：棋盘山管理处
维修时间：2004年3月至2005年11月
投入资金及资金来源：30万，自筹
3. 遵化市上关湖长城维修
批准：无
设计：无
施工：不详
维修时间：1988年
投入资金及资金来源：19万，遵化市政府自筹

第九节　对破坏长城违法活动的执法情况

全省共11个县发生违法案件22起，经过文物行政主管部门处理并有结果的20起，正在处理的2起；违法案件中属于破坏、损毁长城本体的8起，在长城保护范围或建设控制地带内违法进行建设工程或挖掘等其他作业的13起，擅自改变长城保护管理体制将长城作为企业资产经营的1起，违法进行长城维修的1起，因旅游开发破坏长城的1起。

一、违法破坏长城本体的8起

1. 秦皇岛市山海关区铁新街路网工程拓宽长城豁口事件
处理主体：省政府
处理结果：对有关责任人进行了行政处理。当年12月，经秦皇岛市政府批准，成立了山海关区文物局
2. 保定市涞源县浮图峪东沟长城被拆毁
处罚主体：省市县文物行政主管部门、县司法机关
处罚结果：经司法部门对犯罪嫌疑人提起公诉，判处有期徒刑三年，被破坏长城得到修复
3. 秦皇岛市青龙县修京沈高速破坏长城案
处理主体：市县文物行政主管部门
处理结果：县文保所将案件调查情况和实地勘察结果通过文体局报县政府，并同时上报市文物局处理，对被破坏长城进行了维修保护
4. 唐山迁安市红峪山庄旅游开发有限公司破坏红峪口长城事件
处罚主体：省文物局

处理结果：责令红峪山庄旅游开发有限公司立即停止一切开发利用长城的活动，并依法对其罚款人民币10万元；做出被毁坏部分长城修复方案，依法审批后限期实施。2005年3月至10月，由河北省古代建筑保护研究所对该段长城进行了修复

5. 唐山迁安市用白灰勾抹方式维修白洋峪长城事件

处理主体：省文物局

处理结果：清除白灰，重新依法维修

6. 张家口市万全县群众拆狼窝沟口长城事件

处理主体：省文物局

处理结果：被毁长城得到修复，盗挖长城的违法者被行政处罚

7. 承德宽城县游艺机投资商拆掉了喜峰口北段长城的一段自然豁口上的城墙案件

处理主体：宽城满族自治县政府

处理结果：由飞龙游艺中心将长城按原状修复，并处罚款1000元

8. 滦平县金山岭长城旅游开发有限公司未经批准在长城上安装灯具，在长城墙体上钉金字招牌。

处理主体：省、市文物局

处理结果：拆除灯具、电线和金字招牌

二、在长城保护范围或建设控制地带内违法进行建设工程或挖掘作业的13起

1. 秦皇岛市抚宁县，上平山石矿、温泉堡石矿破坏长城烽火台案

处理主体：省、市文物行政主管部门

处理结果：关闭温泉堡石矿，由国土资源管理部门吊销采矿许可证，处罚款3万元；上平山石矿撤离文物保护范围和建设控制地带，处罚款4万元

2. 秦皇岛市山海关区，河北移动通讯公司在山海关东罗城保护范围内架设信号发射塔事件

处理主体：山海关区文物局

处理结果：违法设施被拆除

3. 秦皇岛市山海关区，秦皇岛市电业局擅自在长城保护范围内架设送电高压铁塔事件

处理主体：山海关区文物局

处理结果：送电高压铁塔已迁出保护范围以外

4. 秦皇岛市山海关区农家饭庄擅自在保护范围内修建围墙事件

处理主体：山海关区文物局

处理结果：农家饭庄围墙被拆除

5. 唐山遵化市马兰关长城保护范围内非法开采金矿

处罚主体：遵化市文物行政主管部门

处理结果：封堵矿井；罚款2万元

6. 罗文峪口西侧堆放尾矿砂

处理主体：遵化市文体局、环保局，并与承德市兴隆县文物管理所共同调查处理

处理结果：停止堆放尾矿沙；恢复植被；罚款1万元

7. 唐山市迁西县榆木岭村民叶某在其住宅后院长城城墙内侧修建了一个简易厕所
处理主体：县文物行政主管部门
处理结果：当事人拆除了厕所，恢复了长城原状
8. 唐山市迁西县，龙某在青山口村次峪碾盘沟长城内侧建设控制地带内挖掘铁矿石
处理主体：县文物行政主管部门
处理结果：当事人已停止了建设控制地带内的铁矿石开采，恢复了原貌
9. 张家口市宣化县，寇真矿区（凤凰山正沟长城段）在凤凰山正沟敌楼下不足 20 米露天开采事件
处理主体：县文物行政主管部门
处理结果：按照与东望山乡政府于 2003 年 11 月 25 日签订的恢复长城山体原貌的协议进行了恢复。
10. 张家口市宣化县寇真矿区在凤凰山正沟长城段城墙东面不足 150 米处露天采矿事件
执法主体：县文物行政主管部门
处理结果：矿区所有人员及车辆被清理出山，避免使长城山体遭到更大的破坏
11. 张家口市宣化县，王某未经审批，擅自将堆氢厂建在明长城保护范围内
执法主体：县文物行政主管部门
处理结果：当事人填平所挖深坑，并在上面种上草籽，恢复长城山体原貌。
12. 张家口市宣化县，大白阳金矿将矿口深入到长城腹内，已危及长城安全事件
执法主体：县文物行政主管部门
处理结果：该案件正在处理之中
13. 张家口市宣化县，大白阳金矿矿区某采矿车间就建在长城脚下，离明长城不足 150 米
执法主体：县文物部门
处理结果：正在处理之中

三、擅自改变长城管理体制的 1 起

承德市滦平县金山岭长城被承德光大农业发展有限责任公司作为企业资产经营事件
执法主体：国家文物局、省文物局
处理结果：2005 年 12 月，原经营公司撤出金山岭长城，2005 年 12 月滦平县成立金山岭长城管理处，负责金山岭长城的保护管理工作

四、违法进行长城维修的 1 起

唐山迁安市用白灰勾抹方式维修白洋峪长城事件
处理主体：省文物局
处理结果：清除白灰，重新依法维修

五、因旅游开发破坏长城的 1 起

唐山迁安市红峪山庄旅游开发有限公司在红峪口北山和青龙凉水河乡石山沟开发溶洞并破坏长城事件

处罚主体：省文物局

处理结果：责令红峪山庄旅游开发有限公司立即停止一切开发利用长城的活动，并依法对其罚款人民币 10 万元；做出被毁坏部分长城修复方案，依法审批后限期实施。2005 年 3 月至 10 月，由河北省古代建筑保护研究所对该段长城进行了修复。

第三部分

河北省长城保护管理和执法情况现状暨河北省长城保护工作现存的问题分析

根据各项统计数据和有关案例，对目前长城保护存在的主要问题进行分析、归纳和研究，为全省长城保护管理工作提供现实依据。

一、长城保护管理职责有待强化

1. 长城保护缺乏各级政府强有力的领导

（1）各级政府重视程度不够，长城保护观念不强。

①长城保护观念淡薄。一些长城所在地党政领导对长城保护的重要意义和重要价值认识不充分，重视程度和支持力度不够，长城保护缺乏强有力的领导，国家关于长城保护的法规政策得不到全面贯彻落实，许多长城抢救保护工作没有开展起来。

②长城保护观念存在误区。一些地方政府只关注有旅游开发价值的重点区段，不重视辖区内长城整体保护。只关心长城的经济开发价值，不关注长城的历史、文化和精神价值。进行长城修复是经济利益的趋动，以致于在长城开发、修复过程中，发生违反法规政策和长城保护规律，破坏长城本体、历史原状、环境风貌等违法行为。

（2）长城保护“五纳入”的要求尚未全面落实。

许多长城所在地政府尚未将长城保护纳入本级政府国民经济和社会发展规划，纳入城乡规划，纳入体制改革，纳入领导责任制，未将长城抢救保护所需经费列入本级政府财政预算，长城保护缺乏保障。

（3）长城保护的政策、法规建设滞后。

目前我省尚未出台长城保护的地方性专项法规，自上世纪80年代以来省政府下发了2件关于长城保护的通知。据统计，全省长城沿线的9个设区市，只有3个设区市政府曾下发过长城保护方面的专项通知，占33%，且总数仅有4件。全省长城沿线的49个县（市、区），只有16个县级政府曾下发过长城保护方面的专项通知，占32.7%，文件总数只有29件。49个县（市、区）只有9个县级政府或其有关部门召开过长城保护的专门会议，只占18.4%，会议总数只有25次。这些数据表明，我省长城保护法规政策建设还不健全，各级政府对长城保护的政策支持不到位，长城保护工作尚未列入各级政府重要议事日程。

（4）个别基层政府违法破坏长城现象还存在。主要表现为政府决策中以牺牲长城为代价发展经济，长城保护为基本建设让路；搞长城旅游不依照长城保护法规、不遵循长城保护规律，进行破坏性开发；随意改变长城保护管理体制，将长城作为企业资产经营，或者租赁给私人经营等。

2. 基层文物行政主管部门对长城保护的监督管理不到位

由于长城多处于偏远山区、路途远、交通差，以及县级文物管理部门人员较少等客观原因，再加上一些基层文物行政主管部门对长城日常保养和巡查工作的重要性认识不够、工作积极性不高等主观因素，致使许多地段的长城得不到及时保养、维修，许多违法破坏长城的行为得不到及时处理。在核查组对全省重点长城地段进行核查时，听到一些基层文物行政主管部门工作人员有这样说法："这段长城我们已经10年没来了（有的是5年）"，"如果不是省里检查，我们不会上来" 等。

基层文物行政主管部门对长城保护的监督管理不到位主要表现在：

（1）长城的日常保养不到位。核查中发现，许多地段的长城多年生长的杂草、树木，得不到清理；游客扔在长城上的垃圾无人清除；长城的局部小的自然损坏因长时间得不到修复，导致大面积损毁；已破损的长城保护标志得不到及时修理和重新树立等，许多地段的长城保护管理工作基本上处于放任状态（图3－1、图3－2）。

图3－1　杂草丛生

图3－2　长城保养不到位

（2）巡查、监测不到位。没有建立长城的日常巡查和保护监测制度，长城的自然和人为损坏得不到及时发现、及时报告、及时处理。

（3）长城管理工作和执法不到位。

①许多长城区段设立了长城安全保护员，但基层文物行政主管部门对长城安全保护员的管理虚化。据统计，全省268处长城区段中，基层文物行政主管行政部门采取开会、奖惩等方式实施管理的只有91处，占34%，而且管理工作达不到定期、全面和经常化。

②破坏长城的违法行为得不到及时处理。许多破坏长城的违法案件，都是当地群众举报，或者是新闻媒体报道之后，基层文物行政主管部门才到现场。而且行政执法能力不强，大多数案件只是行政处理，不能依法处罚。

（4）法制宣传不到位。国家关于长城保护的法规政策还没有深入到长城沿线各乡镇、村落，群众保护长城的热情和积极性还没有全面激发起来。在核查中甚至发现，一些山区的村民对位于本村附近的长城遗址，竟然不知道是古长城。

3. 相关部门存在不依法履行长城保护职责问题

一些长城沿线的旅游、交通、通讯、建设等相关部门，缺乏对长城保护重要性的认识，无视长城保护法规，以致在实施旅游、交通、通讯设施建设或者其他建设工程活动中，发生长城给其他建设工程让位的现象或者破坏长城的行为。

二、管理体制不顺，无序过度开发，已成为危害一些重点长城区段安全的重要因素

1. 绝大多数长城隶属文物行政主管部门管理，部分地段的长城保护管理体制仍未理顺

（1）据统计，全省268处长城区段中，有246处隶属县级政府文物行政主管部门（文化、文教、文体等）保护和管理，占91.7%。由县旅游部门管理的有16处，占5.9%，建设部门管理的6处，占2.4%。

但上述比例并不值得乐观，一是因为目前由旅游、建设等部门管理的长城区段，多为交通较为便利、具有旅游开发价值，或者已开辟为长城景区的区段。相反，位于边远山区、交通不便、没有旅游利用价值，尤其是没有地上城墙建筑的长城遗址，其他部门概不问津。二是，我省长城旅游公路已经修通，一些保护完整、风景优美的长城区段正在陆续被开发，按照一些地方政府的“谁开发谁利用”原则，这些长城区段的管理使用权也将随着开发，可能被当地政府移交其他部门、单位或者个人。

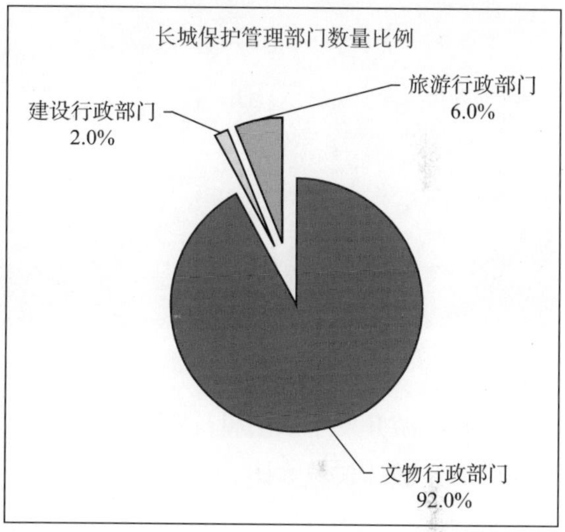

（2）个别地段长城管理体制未理顺。已开发的长城区段管理体制存在突出问题，有交企业经营或者与企业、个人联合经营的现象。

据统计，全省目前已有12处长城被作为旅游景区开发利用，1处正在开发中。12处长城景区内，有5处是当地县级政府文物行政部门管理（承德金山岭长城原为企业经营，2004年改制为政府成立专门机构管理）；4处是县级政府旅游部门开发管理；1处租赁给私人开发；1处是国家民族宗教部门与县旅游局联合开发并成立公司进行管理；1处是村委会开发管理。

另据了解，文物行政主管部门管理使用作为开放景区的长城区段，也存在吸纳企业、个人联合开发管理的问题。对个别长城区段管理体制的理顺和加强管理仍然是文物行政主管部门面临的重要问题。

（3）基层文物部门对其他部门和单位开发使用的长城监管弱化。当地政府将长城移交给其他有关的部门、单位开发使用后，当地基层文物部门在无可奈何的同时也转交了保护职责和执法权力，不对其实施有效的监督管理。如，对保护管理状况不进行巡查，对使用单位的开发行为不进行监督，对长城违法行为不经常进行执法检查和及时处理，使已开发的长城景区独立于文物部门的管理之外。

2. 过度开发、无序开发、破坏性开发，使一些长城本体和环境风貌遭到破坏

长城作为旅游开发客体一般有两种形式，一是长城作为主要或单独景区，以长城为主体进行长城开发；二是长城随其他景区开发，作为其他景区的一部分。在这两种开发利用形式中，都存在着一些开发者单纯追求短期经济利益，为发展旅游的需要对长城进行超限度、超负荷、破坏性开发，以致破坏长城本体和环境风貌的严重问题。主要表现在：

（1）损毁长城本体。

一是有的长城旅游景区内，为建设旅游通道，不惜将长城本体或辅助设施拆除。

如：

2000 年，滦平金山岭长城在光大公司管理期间，将小金山楼东北侧长城窗口拆掉 80 厘米，建设了登城索道站，直接损毁长城本体（图 3－3）。

2001 年，在宽城喜峰口长城景区内，一家飞龙游艺机投资商拆掉了喜峰口北段长城一段自然豁口上的城墙，铺设了石头台阶便于行走。

2003 年，为兴建旅游道路，迁安市红峪山庄旅游开发有限公司拆毁红峪口长城关口长达 11 米（图 3－4）。

图 3－3

图 3－4　拆毁长城本体

二是旅游开发不依法履行审批程序，不经具有古建筑设计、施工资质的单位进行设计、施工，违法复原长城，破坏长城本体。

如：

2003 年，唐山迁安红峪山庄旅游开发有限公司为开发长城旅游景区，未经批准，用现代方式对红峪口段长城残破部分进行补修达 2000 余米，对长城原状和历史风貌造成了严重破坏，补修过的长城不久就发生了坍塌（图 3－5）。

图 3－5　违法维修长城本体

（2）建设对长城有破坏性的旅游设施。为发展旅游的需要，在长城保护范围和建设控制地带内修建索道，在长城本体上安装小型旅游设施（如扶梯等），在长城上安装灯具，在长城保护范围内修建娱乐项目、停车场等，对长城本体及环境风貌造成破坏（图 3－6～图 3－10）。

图 3－6

图 3－7

图 3－8

图 3－9

图 3－10

图 3－11　万里长城不堪重负

（3）旅游人数失控，长城不堪重负。长城作为修建在崇山峻岭之上的古建筑，经千百年的风雨侵蚀，本身已非常脆弱，承受能力非常有限。旅游部门大肆组织游客开展城上旅游，不考虑长城的承压能力，加速了长城的损毁速度，成为长城保护的重要隐患（图 3－11）。

（4）开展对长城有破坏性的长城旅游项目。一些长城旅游景区的管理者，为吸引游客，开展一些对长城有破坏性的旅游项目，如长城派对、夜宿长城、攀越长城、在长城上烧烤、驾车跨越长城等。这些活动对长城本体及环境造成了一定程度的破坏，同时也影响了长城的国际形象和国人的长城情结（图 3－12、3－13）。

3. 不文明旅游对长城造成损坏

由于缺少有力的规范管理，一些旅游者在长城旅游过程中的不文明行为，也给长城造成了不同程度的破坏。如将旅游过程中产生的生活垃圾留在长城上，形成“长城垃圾”；一些游客在长城砖上乱划乱刻，“到此一游”随处可见；还有一些游客将长城砖带走作为旅游纪念等等（图 3－14～3－16）。

图 3－12

图 3－13

图 3－14

图 3－15

图 3－16

三、长城保护范围和建设控制地带不适应长城保护的需要

1. 一些区段长城尚未划定保护范围，或者划定的范围与省政府公布的范围不符

河北省人民政府分别于 1957、1982、1993 和 2001 年先后四次公布了四批省级文物保护单位，将全省境内长城全部公布为省级文物保护单位，并同时公布了长城保护范围和建设控制地带标准。多年来，长城沿线市、县人民政府分别依据省政府公布标准，实际划定了本辖区内长城保护范围和建设控制地带。但仍有一部分长城区段的保护范围和建设控制地带没有实际划定。据统计，目前全省 268 处长城区段中，已同时划定保护范围和建设控制地带的 235 处，占 87.7%；只划定保护范围未划定建设控制地带的有 10 处，占 3.7%；未划定保护范围和建设控制地带的还有 23 处，占 8.6%。已同时划定保护范围和建设控制地带 235 处中，划定的范围不符合省政府公布标准的有 34 处，占 14.5%。

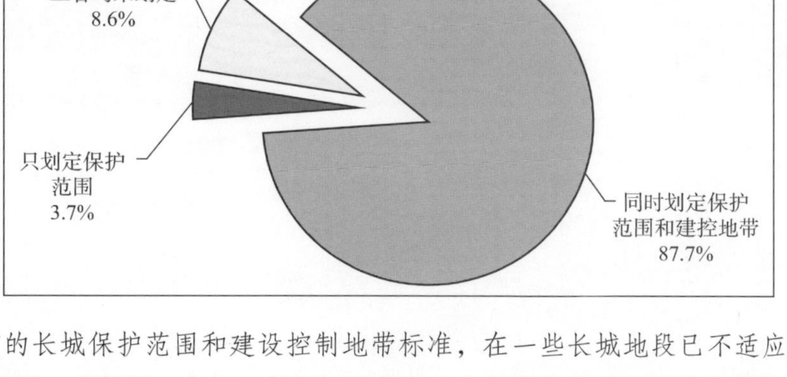

2. 省政府原公布的长城保护范围和建设控制地带标准，在一些长城地段已不适应长城保护需要

除了金山岭、山海关、紫荆关、九门口等处长城单独公布了保护范围和建设控制地带以外，省政府原公布的其他各长城区段的保护范围和建设控制地带均为统一标准，即：保护范围 50 米，建设控制地带 100 米。

目前，这一标准的科学性值得研究。

（1）不同时代、不同地区的长城周边环境和历史风貌千差万别；同一时期、同一地区的长城保护状况也不尽相同，有的地上建筑保护完整，有的仅存遗址。统一标准，恰恰忽视了这些差别。

（2）长城多建于崇山峻岭之上，周边环境与长城本体已融为一体，成为长城历史风貌不可分割的一部分。保护范围 50 米，建设控制地带 100 米，没有考虑到周边历史风貌的因素。许多矿山就设在长城脚下，却在建设控制地带之外，周围的山体环境被破坏，长城虽还独立存在，安全却受到威胁，价值遭到巨大损害。

据统计，目前全省已有 45 处长城区段的保护范围和建设控制地带范围明显不能适应长城保护的需要，占 16.8%。随着各地矿山企业的增加，其他长城地段的问题也将会不断突显出来。

3. 保护范围和建设控制地带内其他建设工程有待清理

据统计，全省有 22 处长城保护范围和建设控制地带内存在其他建设工程，点总数的 8.2%。其他建设工程主要包括采矿区或采矿场、公路，还有输变电、电信等各类塔站及建筑材料场等。根据文物保护法和长城条例规定，这些建设工程都是违法工程，需要清理。同时，有 24 处长城的保护范围或者建设控制地带内分布有民居和企事业单位，占总数的 9%。这些民居和企事业单位有的是历史形成的，也有的是近年新建的。对这些居民、企事业单位的清理搬迁工作将是长城保护的一大难题。

四、长城保护标志、警示标志、保护界桩的数量严重不足，已影响长城安全

1. 半数长城区段未树立保护标志，保护数量严重不足

据统计，全省 268 处长城区段中，已树立保护标志的只有 134 处，占总数的 50%。且标志数量严重不足，只有 232 个。已树立的保护标志材质不一，其中石质 157 个，占总数的 67.7%；水泥 61 个，占总数 26.3%；砖垒 12 个，占总数的 5.2；铁质 2 个，占总数 0.8%。许多保护标志也不符合国家规定的标准。保护标志是长城作为省级文物单位向社会公布的最重要途径，有的地区甚至是唯一途径。这就意味着，我省目前尚有一半长城区段的省保单位身份未向当地群众广而告知，其必将对长城保护带来诸多不良后果（图 3－17）。

图 3－17 保护标志破损

2. 长城保护的警示标志树立未得到重视

据统计，全省268处长城区段中，已树立简单警示标志的仅有15处，占总数的5.6%，且标志数量只有110个。已树立的警示标志也存在内容不规范、形式单一、警示作用差等问题。警示标志的作用在于告知公众长城保护的重要性，警告破坏长城是违法行为。数据表明，这一最直接、简单、有效的长城保护宣传工作，同时也是长城保护基础工作，在全省还没有开展起来。

3. 保护界桩树立工作还没有起步

经统计，全省只有1处长城树立了保护界桩，且为木桩。也就是说，目前人们还不能从长城的周边环境中，直观地看到任何一处长城的保护范围和建设控制地带的具体范围和具体位置。

4. 影响到长城安全保护

保护标志、界桩的树立是长城保护的基础工作之一。这项工作从长城公布为省级文物保护单位之日起至今，未能很好的实施，以至目前有231处长城的保护标志、界桩、警示标志数量不能适应其保护的需要，对长城保护已造成或将要造成不良影响，占总数的86.2%。

五、长城记录档案还不完整，档案管理不规范

1. 许多长城区段没有建立完整的记录档案，或者档案内容不完备

据统计，全省268处长城区段中，已按规定建立记录档案的有197处，占总数的73.5%；还有71处，占26.5%的长城无任何记录档案。已建立长城记录档案的，也存在内容不完整、档案载体陈旧等问题。在已建立档案的197处长城区段中，同时具备主卷、副卷、备考卷的只有80处，占长城总数的29.8%，占已建档长城总数的40.6%；只有主卷，无副卷、备考卷的有110处，占长城总数的41%，占已建档长城总数的55.8%；只有主卷、备考卷，无副卷的有7处，占长城总数的2.6%，占已建档长城总数的3.6%。已建档立卷的197处长城长中也还有43处的卷内内容不完整，占21.8%。长城无记录档案或档案不完整，其严重性在于这部分长城的历史状况将无据可查，如果一旦因自然或人为原因被损毁，修复工作将因无原始数据和原始状况记载而无法进行。完善长城建档工作已成为当务之急。

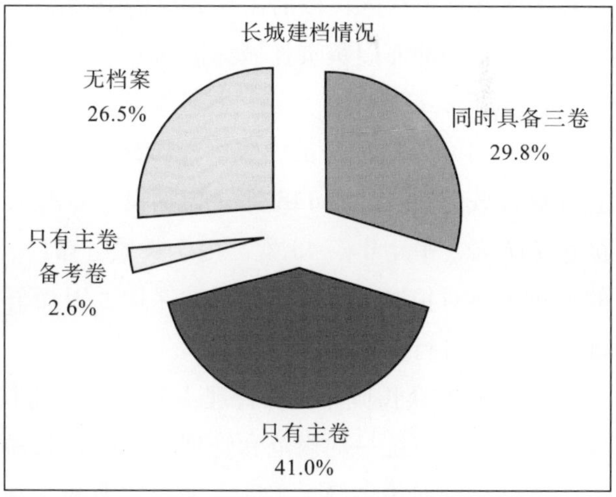

2. 大部分长城档案未依法备案

据统计，全省268处长城区段中，只有69处长城的记录档案，已按规定进行了备案，占25.7%。档案的备案主要解决的是档案的安全问题，防止孤档流失造成了不良后果。数据表明，全省有199处，占74.3%的长城记录档案面临着这一危险。

3. 档案管理不规范

（1）小部分长城档案未设专人管理。据统计，全省已建立了记录档案的197处长城区段中，档案设专人进行管理的180处，占91.4%。还有17处，8.6%的长城档案无专人管理。

（2）管理制度不完善。据统计，全省已建立了记录档案的197处长城区段中，已制定档案内容收集、整理制度和档案借阅制度的只有39处，占19.8%。还有158处，80.2%长城档案的管理处于无制度、不规范之中。

4. 档案更新呈停滞状态

据统计，全省已建立了记录档案的197处长城区段中，只有14处长城记录档案内容曾做过变更或补充，占7.1%。我省许多长城区段的档案是上世纪80年代开始建立起来的，20余年，许多长城区段保护状况的变化、维修情况、保护活动、发生的重大事件等等历史信息都没有被记入长城档案之中。

六、长城保护机构不健全，对长城保护员缺乏有效管理

1. 专门保护管理机构仅设在开发利用较好的长城区段

经调查，全省268处长城区段中，共有4处由当地人民政府设立了专门保护管理机构，占总数的1.5%。这4处均是目前由当地政府组织进行开发利用，并且长城保护和经济效益都比较好的长城区段，分别是滦平金山岭长城和山海关老龙头、天下第一关、角山长城。由此可见，当地政府设立长城保护管理专门机构的主要目的在于发展长城旅游的需要。

2. 少数长城设立专职人员

据统计，全省有38处长城无专门机构但有专职人员进行保护管理，占14.2%。保护人员共118人。这38处长城中，专职人员隶属于县级文物管理所工作人员的（内部分工负责长城保护）有19处，隶属于长城所在地乡级人民政府工作人员的19处，二者各占50%。也就是说，这些专职人员不是由政府或者文物部门聘任的专门负责长城保护的人员，他们也属于“专职不专”。

3. 对群众长城保护员缺乏有效管理，保护员报酬成为主要问题

（1）群众长城保护员已成为长城保护的一支重要补充力量。据统计，全省268处长城区段中，已设立群众长城保护员的共148处（包括设立专职人员同时又设保护员的24处），占55.2%，群众长城保护员达737人，平均年龄45岁。由于长城分布广，且多处于山区野外，交通不变，单靠文物行政主管部门的力量无法对长城进行全面的日常保护，因而群众长城保护员队伍就成为了协助文物行政主管部门对边远山区长城进行保护的重要力量。

（2）对群众长城保护员管理不到位。目前我省对群众长城保护员的选任、培训、管理、奖惩和报酬发放等环节没有统一的规范和管理办法，各长城沿线文物部门还在按照传统办法进行。经调查，许多地方的群众长城保护员确立之后，由于培训和管理工作跟不上，文物行政主管部门与群众长城保护员的沟通联络方式不畅通，群众长城保护员的积极性并不高，发挥的作用并不大。据统计，文物行政主管部门对群众长城保护员进行过培训的有98处，占66.2%。已培训过的群众长城保护员共200人，是总人数的27.1%。文物行政主管部门对群众长城保护员采取开会、奖惩等办法进行管理的有91处，占61.5%。经调查，培训和管理工作都没有形成制度化，实现经常化，全省群众长城保护员队伍的整体素质还不高。

（3）群众长城保护员报酬得不到落实，成为影响群众长城保护员工作的瓶颈。我省的群众长城保护员制度建立于上世纪80年代，当时称为义务长城保护员，保护员的工作是无偿的，只按工作成绩每年或若干年给极少的物品奖励或物品补贴。随着市场经济的发展，农村经济的搞活，义务群众长城保护员概念中的“义务”已成为历史。给予群众长城保护员一定的报酬，也是发挥其工作积极性的重要手段。但

目前我省的群众长城保护员中绝大部分仍然是义务的，保护员报酬和管理经费不能落实，群众长城保护员工作积极性差，已不能发挥其应有作用。据统计，全省已设立群众长城保护员的148处长城中，保护员报酬已得到一定程度落实的只有47处，占31.8%。其中报酬由当地政府财政补贴的共43处，其他途径酬集经费的有4处。经调查，已经落实群众长城保护员经费的地区，也存在经费数额小、临时性和不定期性（未列入政府财政预算）、报酬发放不规范等问题。

4. 一部分长城仍无人管理

据统计，目前全省尚有102处长城既无长城保护管理机构和专职人员，也未聘请群众长城保护员，处于无人管理的放任状态，占总数的38.1%。

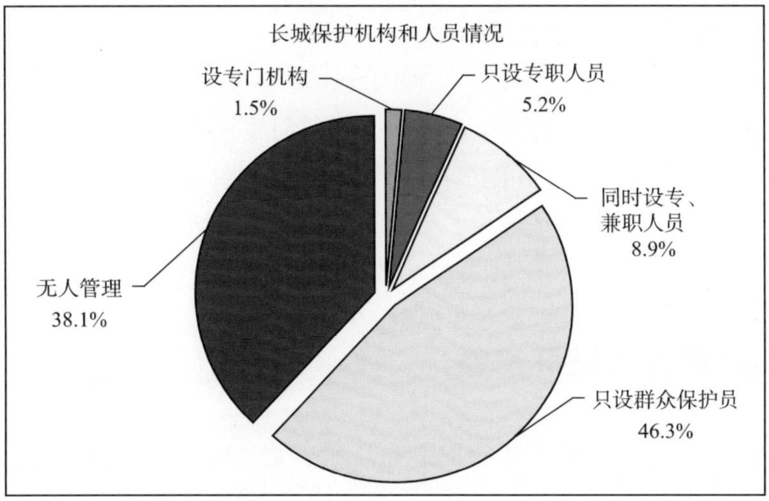

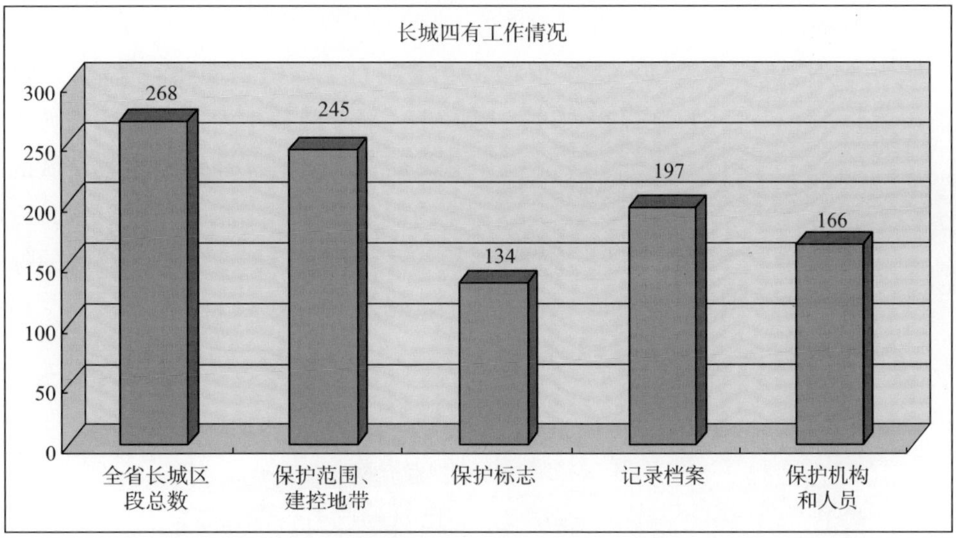

全省长城四有工作情况

七、长城修缮资金投入不足，已实施的修缮工程存在违法问题

1. 个别区段得到维修，多数长城等待修缮

据统计，全省268处长城中，只有11处长城得到了修缮，占总数的4.1%，实施维修项目共24个。

绝大多数长城未进行过修缮。已修缮的11处长城，多为城体建筑保存较为完整、环境优美、交通便利的地段，修缮后，多开发为旅游景区。如承德金山岭长城前后进行过6次维修，山海关“天下第一关”进行过3次维修，山海关关城进行过7次维修等。还有2项维修项目是被人为破坏后的被动修缮，如迁安红峪口和涞源浮图峪长城。而对其他处于边远山区、交通不便、尚无开发可能的长城地段兼顾较少。

2. 长城维修资金投入不足

据不完全统计，从上世纪80年代以来，全省实施了24个长城维修项目，共投入资金3496.05万元，9个工程项目经费为国家或省级财政拨款，共2049.73万元，占总投资的58.6%，当地县（市、区）政府及有关部门自筹的共1451.32万元，占总投资的41.4%。全省268处长城区段总长约3699.64公里，其中明长城173处，总长约2615.86公里。20余年的时间，3496.05万元的资金投入，可谓杯水车薪。而且，已经维修过的11处长城中，有7处需要再次维修。

3. 修缮工程存在违法、违规问题

据统计，在已实施的24个维修项目中，1个为市文物部门越权审批，1个为县旅游局违法审批，1处未经审批；19个项目为有资质的文物设计单位设计，5个项目未经设计或为没有资质的设计单位进行设计。违法审批和不经有资质的单位设计，违反了法律的规定，给长城带来的后果很可能是改变长城原状，将长城修成“现代墙”。

八、长城遭自然和人为破坏严重

长城被损毁从客体上说，包括长城本体的损毁和长城历史、环境风貌的损毁。从损毁的原因上可分为自然因素和人为因素。

1. 自然损坏为主要因素，但自然因素有人为原因

历史上，长城历经风蚀、雨水浸蚀、酸雨侵蚀、洪水泥石流、植物动物、地震、地质沉降、雷电、自然倒塌等自然侵袭和破坏，许多长城存在内部结构形变，部分或整体坍塌，有的长城仅存遗址，或者残垣断壁。但是自然因素导致长城的损毁与人对长城的保护管理密切相关。可以说，目前一些地段的长城保存状况与长城未得到有效的保护管理和及时抢救修复不无关系（图3－18、3－19）。

图3－18

图3－19

目前，我们对长城自然损坏防治的科学研究工作做得还不够，加快研究和实施长城科技保护是当前长城保护的主要课题之一。

2. 人为破坏严重

长城的人为破坏，虽然是局部的，但许多破坏行为一旦发生，对长城的破坏性极大，甚至是毁灭性的破坏。长城的人为破坏可以分为两类，一类是不可抗的人为破坏，如战争。另一类为可以预防、可以抵制的人为破坏，这一类目前大体有6种情形：

（1）群众生产、生活性破坏。是指长城附近群众为农业生产和家庭生活需要，在长城遗址或保护范围内进行耕地、取土、垦荒、放牧、放养牲畜、采药、挖洞、开路、建侧所等活动；这些活动对长城会造成一定程度的破坏（图3－20）。

图3－20　生产生活性破坏

如：

2002年，迁西县金厂峪镇榆木岭村一村民在长城上建了个厕所，并在城墙上打洞挖渠用于排便。

2004年，董家口长城扁楼洼发现部分长城垛口墙遭毁坏，部分城砖散落在墙体上。经调查，是当地群众翻墙抓蝎子所致。

（2）取材性破坏。是指单位或者个人，拆挖长城砖、土、石等材料，用于其他建筑材料使用，对长城造成破坏。

如：

上世纪70年代开始，卢龙县桃林口村村民们就拆掉村子附近的明长城砖盖住房、院墙、猪圈、侧所等建筑。近年，该村被新媒体暴光，并称之为“世界上最昂贵的猪圈、侧所”。为此2006年8月，村委会专门立了一座“知耻碑”（图3－21～3－24）。

图 3－21

图 3－22

图 3－23

图 3－24　知耻碑

1999 年底至 2002 年初，张家口市张北、万全两县交界，当地群众盗挖狼窝沟口明代长城遗址上石料，将长城石料用于建设工程或卖给采石厂，长城基址破坏严重（图 3－25）。

图 3－25

（3）建设性破坏。即在城市、村镇建设或其他工业、农业、交通、电力、通讯等建设项目施工过程中，损毁长城本体或破坏长城历史环境风貌（图 3－26～3－29）。

图 3 – 26

图 3 – 27

图 3 – 28

图 3 – 29

如：

1997 年，山海关区铁新街路网工程，将南水关南侧长城豁口拓宽 35 米。

2003 年 6 月，秦皇岛市电业局擅自在长城保护范围内架设送电高压铁塔，河北移动通讯公司在山海关东罗城范围内架设信号发射塔，对长城历史环境风貌造成了破坏。

（4）旅游开发破坏。是指在利用长城进行旅游开发和经营过程中，违背长城保护规律，违反法律法规，实施开发行为和旅游活动，对长城本体或者其历史环境风貌造成损害（前已详述）。

（5）矿山生产性破坏：是指在长城的保护范围、建设控制地带内或者周边山体上进行矿业生产活动，对长城本体和环境风貌造成破坏。

如：

2004 年保定涞源县一个体私有矿主，为采矿需要，用铲车将明代浮图峪长城拆毁 60 余米，包括尚存长城墙体的部分 18 米，长城遗址 42 米，对长城本体造成了严重破坏。

2004 年到 2005 年间，秦皇岛抚宁县上平山采石场擅自在该县明长城烽火台保护范围和建设控制地带内开山采石，对长城历史风貌造成了破坏，对长城安全构成了威胁。

（6）修缮性破坏：即在对长城进行维修和复建过程中，不遵照历史的真实，不遵循“不改变文物原状”的原则，项目不经依法审批，无资质单位进修缮方案设计和工程施工，对长城造成的破坏。

如，2001 年，迁安市白羊峪当地人按照现代的方式对长城进行了修复，而且把另一段原来基本完整

图 3－30

的墙体也用白灰进行了勾抹，将长城修成了“现代墙”（图 3－30）。

九、破坏长城的违法行为得到相应处理，但执法工作仍需加强

1. 破坏长城的违法行为得到处理，但多为行政协调，文物行政部门实施处罚的较少

据不完全统计，自上世纪 80 年代以来，全省 11 个县，发生长城违法案件 22 件，其中已经有关政府或者文物行政部门处理并结案的 20 件，2 件正在处理之中，办结率 90.1%。在 20 件已办结的违法案件中，有 1 件由文物行政部门移交司法机关，当事人被追究刑事责任，占 5%；文物行政部门实施行政处罚的只有 5 起，占 25%；有 14 件，70% 的违法案件是经过行政协调进行的行政处理。数据表明，对长城违法案件依法实施行政处罚工作还没有真正开展起来。

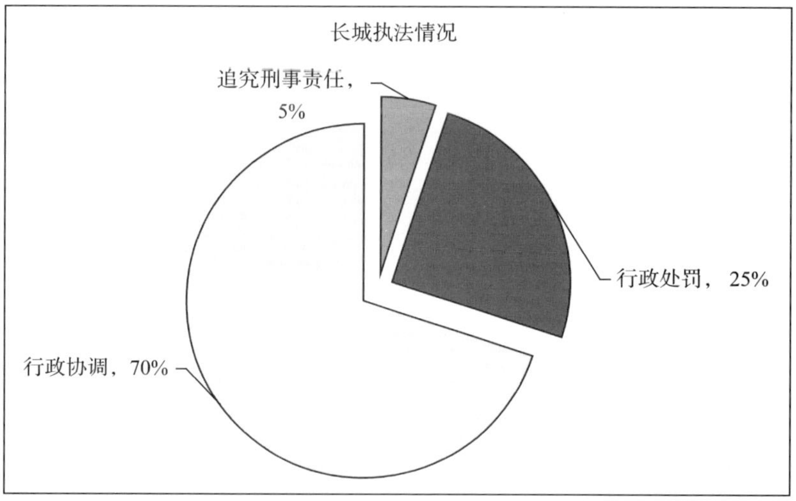

2. 破坏长城历史环境风貌的违法活动猖獗

在 22 起破坏长城活动中，破坏、损毁长城本体的 8 起，占 36.4%，擅自改变长城管理体制的 1 起，占 4.5%。而在长城保护范围或建设控制地带内违法进行建设工程或发掘作业，破坏长城历史风貌的有 13 起，达 59.1%。这些采矿或者建设其他设施和工程的人为活动，严重破坏了长城赖以存在的环境风貌。目前能源和原材料紧缺，而许多长城所存在的山体埋藏矿产或石料，一些单位或者个人还会不顾长城保护进行开采，因而这些破坏长城历史环境风貌的违法活动应当是文物行政主管部门今后很长一段时间长城执法的重点。

3. 长城执法检查工作尚未开展起来

（1）全省省、市、县三级文物行政主管部门尚未设立一家长城专门执法机构，执法队伍和机构建设不健全。尤其是长城沿线县级文物部门，多是一些从事文物专业技术人员兼职进行长城执法工作，执法水平和效力不高，长城日常执法工作还没有开展起来。

（2）长城执法检查虚化。由于执法机构和队伍不健全，没有专门的长城执法经费和必要的交通设施，长城执法检查工作制度没有建立起来，目前对长城做不到全面、日常执法检查。对破坏长城的违法行为

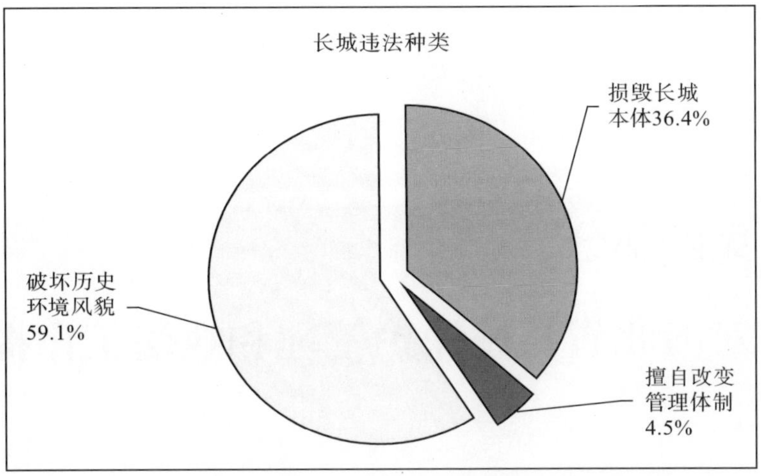

做不到事先预防、事前检查，只能是造成破坏后果之后的行政处罚或处理。

4. 长城保护的法制宣传工作还不深入

据统计，全省268处长城，共经过221个乡镇，868个自然村。长城沿线有数不清单位和居民，对他们进行长城保护的法规宣传，增强长城保护意识，非常关键。据了解，至今长城沿线市、县有文物行政主管部门没有组织开展过专门长城保护法规政策的大型宣传活动。

长城保护现存问题总体概括：

1. 政府对长城保护重视程度还不够
2. 部门对长城的监管职责还不到位
3. 长城的四有等基础工作还不坚实
4. 长城保护与利用的矛盾还很突出
5. 长城的自然和人为破坏日趋严重
6. 长城的管理和执法任务非常艰巨

第四部分 对河北省长城保护管理和执法工作提出建议

根据全省长城保护的现状，针对目前长城保护管理工作存在的实际问题，依据长城保护法律、法规、政策，提出工作建议。

一、加快长城保护地方立法，构建河北省长城保护法规体系

1. 抓紧制定长城保护专项地方法规或政府规章

早在2003年5月，北京市政府就已公布实施了《北京市长城保护管理办法》。2006年9月，国务院公布实施了《长城保护条例》。河北是长城资源分布大省，长城保护任务繁重，做好长城保护管理和执法工作的基础和前提之一就是有法可依。因此，当前有必要依据上述法规，根据全省长城保护管理现状和工作实际，制定一部长城保护的专项地方法规或者政府规章。

2. 相关市、县加强长城保护政策法规建设

石家庄、唐山、邯郸等有立法权的长城沿线设区市制定相应的长城保护管理地方法规。没有立法权的长城沿线设区市、县政府发布长城保护管理规定、办法、命令、通知等配套政策、制度。

3. 各级文物行政部门制定工作标准和管理制度

各级文物行政主管部门根据有关法律、法规规定，建立和完善各项长城保护技术标准、工作规范和管理制度等。

通过地方立法和制定相关政策规定，在我省形成完善的长城保护地方性法规体系。为全省长城保护工作提供完备的法律依据和政策支持。

长城保护法规体系应当包括：

（1）法律：全国人大常委会公布，如《中华人民共和国文物保护法》；

（2）行政法规：国务院公布，如《长城保护条例》、《〈中华人民共和国文物保护法〉实施条例》；

（3）地方性法规：省和有立法权的市级人大及常委会制定公布的长城保护法规，如《河北省实施〈中华人民共和国文物保护法〉办法》；

（4）规章：文化部制定的部门规章和省政府、有立法权的市政府制定的地方政府规章；

（5）规范性文件：国家文物局制定并发布的规范性文件。

此外，还包括地方各级政府及其文物部门落实法律、法规、规章和规范性文件，而发布的各项命令、决定、通知，制定的具体措施、制度、办法等。

4. 地方立法和法制建设需要解决长城保护工作的实际问题

至少应当包括如下问题：（1）长城所在地各级政府、有关部门、公民、法人和其他组织保护长城的职责和义务；（2）长城保护机构建设；（3）长城保护经费；（4）长城保护管理基础工作和抢救修缮；（5）长城保护规划的编制和实施；（6）长城安全检查和巡视；（7）长城合理利用；（8）对各类违法破坏长城行为的执法问题等。同时，将我省多年来形成的长城保护先进、有效的工作经验和做法，通过地方立法上升为法律规范。

二、制定长城保护利用规划

《长城保护条例》第三条规定："长城保护应当贯彻文物工作方针，坚持科学规划、原状保护的原则。"制定长城保护利用规划，并将其纳入当地政府经济社会发展总体规划，是长城保护的一项重要工作。并通过规划，对长城合理利用、抢救修缮及环长城周边建设项目等进行预先控制。

1. 长城保护利用总体规划应当分为四个层次

（1）全省长城保护利用总体规划；

（2）长城所在地设区市长城保护利用规划；

（3）长城所在地县（市、区）长城保护利用规划；

（4）重点长城段落保护利用规划。

2. 长城保护利用规划的内容

至少应当包括

（1）长城的保护、维修；

（2）人为和自然损坏的防治；

（3）长城历史环境风貌的保护；

（4）长城的开放、展示和利用；

（5）长城的管理；

（6）长城的历史科学研究等。

其中长城历史环境风貌的保护、长城的利用应当与长城的抢救维修一样得到重视和体现。

3. 长城保护利用规划的效力

（1）通过依法审批和公布，赋予规划具有法律或者规范性文件的效力。规划的编制依据《长城保护条例》和国家文物局《全国重点文物保护单位保护规划编制审批办法》、《全国重点文物保护单位保护规划编制要求》等有关法律和规范进行。规划编制完成后依据有关长城保护法规、政策和规划法规政策，进行审批或备案。进行依法批准、备案、公布实施，使规划具有规范性、强制性，除非经审批机关重新许可，不得随意变更。

（2）规划的发布和宣传。规划制定后，应当向全社会发布，并向公众广而告知，使各级政府、公民、法人和其他组织知晓。

（3）规划执行的监督检查。各级政府及文物行政主管部门对规划的执行情况进行监督检查，发现违反规划的行为要及时制止、纠正，或者依法给予处罚，以保证规划的实施。

三、强化政府及其相关部门保护长城职责，建立统一协调、多位一体的长城保护机制

1. 强化政府职责

（1）明确政府保护长城的法定职责。《文物保护法》第八条第二款规定：“地方各级人民政府负责本行政区域内的文物保护工作。县级以上地方人民政府承担文物保护工作的部门对本行政区域内的文物保护实施监督管理。”《长城保护条例》第四条第二款也规定：“长城所在地县级以上地方人民政府及其文物主管部门依照文物保护法、本条例和其他有关行政法规的规定，负责本行政区域内的长城保护工作。”所以，负责本辖区内长城保护工作是法律、行政法规赋予各级政府必须履行的重要职责。各级政府在本辖区内长城保护工作中具有主体地位，担负首要责任。

（2）政府保护文物的职责主要体现在四个方面：

①制定政策法规、规章制度：提交本级立法机关制定长城保护的地方性法规，制定政府规章、办法，发布长城保护的决定、命令、通知、通告、布告等规范性文件。

②长城管理重大项目和长城保护重大问题的组织协调：召开长城保护工作会议，对长城保护的重要工作进行安排部署；成立部门间长城保护管理组织协调机构，解决长城保护管理存在的重大问题；组织实施长城修缮等重大保护项目，组织开展长城保护的公益活动等。

③设立长城保护机构和人员：重点长城区段设立专门保护管理机构或者专职保护人员，其他长城区段设立长城保护员。

④经费保障：将长城保护经费列入本级政府财政预算。

（3）加强对政府履行长城保护职责的监督。将长城资源分布大县的长城保护工作作为本级政府及相关领导绩效考核的内容之一。建立长城保护责任制，对工作不利或者因决策失误、法人违法造成长城损毁的，要依有关规定追究责任人的行政责任。

2. 明确部门和保护机构职责

（1）各级文物行政主管部门职责。各级文物行政主管部门是对长城实施具体保护、管理的政府职能部门。其长城保护职责主要包括以下内容：

①负责长城保护的“四有”等基础工作；

②长城抢救修缮等长城保护项目的具体实施；

③实施长城保护利用规划；

④长城自然损坏防治；

⑤长城保护机构和人员的管理和监督；

⑥长城安全的巡查、巡视；

⑦长城违法行为的行政处罚；

⑧组织长城的科学研究；

⑨长城保护的其他具体工作。

（2）长城保护管理机构职责：长城的日常安全、保护、管理、执法和利用工作。

（3）相关部门职责：在各自的职责范围内，负责有关的长城保护工作。

（4）建立层级长城保护报告和监督检查工作机制。

为确保各级文物行政主管部门认真履行长城保护管理职责，建立长城保护管理报告和监督检查工作机制。通过自下而上的层级报告和自上而下的层级监督检查，既能促使各级文物行政主管部门切实履行长城保护职责，又能实现长城保护工作协调统一。

①报告制度：下级文物行政主管部门和长城保护管理机构，将本辖区内长城安全状况、保护管理工作和执法等情况定期或不定期向上级文物行政主管部门报告。

A、重要的长城区段（全国重点文物保护单位或已开放利用的长城区段）：实行月报、季报、年报制度；

B、一般长城区段：实行季报（或半年报）、年报制度；

C、有关长城保护的重大项目或者发生长城保护安全险情：实行随时、及时报告制度（可以限定报告的具体时限）。

②监督检查制度：上级文物行政主管部门对下级文物行政主管部门或者长城保护管理机构的长城保护管理和执法工作进行定期或不定期的监督检查，督促下级文物行政主管部门认真履行长城保护管理职责。监督检查要实现经常化、制度化，检查发现的问题要向当地政府和本级政府通报，并及时处理。

3. 建立长城保护管理协调机构

是指长城资源分布较多的设区市、县级政府，组织所属有关部门建立政府部门间的长城保护协调机构，负责处理长城保护和利用发生的重大问题。协调机构由政府领导牵头，各部门有关负责人组成，定期召开会议，研究解决长城保护的重大问题，或者对涉及长城保护利用的跨部门项目进行协调。

4. 建立长城保护责任制，签订长城保护责任状

在明确各级政府、文物行政主管部门、长城保护管理机构和有关领导及工作人员长城保护职责的基础上，建立长城保护责任制，层层鉴订责任书，使长城保护管理责任更加明确化、透明化、具体化。对不履行长城保护管理职责、因违法决策造成长城损毁的责任人，依法给予行政处分，涉嫌构成犯罪的要建议司法机关追究刑事责任。

（1）上级政府与下级政府签订责任书；

（2）政府与文物行政主管部门和相关部门签订责任书；

（3）上级文物行政主管部门与下级文物行政主管部门签订责任书；

（4）文物行政主管部门与长城保护管理机构、专职人员、长城保护员签订责任书。

5. 成立长城保护民间组织

设立全省性长城保护民间社会团体组织，如长城保护协会、长城保护研究会、长城保护志愿者协会等（也可以成立一个综合性长城保护协会，下设各专业分会）。长城资源分布较多的设区市和县在本辖区内建立相应的长城保护民间社团组织。各级政府及文物行政部门对长城保护民间社团组织实施指导和监督，提供必要的支持和服务。充分发挥民间社团组织对长城保护的广泛影响和辐射作用，开展长城保护科学研究、长城宣传活动，进行长城保护的社会监督，调动发挥社会力量参与长城保护工作。

6. 鼓励和引导各类社会力量参与长城保护

目前参与长城保护的社会力量很多，已形成长城保护的大军，在长城保护工作中发挥着重要作用。

有个人志愿者、研究者，也有企业组织，还有许多外国友人和外国团体。参与长城保护的方式也多种多样，有的直接出资进行长城本体保护，有的支付长城保护员经费，为长城保护活动提供交通工具和各种设施，有的进行长城的宣传和研究，有的参与长城的调查等。各级政府及文物行政主管部门，应当建立健全社会力量参与长城保护的制度和办法，如，社会捐资捐物的接收、保管和使用，长城保护社会活动的组织，对志愿者长城保护信息和工作建议的吸收、反馈，对研究者研究成果的论证奖励制度等等。通过鼓励和引导社会力量参与长城保护，既能补充文物行政主管部门人员不足，又可以进一步发挥长城的传统教育功能，使用更多人宣传长城、保护长城、研究长城。

7. 形成协调统一、多位一体的长城保护管理机制

打破目前单靠文物行政主管部门进行长城保护的局面，通过明确职责，实施责任制，建立通畅的沟通联系渠道，最终形成以各级政府、各级文物行政主管部门、长城保护管理机构为主体，政府相关部门、政府部门间协调机构以及民间组织做补充的协调统一、多位一体的长城保护管理机制。

长城保护的组织机构体系图表

组织机构	主体地位	职能	保障措施
1. 各级政府	责任主体	（1）法规、政策建设 （2）重大问题组织协调 （3）设立机构和人员 （4）经费保障	（1）列入绩效考核（2）实施责任追究
2. 文物行政主管部门	监督管理和行政执法主体	（1）“四有”基础工作 （2）抢救修缮 （3）制定规划 （4）管理监督 （5）巡查、巡视 （6）防自然损坏 （7）行政执法等	（1）建立实施报告制度（2）建立实施监督检查制度（3）签订责任状
3. 政府相关部门	职责范围内保护责任主体	在各自职责范围内做好相关的长城保护工作。	实施责任追究
4. 部门间协调机构	补充主体	长城保护重大问题的协调	建立实施会议制度
5. 长城保护民间社团组织	补充力量	科学研究、长城保护宣传、长城保护监督	文物行政主管部门进行指导、监督
6. 其他社会力量：志愿者、研究者和参与长城保护的企事业组织	补充力量	参与长城保护、研究、宣传，对长城保护事业进行资助	文物行政主管部门建立健全制度和办法，对社会力量参与长城保护进行鼓励和引导

四、加强管理和监督，规范长城利用行为

1. 正确处理长城保护与利用的关系，鼓励和引导长城的合理利用行为

（1）长城是可利用的文化旅游资源。长城作为我国古代最伟大的建筑工程，世界文化遗产，加上其

丰富的历史、文化、人文内涵，在国内外享有重大影响。这些是我们将长城作为最珍贵的文化遗产加以特殊保护的价值基础。同时，也正是长城的这些重要特性，对国内外人们具有无穷的吸引力，使其成为当代重要的文化旅游资源。多年的实践已经证明，统筹整合长城资源，开辟为长城游览区，对推动长城沿线地区经济社会的发展，实现当地群众的增收致富，补充国家长城保护经费的不足发挥了重要作用。同时，长城辟为游览区，扩大了影响，取得了经济和社会效益，也能促使当地政府重视长城保护，主动设立长城保护管理机构和保护人员，增加对长城保护的投入。但目前，旅游开发给长城本体及周围环境造成的严重损害也是不争的事实。这主要是一些当地政府和旅游经营管理者急功近利、单纯追求经济效益，忽视长城保护或者违背长城保护规律和原则，违法实施破坏长城的旅游项目，以及基层文物行政部门监管不力所致。

长城的有效保护和合理利用本身并无矛盾，而且是可以相互促进、实现双赢的，《文物保护法》和《长城保护条例》也不是禁止，而是鼓励和引导长城的合理利用行为。两者发生矛盾的原因是因为在长城利用过程中因操作者的违法、违规操作行为，导致了对长城的损害。解决这一矛盾的方法不是扼制长城的开放利用，关键在于如何趋利避害，正确处理长城保护与利用的关系。

（2）正确处理长城保护与利用的关系。《文物保护法》对文物利用问题做了原则规定，是处理长城保护与利用关系的最基本法律依据。如：

《文物保护法》：

第九条：各级人民政府应当重视文物保护，正确处理经济建设、社会发展与文物保护的关系，确保文物安全。基本建设、旅游发展必须遵守文物保护工作的方针，其活动不得对文物造成损害。

第二十四条：国有不可移动文物不得转让抵押。建立博物馆、保管所或者辟为参观旅游场所的国有文物保护单位不得作为企业资产经营。

第二十六条：使用不可移动文物，必须遵守不改变文物原状的原则，负责保护建筑物及其附属文物的安全，不得损毁、改建、添建或者拆除不可移动文物。

依据上述法律规定，结合长城保护与利用实际，对于正确处理长城保护与利用的关系，科学开展长城保护与利用工作，我们认为应当坚持“严格以保护为前提和基础、合法合理利用、实现可持续发展”的原则，即在保护长城安全和完整性、真实性的前提下，遵循长城保护的自身规律，在法律法规的框架下依法利用长城资源。这一原则主要体现在十个方面：

①以保存和保护长城本体安全和完整性、真实性为前提。长城本体是长城保护利用的基础，任何以拆除、破坏长城本体为代价，或者对长城本体产生其他损害的长城开发利用项目都不能予以许可，已经开发的项目应当由文物行政主管部门依法取缔。

②任何开发利用行为不得对长城历史环境风貌造成破坏。长城保护范围和建设控制地带内的建设工程，应当经专家论证和依法审批。其他旅游基础设施建设和商业区的设立尽量远离长城本体及其保护范围和建设控制地带。

③符合长城保护利用总体规划。长城保护利用总体规划是经过法定程序审批或者备案的，具有强制实施性。旅游开发必须符合长城保护总体规划的要求，这也是国家法律和法规对长城辟为参观游览区所规定的先决条件之一。

④长城不得作为企业资产经营。长城的所有者是国家，长城保护是公益性事业。长城游览区的经营也具有公益性质，主要为了加强长城保护、宣传长城历史文化和增加当地群众收入，不能单纯的以盈利

为目的。长城是特殊的、不可再生的国有文化财产，不能与其他财产一样作为企业资产经营，也不能作为企业可以用于担保、抵押、还债的资产。

⑤开辟长城游览区必须符合法定条件和履行法定程序。法律、行政法规对长城辟为参观游览区的条件和许可程序进行了明确规定，这些规定应当得到贯彻实施。

《长城保护条例》规定的长城辟为旅游区条件和程序

条件：

①该长城段落的安全状况适宜公众参观游览；

②该长城段落有明确的保护机构，已依法划定保护范围、建设控制地带，并已建立保护标志、档案；

③符合长城保护总体规划的要求。

程序：

将长城段落辟为参观游览区，应当自辟为参观游览区之日起5日内向所在地省、自治区、直辖市人民政府文物主管部门备案；长城段落属于全国重点文物保护单位的，应当自辟为参观游览区之日起5日内向国务院文物主管部门备案。备案材料应当包括参观游览区的旅游容量指标。

⑥长城游览区管理者实施的任何涉及长城本体及环境风貌的行为必须经依法许可。以行政许可程序保证其行为的合法性、合理性，避免对长城造成新的人为破坏。

⑦保证文物行政主管部门对长城保护的管理权和执法检查权的实施。文物行政主管部门是政府设立的长城保护管理主体和执法机关，长城保护的管理和执法是文物行政主管部门的专有权力和职责，不能由长城游览区的经营管理者代替。

⑧长城游览区的收入必须全部或者有适当比例用于长城本体及环境风貌的保护。《文物保护法》第十条第三款规定："国有博物馆、纪念馆、文物保护单位等的事业收入，专门用于文物保护，任何单位和个人不得侵占、挪用。"所以，长城游览区的收入主要用途是补充国家长城保护经费的不足。将长城旅游收入全部由当地政府、有关单位或个人挪作他用，对长城保护只收益不投入，既违背了长城利用可持续发展的原则，同时也是应当被禁止的违法行为。

⑨提倡原生态长城文化旅游。长城旅游的重点和卖点是长城历史文化，原生态的长城文化旅游应当得到发展。对在长城上烧烤、派对、夜宿等破坏长城本体及环境风貌，损害长城形象的旅游项目，必须禁止。

⑩倡导文明旅游。通过宣传，倡导游客进行文明旅游。同时，长城游览区的管理者采取有效措施加强对游客的管理，杜绝游客在长城上乱涂乱划、乱丢垃圾、拿取长城砖等不文明旅游行为。

2. 强化对长城景区管理使用单位的行业监管和执法检查

文物行政主管部门通过有力的行业管理，规范长城利用行为。行业管理包括前期宣传引导，中期的积极参与、后期的加强管理和全程的执法督查，纠正、预防和避免因旅游开发破坏长城的违法行为，实现合理利用，杜绝无序开发；实现合法利用，杜绝违法开发；实现保护性利用，杜绝破坏性利用；实现永续利用，杜绝短期行为；实现可持续利用，达到良性循环。

（1）前期宣传和引导。通过对长城沿线各级政府、村民委员会和广大群众的长城保护政策法规的宣传，尤其是对有长城开发意向的政府和有关部门、单位的宣传，引导各级政府、有关组织和公众树立正确的长城保护和利用观念，使各种长城的利用行为从一开始便按照正确、科学、合法的轨道进行。

（2）中期的积极参与。从长城利用项目的启动到完成的各个阶段和环节，在长城本体的修复、环境的保护、涉及长城其他工程项目的实施中，文物行政主管部门和文物专家都应当积极参与其中，主动提出意见和建议，发现违法、违规问题及时纠正或者执法，促使开发行为合法、有序进行。

（3）后期的加强管理。加强对长城游览区管理，通过强化管理使长城游览区健康发展。

管理方式可以包括：

①实施责任制，签订长城保护责任书；

②定期对管理者进行培训指导；

③进行长城保护管理工作监督检查；

④要求管理者定期报告长城保护状况；

⑤对管理者保护长城的工作实施评优、定级、奖惩；

⑥召开保护工作会议；

⑦行政处理和行政处罚；

⑧其他行政管理方式。

（4）长期的执法督查：进行经常性的执法检查，发现破坏长城本体及环境风貌的违法行为，依法予以制止、纠正；发生危害后果的，依法给予行政处罚；构成犯罪的移交司法机关追究刑事责任。

3. 探索创新长城合理利用的科学模式

通过研究论坛、开展试点和经验推广等方式，以长城有效保护与合理利用为目的，以实现当地社会效益和经济效益双赢为目标，积极探索长城合理利用的科学模式。

五、科学划定保护范围和建设控制地带

1. 制定科学的长城保护范围和建设控制地带划定标准

保护范围和建设控制地带的公布和划定是长城保护的基础工作之一，也是长城保护管理和执法工作的前提和依据之一。针对当前省政府公布的长城保护范围和建设控制地带范围不适应长城保护需要的实际，组织有关专家，在认真调查研究和科学论证的基础上，制定科学的长城保护范围和建设控制地带范围标准。这一标准中应当充分重视和遵循以下原则：

（1）以保证长城安全和环境风貌完整性为前提；

（2）针对每一区段长城安全保护的实际需要来划定范围，不搞“一刀切”式的统一标准；

（3）充分考虑长城所处的地理位置、地形因素，并有所区别；

（4）充分考虑长城的存在状况。存在完整的长城建筑和仅存遗址的长城遗迹应当有所区别，边远山区和临近城镇、村落的长城区段的应当有所不同；

针对山体开矿等作业对长城环境风貌造成破坏的严重问题，提供一种可供研究的划定标准：

以长城边墙为基线，按长城走向分别向两边延伸至长城所在山体的山脚为保护范围，并测量出此范围的长度，再以此为基线外扩一定范围为建设控制带，从而完整保护长城整体环境风貌

2. 利用新的科学标准，对各区段长城的保护范围和建设控制地带全部重新划定，并经省人民政府核定公布

划定长城保护范围和建设控制地带工作要特别注意以下问题：

（1）范围的划定基点或基线必须是具有永久固定性或相对永久固定性，而不是可以随意移动的可移

动点、线；

（2）界限应当有相对永久固定性的标志物或者界桩作为标记；

（3）保护范围和建设控制地带除文字表述外，还应当绘制地图，明确其具体、准确的位置；

（4）保护范围和建设控制地带应当层级备案审查；

（5）保护范围和建设控制地带的范围向社会公布，为公众所知晓等。

3. 清理非法建设

对原有长城保护范围和建设控制地带内的建筑和其他设施，破坏长城本体及历史和环境风貌的，通过行政执法检查，依照国家有关法规政策进行清理。

六、全面树立保护标志和界桩，建立长城保护警示标志

1. 政府列专项经费，尽快全面树立长城保护标志，标志数量与长城保护的需要相适应

长城保护标志内容包括长城作为文物保护单位的级别、名称、公布机关、公布日期、树标机关以及树立日期等，其作用是向公众介绍长城保护的合法地位。目前解决我省长城保护标志严重不足问题的关键是要由政府列出树立保护标志专项经费（简称树标经费）。

长城保护标志的数量要根据长城的长度、所处地理位置和地形等实际情况，在调查的基础上按照需要确定，不搞统一标准。

树标工作可以有两种方式：

（1）由省级文物行政主管部门统一实施树标工作。即统一使用树标经费、统一制作标志碑，再统一树立到长城区段。

（2）由省级文物行政主管部门制定保护标志的统一标准和要求（包括规格、形式、材料、内容等），再将树标经费拨到长城沿线各市、县文物部门，由市、县文物部门按标准和要求完成树标工作，由省文物行政主管部门统一检查和验收。

2. 建立长城保护警示标志

（1）概念：长城保护警示标志是指以保护长城安全、预防破坏长城违法行为为目的，面向社会公众树立的具有警示作用的宣传、告知、提示标志。

（2）内容：可以是宣传长城保护的法律、法规、政策；可以是对人们保护长城义务的告知；可以是对违法破坏长城行为进行处罚的提示；可以是提高公众保护长城意识，树立保护长城光荣、破坏长城可耻观念的宣传口号等。具体内容可以由文物行政主管部门拟定，也可以向社会征集。

（3）作用：提高公众尤其是边远山区群众的长城保护意识和观念，对违法破坏长城的行为起到宣传、预防和警示作用。

（4）树立位置：可以树立在长城保护范围或建设控制地带内、长城沿线的村落、经过长城的公路、长城参观游览区等公众居住或者流动的场所。

（5）树立机关：政府、长城保护部门或者长城保护的专门机构等。

（6）形式：表现形式灵活，可以是文字，也可以是图形，还可以是图形加文字。载体无统一要求，视情况因地制宜，可以是永久固定的，也可以是临时可移动的。

七、健全长城记录档案，实施档案的动态化管理

1. 依据国家文物保护单位建档标准和要求，建立全面、完整的长城记录档案

国家文物局《全国重点文物保护单位记录档案工作规范（试行）》（文物保发［2003］93 号，2003 年 12 月 3 日印发）对记录档案的内容、形式、管理制度等都做了详细、具体的规定。河北境内长城虽多为省级文物保护单位，但其记录档案应当严格按照此标准建立。

附：全国重点文物保护单位记录档案工作规范（试行）

第一章　总　则

第一条　为了加强全国重点文物保护单位记录档案（以下简称：记录档案）的编制和管理工作，依照《中华人民共和国文物保护法》、《全国重点文物保护单位保护范围、标志说明、记录档案和保管机构工作规范》等法规的有关规定制订本规范。

第二条　记录档案包括对全国重点文物保护单位本身的记录和有关文献。内容分为科学技术资料和行政管理文件。形式有文字、图纸、照片、拓片、摹本、电子文件等。

第三条　记录档案必须科学、准确、翔实。记录档案分为主卷、副卷、备考卷。主卷以保护管理工作记录和科学资料为主。副卷收载有关行政管理文件及日常工作情况。备考卷收载与本处文物保护单位有关、可供参考的论著及资料。

第二章　主　卷

第四条　主卷包括：文字、图纸、照片、拓片及摹本、保护规划及保护工程方案、文物调查及考古发掘资料、文物保护工程及防治监测、文物展示、电子文件、续补等十种案卷。

第五条　文字卷包括以下内容：

（一）全国重点文物保护单位登记表。

（二）地理位置。

（三）自然与人文环境。

（四）历史沿革。

（五）基本状况描述。

（六）价值评估。

（七）相关研究情况。

（八）历次调查、发掘、保护工程、展示情况。

（九）保护范围、建设控制地带及建设项目控制情况。

（十）保护标志情况。

（十一）保护机构情况。

（十二）安全保卫工作情况。

（十三）附属文物登记表。

（十四）重要文物藏品登记表。

（十五）古树名木登记表。

第六条　图纸卷包括以下内容：

（一）总体图纸：地形地貌图；地质图；行政区划图；文物分布图；保护范围和建设控制地带图等。

（二）考古图纸：考古发掘平面图；典型地层剖面图；重要遗迹分布图和平、剖面图；典型器物图等。

（三）建筑图纸：建筑群体总平面图；单体平面图、立面图、剖面图；结构图、节点大样图等。

（四）历史资料性图纸和研究复原图等。

第七条　照片卷包括以下内容：

（一）全景照片；群体和单体的外景、内景、重要部位照片。

（二）附属文物、重要文物藏品、主要古树名木照片。

（三）保护标志牌、说明牌及界桩照片。

（四）重大活动照片。

（五）重大事故、自然灾害或其他异常现象照片。

（六）历史资料性照片。

第八条　拓片及摹本卷包括以下内容：

（一）摩崖石刻、碑碣、重要铭刻等拓片。

（二）壁画、岩画等摹本。

第九条　保护规划及保护工程方案卷包括以下内容：

（一）保护规划。

（二）保护工程方案。

第十条　文物调查及考古发掘资料卷包括以下内容：

（一）文物调查记录。

（二）考古发掘记录、工作报告等。

第十一条　文物保护工程及防治监测卷包括以下内容：

（一）文物保护工程记录、竣工报告等。

（二）文物监测、病害防治记录及成效报告等。

第十二条　文物展示卷包括以下内容：

文物展览及陈列方案、工作报告等。

第十三条　电子文件卷包括以下内容：

与本处全国重点文物保护单位有关的各类电子文件。

第十四条　续补卷包括以下内容：

收录主卷内容的动态续补。

第三章　副　卷

第十五条　副卷包括：行政管理文件、法律文书、大事记、续补等四种案卷。

第十六条　行政管理文件卷包括以下内容：

各级人民代表大会、政府和文物行政管理部门发布的，关于本处全国重点文物保护单位的专项法规、文件、布告、通知等。

第十七条　法律文书卷包括以下内容：

各级政府、文物行政管理部门或文物保护管理机构与使用单位、群众性保护组织等签署的责任书、保护合同及其他法律文书。

第十八条　大事记卷包括以下内容：

与本处全国重点文物保护单位相关的重大事件记录。

第十九条　续补卷包括以下内容：

收录副卷内容的动态续补。

第四章　备 考 卷

第二十条　备考卷包括参考资料、论文、图书、续补等四种案卷。

第二十一条　参考资料卷包括以下内容：

与本处全国重点文物保护单位有关、具有参考价值的非正式出版的各种资料。

第二十二条　论文卷包括以下内容：

与本处全国重点文物保护单位有关的正式发表的研究论文、散见于各种出版物的考古发掘报告（简报）、文摘、报道、历史文献等。上述论文资料数量较多的，可选取有代表性的归档，其余部分编入目录。

第二十三条　图书卷包括以下内容：

与本处全国重点文物保护单位有关的各种图书。上述图书资料数量较多的，可选取有代表性的归档，其余部分编入目录。

第二十四条　续补卷包括以下内容：

收录备考卷内容的动态续补。

第五章　管理、装帧和归档

第二十五条　全国重点文物保护单位的记录档案，由省、自治区、直辖市文物行政管理部门组织制作并指定机构负责管理，要建立严格的收集、整理、借阅、使用制度。记录档案的主卷、副卷、备考卷必须报送国家文物局和省、自治区、直辖市文物行政管理部门备案。保存记录档案必须有符合国家标准的安全场地和设施，并指派专人负责。

第二十六条　全国重点文物保护单位记录档案（主卷、副卷、备考卷）的制作，统一使用国家文物局监制的卷盒、卷内表格、专用纸等。

第二十七条　根据归档的实际需要，案卷可采用装订和不装订两种形式。案卷装订不允许使用金属物。

第二十八条　制作档案的书写材料及工具，应符合耐久性要求（如：热敏纸、复写纸、铅笔、圆珠笔、红墨水、纯蓝墨水等不能使用）。

第二十九条　全国重点文物保护单位记录档案必须按下列要求归档：

（一）图纸：总体图纸中的地图，必须使用国家专业部门制作的图纸。各类专业图纸应由受过专业训练的技术人员按照国家相关标准绘制。测绘图纸一般应参照国家标准规定的幅面尺寸套用，如图幅较大无法套用的，可自行制定幅面尺寸，但同一个项目的一套基本图纸，幅面尺寸应尽量统一。所有图纸应采用底图或晒蓝图、电脑打印图。

（二）照片：必须采用专业相纸冲洗，规格不得小于5英寸。

（三）拓片：必须用宣纸锤拓。

（四）摹本：尽量用宣纸临摹。

（五）保护规划、保护工程方案、文物调查记录、考古发掘记录、考古发掘报告、文物保护工程记录、文物保护工程报告、文物监测及病害防治记录与成效报告等（包括其中的图纸、照片等全部资料），全文本归档，不拆分。

（六）电子文件，一律采用通用格式存储于不可擦除型光盘（一式两套）。各种磁带、磁盘、幻灯片、电影胶片、录像带、录音带等其他载体的信息必须转换成光盘存储。光盘内应编制文件目录。

（七）专项法规、文件、布告、通知、责任书、保护合同及其他法律文书需采用原件或副本。

（八）正式出版的研究论文、考古发掘报告、文摘、报道等需采用原件或副本。

第三十条　与全国重点文物保护单位记录档案内容相关的变化情况应及时按主卷、副卷、备考卷分别组成续补卷补入档案。

第六章　附　则

第三十一条　其他不可移动文物记录档案的编制和管理工作可参照本规范执行。

第三十二条　本规范由国家文物局负责解释。

第三十三条　本规范自公布之日起实施。

2. 做好档案工作规划，分步组织实施

长城记录档案工作是一项非常复杂的系统工程，不可能突击一下就能完成。目前应当抓紧制定档案工作规划和实施方案，按步完成。在建立长城记录档案工作中，要严格依照国家有关标准进行，并特别注意运用现代高科技手段，丰富档案内容，更新档案载体。

八、加强长城保护管理机构建设，建立和完善保护员队伍

1. 省和有关的市、县文物行政主管部门设立专门的长城保护管理内设机构

（1）根据河北长城资源丰富和分布广、保护任务繁重的实际需要，省文物行政主管部门可以设立长城保护管理处室。设立专门处室，增加专职人员，专职负责长城保护工作的行政管理、长城安全巡视监测和执法检查等工作。通过专门机构和专职人员实施强有力的管理和指导，使全省长城管理达到科学、规范，巡视检查达到经常、全面，长城违法案件的处理及时、有效。

（2）长城分布较多的市、县级文物行政主管部门设立相应的专门长城保护科室或者设立专职人员，专门负责长城的保护管理和执法工作。

2. 重点区段建立专门机构或专职人员进行管理

重点区段包括已公布为全国重点文物保护单位的，已作为独立参观游览区或者作为参观游览区一部分进行利用的区段，规模较大、地上长城建筑保存完整的区段，以及其他重点长城区段。这些区段的长城，当地县级人民政府当设立专门的长城保护管理机构，或者设立专职人员进行保护和管理，并确保其履行长城保护管理职责。

3. 建立完善的群众长城保护员制度

全省长城延绵3600余公里，分布在49个县，且大多长城遗址位于边远山区，交通不便。单靠文物行政主管部门的力量无法实现长城的全面保护，应当发挥长城沿线的群众力量，参与长城的保护管理。实践证明，建立群众长城保护员制度是行之有效的办法。我省的群众长城保护员制度建立于上世纪80年代，

多年来，群众长城保护员在保护长城安全、进行日常维护和及时发现、制止长城违法行为等方面发挥了重要作用，是协助文物行政主管部门保护长城的重要力量。

但随着经济和社会的发展，目前群众长城保护员制度也面临着管理不到位、报酬不落实、工作缺乏积极性等诸多问题，需要在新的形势下进行新的发展和完善。

（1）制定群众长城保护员管理办法。在充分调查研究的基础上，根据以往经验，针对目前存在的问题，制定我省群众长城保护员管理办法，对群众长城保护员的选任、培训、日常管理、履行职责、报酬支付等各个环节进行规范，使长城沿线县级政府文物行政主管部门对保护员的管理工作有据可依。

（2）将群众长城保护员经费列入长城沿线各级政府财政预算。在长城保护经费项目中增列群众长城保护员经费项目，并列入财政预算，经费专门用于长城保护员的报酬和管理费用。经费保障后，各级政府的文物行政主管部门制定具体的经费管理和报酬支付标准、办法。经费的使用以提高群众长城保护员的工作积极性，并保证其正常履行长城保护职责为原则。

群众长城保护员报酬支付还应当特别注意两个问题：

①报酬形式不限于货币。应当因地制宜，允许如以土地承包、山林承包收益等作为报酬的其他形式存在。

②报酬适当，不宜过高。群众长城保护员具有群众性和志愿性，而且很多是在农业生产或者从事其他工作之余进行的长城保护工作，不是政府聘任的专职长城保护工作人员，报酬只是对其工作的补贴，不宜过高。

（3）加强对群众长城保护员的管理。群众长城保护员队伍是由小城镇和农村群众组成，队伍松散，许多工作的开展单靠自觉。但这并不等于文物行政主管部门就可以对其放任自流，相反，只有对群众长城保护员队伍实施必要的有效管理和监督，才能使其充分发挥作用。

对群众长城保护员管理可以有以下几种途径：

①教育培训：培训内容包括长城保护政策法规、长城知识、长城安全保护技能等。通过培训，提高群众长城保护员的长城保护知识和工作能力。

②工作检查：采取适应形式，对群众长城保护员的工作进行定期和不定期的监督检查，形成检查记录，作为群众长城保护员报酬支付和奖惩的依据。

③建立畅通的沟通反馈渠道：通过信件、通讯等联络方式，在文物行政主管部门和群众长城保护员之间建立畅通的沟通反馈渠道。使文物行政主管部门新的工作安排、工作要求等及时传达到保护员；同样，保护员关于长城保护状况、发生危害长城安全的问题、工作情况等信息能及时报告给文物行政主管部门。

④奖励惩罚：各级文物行政主管部门对群众长城保护员的工作成绩定期给予评定。对认真履行职责、成绩突出的保护员给予物质或者精神奖励，对其中的典型要给予宣传报道。对因不认真履行职责发生长城安全问题、或者日常工作不力的保护员要给予扣除、减少报酬或者解除聘任的惩罚。

⑤召开会议：定期召开工作会议，总结工作成果，传达国家最新政策、法规，进行工作安排等。

（4）群众长城保护员的定位。群众长城保护员应当定位于协助文物行政主管部门或长城保护管理机构做好长城保护管理工作的辅助力量。其性质主要在于群众性和志愿性，对长城保护管理不负法定职责。其主要工作任务限于对长城本体的日常养护，长城安全的日常巡查，发现问题及时报告等。设立群众长城保护员，不意味着文物行政主管部门就可以对长城保护放手不管。群众长城保护员代替不了文物行政主管部门的长城保护管理职责。

4. 强化长城沿线乡镇政府和村民委员会的长城保护职责

据统计，全省268处长城，经过221个乡镇，868个自然村。这些长城沿线的乡镇政府和村民委员会也承担着一定的长城保护职责，应当成立联保组织或者明确有关工作人员负责长城保护。

确定乡镇政府和村民委员会长城保护职责的途径可以有两个：

（1）通过地方立法做出规定；

（2）通过长城沿线县级政府做出决定，下发命令、通知。

九、规范长城维修工程，制定长城维修规划

1. 政府专设长城保护维修专项经费

为了对长城这一特别重要的文化遗产给予特别保护，并考虑到全省长城抢救工作的急迫性，长城所在地各级政府应当专设长城保护维修专项经费，独立于其他文物保护经费项目。同时，可以设立长城抢救保护基金，通过各种途径筹集社会资金用于长城抢救维修。

2. 制定长城保护维修规划

在对全省长城保护和保存状况进行全面、详细、科学调查的基础上，制定科学的长城保护抢救维修规划和实施方案，长城抢救维修工作按实际需要分清轻重缓急，根据规划逐步实施。

全省长城保护抢救维修规划在以长城保存状况和抢救需要为基础的前提下，还应当考虑以下三项原则：

（1）保护长城的整体完整性。对长城防御体系（含各代长城墙体与附属建筑、烽燧体系、驻军体系、补供给体系）和修建遗迹（砖窑、采石场遗址）以及派生的其他遗迹（边寨、马市遗址）整体进行系统性保护工作，保护的目标是保证上述体系的整体完整性。

（2）重视遗址保护。长城保护要分清层次，长城的抢救维修不等于全面修复，一些地段的长城进行全面遗址保护可能更体现其历史和科学价值。但采取何种保护形式应当在科学调查论证的基础上确定。

长城保护的层次：

①对于保存相对完好的长城墙体与附属建筑进行重点保护；

②对于长城遗址进行全面遗址保护；

③对于个别长城遗址进行适当修复；

④对于重要的长城建筑构件进行馆库藏保护和展示。

（3）适当兼顾长城利用需要。对交通便利、环境优美、保存完好、有利用可能的长城地段，适当给予重点、优先安排抢救维修项目，使长成保护与经济和社会发展相适应、相衔接、相协调。

3. 规范长城维修工程

（1）树立正确科学的理念。要求长城维修项目的组织管理者、方案的设计者和工程的施工者，应当树立尊重历史和尊重科学的长城维修理念。并将这一理念体现到各个工作环节中去，严禁将长城修成“现代墙”。

尊重历史和尊重科学的长城维修理念至少应当蕴含以下内容：

①对祖先的智慧和长城的历史作用给予充分尊重；

②充分尊重和保持长城的历史原状；

③重视长城在历史上是军事防御工程的特点；

④现代科学技术与传统建筑手段的有机结合。

（2）加强长城维修工程的管理。任何长城维修工程立项的许可和方案的审批、工程的验收都按照法律、法规规定的程序进行。长城维修工程的方案设计、施工、监理，由具有法定资质单位实施。同时，文物行政主管部门加强对工程项目各个环节的监管，发现问题及时纠正，保证维修工程质量。

（3）对违法维修长城的行为给予处罚。对未经许可擅自进行长城维修，方案设计和工程施工者无法定资质，以及未经许可擅自变更维修方案等违法行为，依法给予行政处罚，构成犯罪的追究刑事责任。

十、提高长城保护管理水平

1. 增强长城保护法制意识，提高依法行政水平

（1）文物行政主管部门和长城保护管理机构加强法制教育培训，采取多种形式学习贯彻《中华人民共和国文物保护法》、《长城保护条例》等法律法规和规范性文件，全面提高法律素质，增强法律意识，使参与长城保护文博干部、职工和相关人员熟知文物法律法规的各项规定，掌握依法保护管理长城的知识和技能。

（2）依法行政，严格许可。长城的各项保护管理工作要按照法律要求、法律程序和法律标准进行。有关长城的维修、长城的利用、长城保护范围和建设控制地带内的建设活动等事项，必须按法律程序进行行政许可，未经许可不得擅自实施。关于长城的重大维修和建设活动，要进行专家论证或者专家评估，听取专业机构和专家的意见和建议，并作为行政许可的重要依据。

（3）建立法律咨询和法律顾问制度。文物行政主管部门和长城保护管理机构可以聘请律师或者法律专家，作为法律顾问，对本系统、本单位干部职工进行法制教育培训，并对长城保护管理的重要活动提出法律意见。

2. 树立公约意识，吸收、借鉴国际先进管理理念

（1）了解公约知识、树立公约意识。《保护世界自然和文化遗产公约》和《关于在国家一级保护文化和自然遗产的建议》等国际公约，对各个缔约国的文化和自然遗产保护，从国家政策、行政组织、保护措施、教育和文化行动、国际合作等方面都提出了具体的建议和要求，反映了国际社会对文化和自然遗产保护的先进理念。长城作为世界文化遗产，受到国际法和国内法的双重保护。长城保护管理者应当牢固树立“公约意识”，了解公约要求，增强依照国际公约开展长城保护工作的观念。除国内长城法律、法规必须贯彻执行之外，《保护世界文化和自然遗产公约》、《古建筑保护准则》等一系列国际法的各项规定和要求，应当在具体的长城保护和修缮工作中同样得到遵守和执行。

（2）注重吸收、借鉴国际先进管理理念。在分析研究的基础上，吸收、借鉴世界各国文化遗产保护的先进管理理念、管理机制、管理模式和工作经验为我所用，并与我国的长城保护工作相结合，全面提升长城保护和管理水平。

3. 充分利用当代国内外先进科学技术，提高长城保护科研水平

（1）组织专门管理或者学术机构，关注、搜集和研究国内外、省内外、行业内外的长城保护优秀科技成果，用于本省长城保护管理和抢救维修。

（2）设立长城保护课题项目，组织开展长城保护课题研究，尤其是长城自然损毁防治的科技研究，

提高长城保护的科学技术水平。

（3）建立学术研讨会、交流会、论证会等各种长城学术研究和交流平台，组织长城科技保护研究的国际或者省际合作项目，广泛进行国内外、省内外的长城保护学术交流活动。

（4）开展长城的系统研究。研究的内容不仅包括长城本体的研究，还应当重视与长城有关的非物质文化遗产以及民族交往史等相关课题的研究。在研究机构和人员上要发挥多方面的力量，既要在文物部门建立一支相对稳定的科研队伍，又要充分发挥高校、科研院所等研究机构和个人的积极性。通过开展科学研究，深入挖掘中国长城文化的深层次内涵。

4. 建立长城保护专家咨询制度，充分发挥专家咨询在长城保护工作中的作用

根据国家文物局《中国世界文化遗产专家咨询管理办法》的有关规定，建立我省长城保护管理专家咨询巡视制度并组织实施。

（1）建立长城保护专家库和专家委员会，为全省长城保护管理和抢救维修提供专业咨询。

①专家库：专家库的专家从文物保护、规划、建筑、历史、景观、法规等相关领域内遴选具有较高学术造诣的专家学者组成。专家库实施开放动态管理，具备条件的专家可随时纳入专家库。根据需要，可邀请国家文物局专家或者省外专家进入专家库。

②专家委员会：从专家库中遴选专家组成专家委员会。专家委员会专家应当是熟悉长城保护相关工作内容和程序，了解国际相关领域的现状和发展动向，从事与长城保护相关的专业研究，在相关领域具有较高的学术造诣，经验丰富，有突出业绩。

（2）专家委员会和专家的职责：

①对长城本体维修工程项目，或者长城保护范围、建设控制地带内的其他建设工程，提供专家咨询意见；

②对长城监测、巡视和日常保护工作，提供专家咨询意见；

③对长城利用项目提供专家咨询意见；

④受政府或者文物行政主管部门委托，开展长城保护与管理课题研究；

⑤对其他涉及长城的行政许可和具体保护工作提供咨询意见。

（3）工作保证。专家咨询工作发生的费用由委托人从相关长城保护经费中列支；各级政府和文物主管部门、其他有关单位应当对专家咨询工作提供条件；专家应当得到应有尊重，专家咨询意见应当得到各级政府和文物行政主管部门应有的重视。

（4）注意与国家文物局相关专家咨询制度对接。

5. 建立长城巡查、巡视制度，及时发现和解决长城保护存在的问题

根据国家文物局《中国世界文化遗产监测巡视管理办法》的有关规定，建立我省长城保护管理监测巡视制度并组织实施。

（1）监测制度

①监测包括日常监测、定期监测、反应性监测；省文物行政主管部门负责本辖区内长城的定期监测、反应性监测，长城所在地设区市、县级文物行政主管部门和专门长城保护管理机构负责世界文化遗产的日常监测。

②日常监测：包括长城本体保存状况、核心区和缓冲区内的自然、人为变化、周边地区开发对长城本体的影响、游客承载量等。

③定期监测：包括系统监测和重点监测。系统监测的内容包括对保护规划执行情况、遗产保护、管理、展示、宣传等情况的全面监测；重点监测内容包括对保护存在问题采取的解决方法及成效的监测。

④反应性监测：是针对保护管理出现的问题进行的一种专门监测，内容包括对威胁到长城保护的异常情况或危险因素进行监测。

（2）巡视制度

巡视包括定期或不定期巡视。巡视内容包括审核监测结果，检查保护、管理状况，并提出整改要求。省级文物行政主管部门负责长城巡视工作，长城所在市、县文物行政主管部门配合、协助省文物行政主管部门做好长城的巡视工作。

（3）建立监测报告结果公布制度

长城所在地文物行政主管部门和长城保护管理机构，应当在每年年初定期将上年度的日常监测报告上报省级文物行政主管部门。省级文物行政主管部门按规定报国家文物局。每年长城保护管理监测结果要采取一定形式向社会公布。

（4）建立监测档案

文物行政主管部门和长城保护管理机构要对反应性监测、定期监测、日常监测工作形成记录档案，并妥善保管。按要求建立并使用长城保护管理记录档案数据库系统和长城保护动态监测管理系统。

（5）注意与国家文物局相关监测巡视制度对接。

十一、加强长城保护的执法检查，严厉打击各类破坏长城的违法行为

1. 加强长城执法队伍建设

（1）建立长城执法队伍。省级和长城所在设区市、县级文物行政主管部门设立或者确定专门处室、专门人员负责长城行政执法工作，在全省建立一支省、市、县三级互相配合、协调一致的长城执法队伍。

（2）加强对执法队伍的管理，提高执法水平。采取经常性组织学习、教育培训、工作交流等方式，增强长城执法人员的法制意识和法律素质、提高执法能力和水平。

2. 建立长城执法检查制度

（1）日常的执法检查和监督：省、市、县三级文物行政主管部门的文物行政执法人员对辖区内长城进行经常性的定期或者不定期检查，发现问题及时纠正或制止，对长城造成损害后果的依法处罚。

（2）联合执法检查：文物行政主管部门会同本级人大常委会、政府法制机构或者相关职能部门，对长城所在地政府及有关部门履行长城保护职责、破坏长城的违法行为进行执法检查，纠正和制止违法行为，督促解决长城保护中存在的重大问题。

（3）重点的执法督查。对长城保护存在的重大问题，发生重大破坏长城违法行为，或者连续发生长城违法案件的区域，组织专项执法督查组，进行重点执法督查，全方位、彻底解决一些地区长城保护存在的问题。

3. 建立有效的长城执法工作机制

（1）省市县三级联动、协调配合机制。对群众举报和执法检查中发现的较复杂的破坏长城的违法案件，省、市、县三级文物行政主管部门联合行动，查清事实后，按被破坏长城的级别、破坏程度、违法情节等综合因素，由省文物行政主管部门确定由哪一级主办，其他两级文物行政主管部门进行指导或

配合。

（2）监督检查机制。上级文物行政主管部门对下级文物行政主管部门查处的破坏长城违法案件进行监督检查。通过案件登记、督查通知、反馈汇报等工作环节，做到一案一查、一案一督，案案有落实、案案有档案。

（3）案件报告通报机制。发生破坏长城的重大违法案件及时向本级党委、政府报告，并向长城所在地人民政府通报。报告、通报讲清事实、法律依据和危害性，争取得到本级党委、政府领导的支持，取得案件发生地党委、政府及有关部门的配合，促进长城执法工作的开展。

4. 深入开展长城保护知识和文物法制宣传活动

通过开展长城保护宣传活动，树立全社会长城保护法制意识，建立良好的长城执法环境。

（1）宣传对象：宣传各级党委、政府及有关部门的领导，树立长城保护意识和责任感；宣传长城沿线社区、乡村和企事业单位，强调公民、法人和其他组织保护长城义务，增强保护长城光荣、破坏长城违法的观念；宣传社会各界群众，动员全社会参与长城保护。

（2）宣传方式：运用广播、电视、报刊、网络等新闻媒体；组织长城保护员和长城保护志愿者宣讲长城保护知识，发放长城保护宣传品；开展长城宣传日、宣传月活动；组织长城保护的宣传公益活动等。

（3）宣传内容：长城保护的重要历史和现实意义；长城保护法律、法规、政策；长城保护知识；长城违法典型案例等。

5. 严厉打击各类破坏长城的违法行为

（1）违法必究。对破坏长城的违法行为都要依法给予行政处罚，禁止以行政协调、行政处理代替行政处罚。

（2）与公安、司法等部门密切配合。发现破坏长城的违法行为构成犯罪的，要移交公安、司法机关追究刑事责任。

（3）发现法人违法、国家机关工作人员违法破坏长城的行为，要依法追究其失职、渎职的行政或者刑事责任。

长城保护管理工作的总体概括：

加快地方立法、强化保护职责

制定总体规划、规范合理利用

完善四有工作、实施抢救维修

提高管理水平、加强执法督查

附件一：

《河北省长城保护管理和执法情况调查研究报告》座谈会专家发言（摘要）

（根据录音整理并经本人审阅）

谢辰生（国家文物局原顾问）

这是近年来看到的省里写的最好的一个报告，希望把大家的意见都充实到报告里边去，就更丰富了。

在报告中提到的旅游开发问题、经营问题、利用问题，一定要以法律为依据。文物保护法规定得很清楚，国有文物保护单位不能做为`企业资产经营。发挥长城的作用让大家受教育，是我们的根本宗旨。开发、经营这样的词语如果要说也要打引号。长城被村民经营了，这个不合法，但在实际中又有作用，怎么办？得想一想办法。比如，我们可以委托村民管理长城，门票收入可以作为支付给他们的报酬，但长城还是在我们管理和指导下。我们可以不与村民争利，但必须争权，不能说长城就归村民经营了。其他部门来利用长城，也得纳入到我们的管理范围内。

基础研究很重要，古建筑修缮本身就是一个研究的过程，不是一个单纯的工程技术问题，而且是深化对对象的认识过程，这才有发展。修缮工程必须建立在科学研究的基础上，在修缮过程中再加深研究和认识，逐步有新的认识、新的发展。

社会力量参与长城保护，过去只想到了保护员、志愿者，现在没想到志愿者还有愿意出钱出物和进行研究工作的，这点要重视。社会力量参与长城保护，不仅是保护、研究，还有经济支持。

只要脚踏实地的做基础工作，就得把它视为研究工作，包括这次的长城普查。对普查对象有新的认识、新的发现，能写出有份量的普查科学报告，都应当与考古发掘报告、古建筑修缮报告同等对待。应当作为干部业绩考核的重要依据，也应当可以作为专业人员评定职称的条件。

黄景略（国家文物局原副局长、研究员）

这个报告非常全面，内容丰富，措施都是从实际中得来的，又有综合又有分析。提出的问题也确实存在，提出的很多措施，我认为是切实可行的。

第一，建议增加实例。报告中实例少一点，需要再丰富和补充。报告是归纳、综合起来的，还得有一些实例来说明问题。第二，长城能不能保护得好，我感觉巡视、督察很重要，否则无法知道情况。异地督察是一个很好的办法，特别是存在问题较多的地区。去人与不去人不一样，去人进行检查督促，实际上也是一个宣传。当地领导对长城保护不一定都清楚，不理解保护的意义，我们文物部门应当多做一些宣传。多数领导，只要我们宣传够了，他们会明白。检查督促工作还是要经常性地开展起来，这项工作不仅仅是长城保护的问题，其他文物工作也是如此。县文保所做工作是很难的，但上边去督察就不一样。第三，长城的调查和研究。我们过去做了不少，但还需要加强。河北的长城从战国到明代，历史跨度很长，与周边的省、市都有关联，有的因无其他遗物，年代无法准确地断定，有的因残断与内蒙古、辽宁接不上，还有长城的建筑方法、结构等，这些问题都需要进一步的调查和研究。长城的研究，不限于其本身的研究，还涉及到中国北方民族交往史。第四，动态档案管理提得很好。档案要不断补充，包括研究的内容、各种信息、报道等各个方面都要补充，档案才能全面，前后历史内容都有，不同观点都有。你们说的"孤档"要想办法保留下来，哪怕是先复印下来也行，档案不能是孤独一份，赶快抢救。第五，乡镇政府和村民委员会的保护长城职责非常重要，县里可以规定，省里也要有规定，乡规民约一定要将长城保护纳进去。另外，保护员要给钱的，过去的"义务"不行了，工作好的要给奖励。经费光靠当地政府财政预算还不够，省里也要出一些经费。第六，长城保护范围和建设控制地带范围不搞一刀切很好，但也应当有基本的标准和要求。

张廷皓（中国文化遗产研究院原院长、研究员）

河北省长城保护管理和执法情况调查研究工作做得深入、细致、全面，是一次科学的工作，态度是科学的、方法是科学的，得出的结论我认为也是科学的。研究报告提出的长城保护各个方面的建议、基本原则和措施符合长城保护实际，符合文物保护法、长城保护条例和世界遗产公约的要求，能够解决河北省长城保护的一些突出问题。

我提几点建议，供参考。第一，建立巡视制度，建立长城保护特派组织，各市互相对调，比如张家口的调到唐山去，一个组两个或者三个人，他们的待遇和当地没关系，由省财政来负担，不受当地管辖和约束，责任就是了解长城的保护情况，督促当地政府依法保护长城。第二，偿试建立长城保护绿皮书制度，公布长城沿线各级政府和有关部门保护长城的成绩、存在的问题和长城保存状况，以及对违法破坏长城的事件、责任主体，让群众监督，让社会监督。第三，在长城四有基础工作中建立人员保障机制，对扎扎实实做基础工作的同志，无论是提职和评职称，都不能亏待。第四，明确各级政府和文物行政部门保护长城的特殊责任，职责要有一些具体内容，不是简单、原则的规定。第五，长城修缮和规划必须贯彻保护为主、抢救第一的文物工作方针，确定长城本体的险情、险段，提出抢救计划，最紧急的先做。第六，长城利用模式做深入研究之后提出来。政府只有保护的责任，没有经营的责任。政府不是市场主体，必须把政府保护职责和长城所能带来的利益分开。第七，保护范围和建设控制地带划定的原则提得很好，但应当增加一些个案的分析和例举。应当把长城作为一个遗产单元来对待，而不是把他切成若干的区段。第八，保护环境是非常重要的，长城保护层次和修缮理念，应当增加环境保护的内容。兼顾保护物质和非物质文化遗产。长城内外历史上农业民族和游牧民族交流形成的民俗、风习等非物质文化遗产，也可以做一些调查，作为保护对象。第九，加强长城科学研究工作。建立研究机构，每年设立以问题为出发点和导向，以解决问题为落脚点的研究课题。最后，为使调查研究报告提出的一些措施能够落实贯彻，搞分类试点，选择若干个市、县、乡镇，进行以解决矛盾和问题为落脚点的试点工作，通过试点全面推开。

成大林（高级记者、长城研究专家）

看了河北的这个报告以后，觉得是一个很好的报告，在很短的时间做了这么多工作，很不容易，而且很多内容有创新，提了许多很好的建议和措施，对落实文物保护法、长城保护条例，具有可操作性，这是在长城保护上的一个很大提高。我讲一些意见和建议：

报告有些例子还不够充实，报告中列举的例子多数曾是媒体曝光，媒体上没有曝光，在考察中发现的例子，希望再补充进去。报告中应当突出目前长城保护的几个难题，提出可操作方案。如保护和利用的关系。《长城保护条例》规定了备案制度，列了几个开发利用的标准，但开发利用不是事先审批，这会产生很多问题。再有一个是利益分配问题。文物保护法规定，事业性收入全部用于文物保护，但实际上很难做到。地方政府一点利益没有，保护积极性就不高；群众利益受损失了，保护长城的积极性也就没有了。只有协调好各方面的利益，才能动员各方面都来保护长城。

目前长城保护出现的很多问题，包括修缮、断代等都是因为基础研究跟不上。过去，我们在维修长城时把很多信息损失了，因为我们前期没有研究。我们现在规划、设计与研究是脱节的，在做规划、做设计的时候没有请研究人员介入。长城研究工作跟不上，我们的保护工作就缺少依据。

长城的保护太复杂，光靠专业队伍不行，要利用社会力量。除了长城保护员，不要忽略了还有一批志愿者，他们不要钱，只希望提出的意见能得到反馈、鼓励。壮大长城保护志愿者这支力量，等于给长城保护增加了无数敏锐的“眼睛”和守责的“哨兵”。他们不仅收集信息和宣传报道消息，也有水平很高的研究者；不仅有中国人，也有外国人。除了人才，还有社会上的财力、物力。动员社会力量参与长城保护工作，文物部门应当有一些具体措施政策，比如捐钱捐到哪，如何管理等。社会团体组织是保护长城的重要力量，应当给予重视，根据中华环保联合会发布的《中国环保民间组织发展状况蓝皮书》统计，截至2005年底，我国环保民间组织有2768家。而我们文物保护的民间社团，算上没有注册的也没有几个。没有社会力量的介入，只靠政府和少数专业人员保护好长城是不可能的。因此，发展壮大民间长城保护和研究力量是十分必要的。

吴加安（中国文物信息中心副主任、研究员）

《河北省长城保护管理和执法情况调查研究报告》非常好，该报告以大量一手资料为基础，问题抓得准确、分析得透彻，对策正确，可推广。虽然报告以河北长城保护与管理实际为核心，但有些情况和问题在相关省市具有普遍性。所以说，该报告对长城整体保护具有积极的促进和示范作用。

长城保护或者说文化遗产保护观念上的转变很重要，一是政府职能部门对文化遗产保护的重视转变成各级政府的重视。各级政府在努力实践科学发展观，构建以人为本的和谐社会中，应加强对优秀传统文化和文化遗产的保护。二是由文博系统重视文化遗产保护转到全社会重视和积极参与。文物保护监督不仅是执法部门的事，要形成社会的关注和监督；文化遗产保护资金来源除政府投入外，如何吸引社会的资金投入，要有相应的激励机制。

加强文化遗产保护的宣传力度，宣传应满足不同层次人群的需求。政府保护长城的出发点往往是长城保护开发的经济效益，因此对政府除宣传法律法规外，还要从文物保护的目的、理念、保护原则上宣传；社会文物收藏热的背后更多的是经济利益，应当想办法将这种热情引导到对文化遗产的热爱上。通过宣传使各级领导、各个领域以及社会大众对我国文化遗产保护有正确认识。事实上地方政府也想在文化遗产保护方面做工作，但不知道如何保护，好心办坏事的现象屡见不鲜。

加强对长城的系统研究。目前对长城全面系统研究还远远不够，现有的研究成果都是分散的、专题的和区域性的。长城资源调查与长城研究是互为支撑的，长城研究应形成一支相对稳定的科研队伍、研究机构和研究经费。长城资源调查成果之一是编辑长城资源调查报告，这是非常重要的科研成果。在长城资源调查中，要组织文博系统、科学院、社科院和大学的力量开展有关长城的研究。事实上，各调查队已经有了调查研究的初步成果，河北在长城调查中的新发现，就是研究成果的体现。

国家逐年增加保护经费的投入，科学规划和合理使用保护经费，是我们义不容辞的责任。如何将抢救性保护和日常维护性保护有机的结合、经费合理搭配、科学使用？我以为，对保存较好的重要文物要保证经费的投入，不要等濒于消失时再进行抢救性保护。

王力军（中国建筑历史研究所副所长、高级建筑师）

我从规划的角度看，这个报告做得非常好，涉及的问题非常全面，针对性非常强，非常符合文物保护工作逻辑，像一个省长城保护的纲要，为未来的长城规划奠定了一个很好的基础，也对各省长城保护的评估做一个很好的范例。

我有两点建议，一是文件本身，内容都有了，格式上是现状评估、分题分析、保护策略。建议将格式做得更紧凑一点，内容分分类，前四类就是四有工作，然后是法制建设、保护规划、本体保护、利用展示、研究工作、保护经费。二、三、四部分全都按此格式进行，报告就更紧凑。第二个问题是关注长城线性特征的表达，因为长城是连续的，已经断掉的部分也要做一个评估。另外这个报告缺图，如果有个全省长城分布图，地上地下部分就更清楚了。

孟　琦（河北省长城资源调查成员）

河北长城资源丰富，分布范围广，多年代、多风格，保存状况各异，保护任务繁重。长城保护管理和执法情况调查研究与长城资源调查工作相配合，是实施长城保护工程的组成部分之一。

除了各位专家提出的意见外，我建议在调查研究报告中可以再进行一些个案分析，总结一些个别区域、个别地段长城保护的经验、做法，或者剖析发生问题的原因，为其他地区长城保护管理提供模式和借鉴。此外，调研工作还要加强与长城资源调查工作相衔接，随着长城资源调查工作的进展，各项数据资料的进一步丰富和准确，长城保护管理和执法情况调查研究报告也应当再做进一步的完善。

附件二：

近年来河北查处的典型长城行政违法案例简况

——迁安市白羊峪长城：违法修缮破坏长城本体及历史风貌

【违法情况】2001年，一家私营企业和白羊峪村签定协议，合作开发长城旅游项目，制定了开发方案，实施修复残损长城的项目。修复项目和方案未依法经文物行政主管部门批准，工程由私营企业所属施工队进行施工。由于设计施工单位不懂文物维修技术，未按文物维修原则进行，修起的300米长城，看起来近似一道现代“白墙”。而且，把另一段原来基本完整的墙体也用白灰勾抹砖缝的方式进行了修复。严重破坏了长城本体及历史风貌（附二图1）。

附二图1

【调查处理】省、市文物部门到现场进行了执法督查，要求对被违法修复的长城进行整改，对其他长城修复依法履行审批程序。

【处理结果】当地文物部门在文物专家指导下，清除白灰，对长城进行了重新修复。

——万全县狼窝沟口长城：长城遗址被盗挖

【违法情况】狼窝沟口长城，位于张家口市万全县境内坝上高原的坝头沿线，建于明代，为土石混筑和毛石干垒。该段长城底宽约10米，残高不足2米。历史上损毁严重，现存主要为长城基址遗迹。2002年，当地村民盗挖狼窝沟口东侧长城基址千余米，将长城石料用于建设工程或卖给采石厂，长城基址破坏严重（附二图2、图3）。

【调查处理】省文物局派执法调查组，与张家口市文物、公安部门一起进行了执法调查。省文物局提出处理意见：对毁坏长城的责任人依法追究法律责任；对收购长城毛石的石料加工厂及法人代表给予经济和行政处罚；由万全县政府对被毁长城进行修复保护，树立保护标志，建立群众性保护组织。

附二图2

附二图3

【处理结果】当地公安部门对盗挖长城犯罪分子进行了处罚，当地政府主持对被盗毁长城进行了修复。

——迁安市红峪口长城：旅游开发破坏长城本体

【违法情况】2003 年 12 月，唐山迁安红峪山庄旅游开发有限公司为开发长城旅游景区，未经批准擅自对省级文物保护单位红峪口段长城残破部分进行补修达 2000 余米，将原通关口处已坍塌的长城拆毁 11 米，对长城原状和历史风貌造成了严重破坏（附二图 4 ~ 图 6）。

附二图 4

附二图 5

附二图 6

【调查处理】事件发生后，省委、省政府主要领导和主管领导都进行了批示。省委白克明书记先后两次做出重要批示：唐山、秦皇岛有关主管部门和迁安、青龙两县严重失职，应认真检查；同时要按省文物局处理意见，切实抓好落实，办理结果要向省里报告。省委督查室专门对此事进行督办。为落实省领导批示精神，省文物局组成执法调查组，到现场进行执法调查，并提出了处理意见：停止一切破坏长城的违法行为；给予迁安红峪山庄旅游开发有限公司 10 万元罚款；责令做出被毁部分长城的修复方案，依法审批后实施；有关长城的利用、修缮等事宜必须按文物法律、法规规定执行；省文物局在全省范围内进行通报。

【处理结果】行政处罚决定书下发后，迁安市红峪山庄旅游开发有限公司缴纳了罚款，迁安、青龙两县政府写出了书面检查。迁安县政府主持对被毁长城进行了修复。

——涞源县浮图峪长城：个体矿主拆除长城本体

【违法情况】2004 年 2 月，省文物局根据群众举报，发现保定涞源县个体矿主（张保忠），为采矿需要，用铲车将明代浮图峪长城拆毁 60 余米，包括尚存长城墙体的部分 18 米，长城遗址 42 米，将拆下的长城石料用于垒砌矿坝，对长城本体造成了严重破坏（附二图 7、图 8）。

【调查处理】事件发生后，省文物局与保定市文物局组成执法督察组，到涞源县进行了现场调查和勘测，并对违法当事人进行了询问。认定是一起严重破坏省级文物保护单位的事件，情节严重，责任人已涉嫌触犯《刑法》有关规定，可能构成故意损毁文物罪。执法督查组建议县公安、司法部门依法追究其

附二图 7

附二图 8

法律责任。责令涞源县政府聘请有资质的文物设计施工单位，对被拆毁长城进行修复。

【处理结果】省文物局提出处理意见后，违法当事人张保忠被公安部门拘留，后由司法机关追究了刑事责任。县政府向省文物局写出了书面检查，组织对被拆毁长城进行了修复。涞源县政府下发了关于长城保护工作的通知，加强了长城保护力量。

——抚宁县明长城：长城烽火台保护范围内非法采矿

【违法情况】2004 年到 2005 年间，秦皇岛抚宁县上平山采石场擅自在该县明长城烽火台保护范围和建设控制地带内开山采石，对长城历史风貌造成了破坏，对长城安全构成了威胁（附二图 9）。

【调查处理】2005 年 9 月，省文物局组织执法调查组，到现场进行了实地调查，并提出了处理意见：责令采石场立即停工，建议国土资源部门吊销采矿许可证。市、县文物部门对辖区内所有长城区段保护范围和建设控制地带重新审核。

【处理结果】国土资源部门吊销了上平山采石场的采石许可证，采石场被关闭。市文物部门对全市长城保护范围和建设控制地带进行了重新审核，并树立了保护标志。

附件二图 9

——滦平县金山岭长城：擅自将长城做为企业资产经营

【违法情况】1997 年 12 月，滦平县委、县政府研究决定，将金山岭长城管理处与承德市财政局下属三产企业承德光大农业发展有限公司进行联营，成立承德金山岭长城旅游发展有限公司，并签署了联营协议。承德光大农业发展有限公司出资 516 万元给县财政，购买 60% 的股权，作为控股方。金山岭长城管理处占 40% 的股权。后来，金山岭长城管理处主任调离，其他人员全部转成金山岭长城旅游发展有限公司员工，金山岭长城实际上完全由承德金山岭长城旅游发展有限公司单独进行经营、管理。几年来，承德金山岭长城旅游发展有限公司片面追求经济效益，未依法履行审批程序，擅自进行长城旅游开发建设工程，如在长城保护范围内修建索道，在长城城体上镶嵌“中国金山岭长城”钛金大字，埋设电缆、安装灯具，在长城上进行有损长城周边环境保护和长城形象的野外烧烤、锐舞派对等活动（附二图 10 ~ 图 13）。

附件二图 10

附件二图 11

附件二图 12

附件二图 13

【调查处理】为纠正滦平县对金山岭长城实施的违法行为，省文物局向承德市政府及市文物局下发了执法通知，并多次到现场进行执法督查。2005 年 7 月 5 日，国家文物局、省文物局执法专项督察组到承德进行执法督察，并向承德市政府和滦平县政府提出了三点意见。一是理顺金山岭长城管理体制，真正恢复金山岭长城管理处，做到机构落实、人员落实、管理到位，切实做好长城的保护管理工作。二是对金山岭长城本体及建设控制地带以内的建设项目要依法履行审批程序。将近年来金山岭长城建设控制地带内未经审批的建设项目情况报国家文物局，然后按《文物保护法》要求，或补办手续，或拆除清理。

三是严格按照世界文化遗产的有关要求，制定金山岭长城保护管理规划，实现长城的可持续利用。省政府主管副省长孙士彬也做出了明确批示，要求承德市严格贯彻落实国家文物局意见。省文物局成立了执法督察小组，专门负责督促承德市彻底解决金山岭管理体制问题。

【处理结果】国家文物局执法督察后，又经省、市文物局多次执法督察，滦平县政府依法纠正了金山岭长城管理体制，成立了金山岭长城管理处，落实了机构、人员和办公场所。承德市政府做出决定，解除联营协议，金山岭长城的管理权、使用权全面移交当地政府，金山岭长城旅游开发有限公司全部退出。

附：河北省文物局关于万全县狼窝沟口东侧长城遗存被毁情况的调查报告（冀文物发［2002］123号）；

河北省文物局行政执法处罚决定书（冀文物罚字［2003］1号）；

河北省文物局关于浮图峪东沟长城被毁事件处理落实情况的报告（冀文物发［2004］61号）；

河北省文物局关于新华网所报秦皇岛长城被毁情况的处理意见（冀文物发［2005］152号）；

河北省文物局关于对金山岭长城做为企业资产经营问题进行整改的督查通知（冀文物发［2004］185号）；

河北省文物局关于解决金岭长城管理问题的函（冀文物函［2005］19号）；

河北省文物局关于报送国家文物局行政执法专项督察组对金山岭长城督察议定事项落实情况的函（冀文物函［2005］50号）；

承德市人民政府关于呈送国家文物局对金山岭长城进行专项执法督查落实情况有关材料的报告（承市政［2005］64号）；

国家文物局对金山岭长城进行专项执法检查的会议纪要（2005年7月5日）

关于国家文物局对金山岭长城进行专项执法落实情况的报告（2005年8月）

承德市人民政府关于理顺金山岭长城体制情况的报告（承市政［2005］117号）

河北省文物局文件

冀文物发 [2002] 123 号　　　　签发人：张立柱

河北省文物局 关于万全县狼窝沟口东侧长城遗存 被毁情况的调查报告

省政府：

万全县境内狼窝沟口东侧长城遗存被破坏的消息披露后，刘健生副省长批示"请省文物局立即派人赴张市，会同市、县政府认真调查，严肃处理。"接到健生副省长批示的当天，我局派出两位处长赴张家口市，会同市、县联合调查组对这起违法事件进行了调查督办。现将有关情况汇报如下：

一、发现经过

2002 年8 月21 日，由中国长城学会发起并组织的中国长城万里行考察团一行到达我省张家口市。23 日，在市文化局领导的陪同下，考察团考察了张北元中都、沽源梳妆楼后，团长董耀会提出看看18 年前曾徒步考察过的狼窝沟口东段长城遗存。

当考察团步上狼窝沟口东侧时，发现该段长城遗存石料被盗挖1000余米。中国长城学会秘书长董耀会就此事提出了严厉的批评，并表示“如此严重的问题，新闻媒体不报道是不可能的”。8月25日，《燕赵都市报》和《燕赵晚报》等媒体对此违法事件进行了公开报道。同时，我局也接到了张家口市文化局的报告，并立即将此情况呈报省政府。

二、狼窝沟口东段长城遗存被毁坏情况

狼窝沟口一带长城，位于张家口市万全县境内坝上高原的坝头沿线。据史料记载，该段长城是建于明代宣府镇外边长城，修筑方式为土石混筑和毛石干垒。根据一九八二年万全县长城普查记录，墙体大部分已经坍塌，尤其是坝头各山口、路口附近，毁坏程度更加严重。建国以后，这一带长城曾经历三个时期的毁坏：其一，一九五八年大跃进时大炼钢铁，沿线各村拆石建炉；其二，六十年代作为“反修防修”前线，修筑国防工事，大量长城石料被拆用，现长城遗存上所建掩体，北则石砌反坦克壕等国防工事仍在使用；其三，七十年代农田水利基本建设，也有拆用长城石料现象。以上三次长城的毁坏是与特定历史背景分不开的，当时县文物保护管理机构尚未设立，长城实际处于无保护状态。八十年代中、后期，文物保护管理机构建立，并开始落实长城的“四有”工作，毁长城行为得到了相对控制。

市、县文物部门的同志说，九十年代末，万全县狼窝沟口东侧长城已成为一条长城残存遗迹，底宽约10米，地面最高残留不足2米，呈大土埂状。但长城残存遗迹走向仍很清晰。据我们现场调查，狼窝沟口东侧长城遗存被盗挖段长1150米，从目前状况观察，基址走向清晰，为土石混筑，地面以上最高残留不足2米。基址上破坏严重，盗挖长城基址内石料留下的大小及深浅不等的坑，有些确为近期所为，一堆盗挖出的石块尚未运走。残留坑大的60至70平方米，深1.20米。现场目击，现该段长城基址内大部分是小块的石料，体积在10×10厘米，所见最大的一块也仅50×40×26厘米。据郑北沟村民介绍，因为长城基址内的石料大都没有成形的面，所以大部分不适合建房子用，只能粉碎成筑路等建筑工程用的石料。近期盗挖长城基址的目的也属盗卖石料谋利。

三、省、市、县联合调查组调查处理工作进展

张家口市政府于发现的当天晚上，召开了市长办公会，听取了市文化局关于狼窝沟口东侧万全段明长城基址被盗挖情况的汇报，并就长城的恢复及有关问题进行了认真研究。成立了以市政府副市长侯亮任组长，有市公安、文化等部门和万全县主要领导为成员的事件调查处理小组，并组成专案组进驻现场展开了案件的侦破。按照健生省长的批示精神，8月28日至9月1日，我局的两位处长参加联合调查组的工作，向市、县领导传达了省长的批示精神，转达了省文物局对此违法事件的处理意见，要求认真调查，严肃查处，对被破坏的长城基址按要

求原样进行恢复。联合调查组三天内两次到被破坏现场进行勘察，召开了3次联合调查组会议，1次恢复保护座谈会，核实情况，督促破案，研究恢复方案。确定了对破坏段长城进行恢复保护的方案，并已经我局批准开始实施。同时，案件侦破也取得了突破，已掌握了一名犯罪嫌疑人的犯罪事实，县公安部门正在对其进行进一步调查审理。

四、处理意见

万全县狼窝沟口东侧明长城基址被盗挖这起违法事件，暴露出当地长城保护工作的薄弱环节，政府重视不够，有关部门管护不力，没有及时发现工作中存在的问题。就此违法事件我们提出如下处理意见：

1、向全省文物系统印发通报，要求各市文物保护管理部门从狼窝沟口事件中吸取教训，举一反三，从本地实际情况出发，切实担负起保护长城的责任。

2、对毁坏长城的责任人给以惩处，依法追究其责任。

3、对收购长城遗存石块的石料加工厂给以严厉的经济处罚，对该厂法人代表依法进行惩处。

4、万全县政府尽快采取措施对被毁长城按照原状进行恢复保护。并竖立保护标志，建立群众性保护组织。

5、鉴于长城沿线屡次发生盗挖基址和利用性破坏事件，我局将尽快请示省政府，印发加强我省境内长城保护的通知，进一步强化长城保护的政府行为，落实保护措施。

我们将密切关注狼窝沟长城基址被盗挖事件处理进展情况，随时向省政府报告。

以上不妥之处，请指示。

河北省文物局

二〇〇二年九月六日

主题词：文物 调查 报告

河北省文物局 2002年9月6日印发

河北省文物局

河北省文物局行政执法
行政处罚决定书

冀文物罚字[2003]1号

迁安市红峪山庄旅游开发有限公司：

你公司在进行红峪山庄长城溶洞风景区开发过程中，未经批准擅自在省级文物保护单位红峪口段长城保护范围内修路并穿越长城；擅自补修长城达2000余米；擅自拆毁已坍塌长城关口达11米。你公司的行为严重破坏了长城历史风貌、损毁了长城本体。违反了《中华人民共和国文物保护法》第十七条，第二十一条第二、三、四款，第六十六条第一款第（一）、（三）、（四）、（六）项之规定。我局对你公司做出行政处罚如下：停止一切毁坏长城的违法行为，罚款人民币十万元整；做出被毁坏部分长城修复方案，经依法审批后实施；有关长城利用、修缮等事宜必须按文物法律、法规规定执行。

你单位应当自接到本决定书之日起15日内到省建设银行石家庄自强路支行缴纳罚款（收款单位：河北省收费管理局，帐号：130618801210001）。逾期不缴纳罚款的每日按罚款数额的3%加处罚款。

如不服本行政处罚决定，自收到本决定书之日起，可以在60日内依法向省人民政府或国家文物局提起行政复议，也可以在三个月内依法向人民法院起诉。对本处罚决定逾期不申请行政复议也不向人民法院起诉、又不履行的，本局将依法申请人民法院强制执行。

局长：張立柱印

二OO三年十二月十八日

注：1、当事人地址：唐山迁安市

2、送达时期：　　　　年　　月　　日

本文书一式三份，一份送达，一份归档，一份承办机构留存。

河北省文物局文件

冀文物发[2004] 61号 签发人：张立柱

河北省文物局
关于浮图峪东沟长城被毁事件
处理落实情况的报告

省政府：

2004年2月19日，我局向省政府报送了《关于涞源县浮图峪东沟长城被拆毁情况的报告》（冀文物发[2004]29号），孙士彬副省长做出了重要批示："同意省文物局意见。各级政府和文物部门要认真贯彻《文物保护法》，并结合实际采取措施加大保护力度。"张立柱局长非常重视，要求主管处室督促市、县文物部门按孙士彬副省长批示精神，抓紧落实，尽快对被拆毁长城进行修复。现将对该事件处理落实情况报告如下：

一、依法查处了拆毁长城的犯罪嫌疑人。2月17日下午，拆毁长城的直接责任人张宝忠（个体矿主）、蔡德勇（涞源钢厂工人）被县公安部门刑事拘留。2月23日，经县检察院批准，将二人正式逮捕，将按司法程序追究其法律责任。

二、被拆毁的长城得到了修复。2月19日开始，涞源县组织车辆人力，将被拆毁的长城石料运回长城原地。2月20日，省古代建筑保护研究所工程技术人员到现场进行了勘测，制定了修复方案。方案经我局批准后，开始对被拆毁长城进行修复。3月19日，我局组织古建专家，对修复工程进行了验收，浮图峪东沟被拆毁长城修复工程全部完成并通过验收。

三、涞源县人民政府采取措施加强长城保护工作。2月19日，县政府印发了《关于加强长城保护工作的通知》，在长城沿线广泛张贴，并利用广播电视进行了连续播发。抽调4名工作人员，对全县境内长城进行安全检查，在长城保护范围和建设控制地带内树立保护标志。对重点地段进行重点保护，国保单位乌龙沟段长城设立文保所，安排设立专职保护人员。其他地段设立长城保护员，对长城进行日常巡查和保护，确保长城安全。

四、我局切实采取有效措施加强长城保护和管理。在调查处理浮图峪长城被拆毁事件的同时，我局认真查找长城保护管理工作中的薄弱环节，制定了长城保护措施。一是在全省广泛开展文物法规和长城保护宣传，使广大群众了解文物法规和保护长城的重大意义。二是年内组织专门人员，对我省境内长城重要区段进行一次调研评估，摸清长城保护的现状。三是拟报请省政府同意召开一次长城沿线县（市）领导参加的长城保护管理工作会议，安排部署长城保护工作，督促长城沿线县（市）建立长城保护机构，制定长城保护措施。四是加强长城保护执法督查，严肃查处违法破坏长城本体及环境风貌的行为。

专此报告

二〇〇四年三月三十一日

主题词：文物 情况 报告

河北省文物局 2004年3月31日印发

河北省文物局（意见）

冀文物发[2005] 152号

河北省文物局
关于新华网所报秦皇岛长城被损毁
情况的处理意见

秦皇岛市文物管理局：

6月8日，新华网以“明长城被毁，秦皇岛就不着急”为题，报道了秦皇岛境内长城被损毁的有关情况，国家文物局对此事非常重视。9月5日，我局向你局下达了执法督查通知。9月9日至9月12日，按照局领导意见，由执法督查处和文物处组成联合调查组赴你市进行实地调查。根据调查情况，经研究，提出如下处理意见：

1、抚宁县上平山村高忠泉石矿因违反《文物保护法》第十八条及河北省人民政府《关于进一步加强长城保护管理工作的通知》[冀政（2002）51号]等有关规定，请你局依照处罚程序责令其立即停工，并建议国土资源管理部门撤消其采矿许可证。

2、抚宁县文化局立即将在上平山长城保护范围和建设控制地带内违法采石情况及历次行政处罚情况，整理后报省文物局。同时，县文化局要迅速组织力量对全县境内长城及烽火台保护范围及建设控制地带内进行彻底清查，杜绝类似事件发生，发现违法行为严肃处理。

3、秦皇岛市文物管理局、抚宁县文化局严格按照河北省人民政府《关于印发河北省国家级、省级文物保护单位保护范围及建设控制地带的通知》[（1992）9号]的规定，立即配合国土资源管理部门重新审核划定抚宁县上平山村高忠泉石矿矿区范围。同时，在全市（县）范围内彻底清查是否还存有擅自改变文物保护范围及建设控制地带的情况，发现后立即予以纠正。

4、秦皇岛市文物管理局、抚宁县文化局尽快组织人员，对群众反映的长城损坏问题严重区段进行实地调查，将调查结果报省文物局。

5、秦皇岛市文物管理局要加大对各县（区）文物部门业务学习培训工作，提高行政执法水平，加强文物法规的学习、研究和宣传，进一步健全长城保护员制度，提高群众守法意识，确保长城文物的安全。

二〇〇五年九月二十一日

主题词：文物 处理 意见

河北省文物局 2005年9月22日印发

河北省文物局（通知）

冀文物发[2004]　185号

河北省文物局
关于对金山岭长城做为企业资产
经营问题进行整改的督查通知

承德市文物局：

新修订的《文物保护法》第二十四条规定：国有不可移动文物不得转让、抵押。建立博物馆、保管所或者辟为参观游览场所的国有文物保护单位，不得作为企业资产经营。

2002年11月18日，河北省人民政府下发的《关于进一步加强长城保护管理工作的通知》（冀政〔2002〕51号）中明确要求："要依法理顺长城保护管理体制，坚持由文物行政部门主管本辖区长城保护管理工作，不得将长城管理和监督的职责交由企业承担或作为企业资产经营。任何改变长城管理体制或隶属关系和用途的，必须按文物保护单位级别报原公布的人民政府批准。未依法定程序批准，已改变长城保护管理体制或隶属关系及性质、任务和用途的，必须限期改正"。

2003年4月16日文化部、国家文物局、公安部、国土资源部、建设部、国家环保总局、国家旅游局《关于进一步加强长城保护管理工作的通知》(文物保发〔2003〕13号)中明确指出:各地要结合新修订的《中华人民共和国文物保护法》的学习和贯彻,进一步明确文物行政部门的主管职能,不得将长城交由企业管理或作为企业资产经营。已经交由企业管理或作为企业资产经营的,要限期整改。

据了解,早在1995年,金山岭长城就由当地交由企业作为企业资产经营。金山岭长城是全国重点文物保护单位、世界文化遗产,在国内外具有重要影响。将其作为企业资产经营,严重违反了《文物保护法》和文化部等七部委及省政府关于长城保护通知精神。请你局认真落实《文物保护法》规定和有关文件精神,纠正违法行为,理顺管理体制,并于2004年11月30日前将有关情况书面报告我局。

二○○四年十一月三日

主题词: 文物 工作 通知

河北省文物局　　2004年11月4日印发

河北省文物局

冀文物函[2005] 19号

河北省文物局
关于解决金山岭长城管理体制问题的函

承德市政府:

最近，国家文物局下发了《关于开展文物行政执法专项督察的通知》(文物办函[2005]219号)，我省有七处文博单位被列入执法督察名单，其中包括贵市的避暑山庄和金山岭长城两处世界文化遗产。今年6月到9月，国家文物局将对列入名单的文博单位进行执法督察。

早在1995年，金山岭长城就由当地政府交由企业作为企业资产经营，这与《文物保护法》和国家有关部委及省政府关于长城保护的文件精神相悖。2003年，为贯彻落实文化部等七部委《关于进一步加强长城保护管理工作的通知》(文物保发[2003]13号)，省直七厅局到金山岭长城进行联合执法检查，要求当地政府依法对金山岭长城管理体制问题尽快进行整改。2004年10月，我局又对金山岭长城进行执法督察，再次要求市、县文物部门依法解决金山岭长城管理体制问题。

此次，国家文物局将“是否有改变管理体制情况，是否存在超负荷利用和破坏开发现象，是否存在租赁、承包、转让给个人、社会或企业单位经营情况”，作为对世界文化遗产进行执法督察的重点内容。金山岭长城是世界文化遗产地，全国重点文物保护单位，在国内外具有重要影响。为有效保护、合理利用世界文化遗产，接受国家文物局执法督察，请贵市对金山岭长城管理体制问题进行研究，督促有关部门尽快依法理顺金山岭长城的管理体制。

附件：《国家文物局关于开展文物行政执法专项督察的通知》（文物办函 [2005]219 号）

二○○五年四月十二日

抄送：承德市文物局。

河北省文物局

冀文物函[2005] 50号

河北省文物局
关于报送国家文物局行政执法专项督察组对金山岭长城督察议定事项落实情况的函

承德市人民政府:

7月20日，接国家文物局电话通知，要求贵市尽快上报国家文物局行政执法专项督察组对承德金山岭长城进行执法督察的会议纪要（以下简称《会议纪要》），以及对会议议定的关于理顺金山岭长城管理体制有关事项落实工作的进展情况。

为加强金山岭长城保护工作，落实国家文物局文物行政执法专项督察组对金山岭长城管理体制问题的督察意见，请贵市政府督促滦平县政府及有关部门，尽快将《会议纪要》和近期理顺金山岭长城管理体制工作进展情况报我局，由我局报国家文物局。

二○○五年七月二十日

抄送：承德市文物局

承德市人民政府文件

承市政〔2005〕64号

承德市人民政府
关于呈送国家文物局对金山岭长城进行
专项执法检查落实情况有关材料的报告

省文物局：

现将国家文物局就我市金山岭长城管理工作进行专项执法检查落实情况有关材料报上，请予审核。

附件1：国家文物局对金山岭长城进行专项执法检查会议纪要

附件2：关于国家文物局对金山岭长城专项执法检查落实情况报告

二00五年八月二日

国家文物局对金山岭长城进行专项执法检查的会议纪要

会议时间：2005年7月5日

会议地点：金山岭长城会议中心

主 持 人：张立柱（河北省文物局局长）

参加人员：李修松（国家文物局文物行政执法督察组组长、安徽省文化厅副厅长兼文物局局长）、童明康（督察组成员、国家文物局副局长）、刘曙光（督察组成员、国家文物局办公室副主任）、王莉（督察组成员、国家文物局社会文物处处长）、张少山（督察组成员、湖北省文物局安全鉴定处处长）、阎军（督察组成员、湖南省文物局法规处处长）、王超（督察组成员、国家文物局博物馆司博物馆处干部）、李恩佳（河北省文物局副局长）、常金国（河北省文物局文物执法督察处干部）、郝良珍（省内专家、邯郸市博物馆馆长）郭建永（省内专家、河北省古建研究所高工）、于素伟（承德市政府副市长）、师立武（承德市文物局局长）、毕建华（滦平县政府县长）、赵玲（承德市文物局副局长）、王文元（市财政局副局长、光大公司董事长）、贾秀芳（滦平县政府副县长）、赵俊海（滦平县政府法制办副主任）、武永军（滦平县文化旅游局党委书记）、沈军山（滦平县文物局副局长）

会上，督察组听取了滦平县政府关于金山岭长城保护管理工作情况的汇报，就金山岭长城的管理体制情况、“四有”情况、文物保护执法等情况进行了详细的询问调查，对金山岭长城的保护管理及违章设施拆除情况进行了实地检查，并检查了有关档案。检查组认为，市、县两级政府及文物部门对此次执法检查非常重视，态度诚恳,多年来在金山岭长城的保护管理、环境建设、基础设施建设以及清理违法违规项目等方面做了大量工作。督察组对金山岭长城的保护管理工作提出以下意见:

1、理顺金山岭长城的管理体制。真正恢复金山岭长城管理处并使其真正发挥职能作用，做到机构落实、人员到位、管理到位，要切实做好长城的保护管理、规划、维修等工作。

2、对金山岭长城本体以及建设控制地带进行的开发和项目建设，要认真履行报批程序;对于此前没有履行报批手续的建设项目，应及时补办相关手续；对于不符合《文物保护法》规定的建设项目要及时拆除清理；并将金山岭长城景区内现有建设状况上报国家文物局。

3、认真制定金山岭长城保护管理规划。要严格按照世界文化遗产的有关要求、文物保护法的有关规定制定规划，实现长城的可持续利用，并将其纳入城乡发展规划，分期分批实施，文物部门要真正行使职能，进行全程监控。

4、金山岭长城现有的”四有”档案还不规范,应在现行规范和标准的指导下，结合保护管理规划的制定，抓紧制作新的档案。

5、请承德市以金山岭长城管理体制为核心，尽快抓好各项工作的落实，并写出专门报告上报国家文物局。

副市长于素伟，县长毕建华，市财政局副局长、光大公司董事长王文元分别代表市政府、县政府、光大公司就上述问题作了表态性发言。

于市长表示：此次检查促使了金山岭长城存在问题的尽快解决，将在新《文物保护法》的框架下，认真理顺金山岭长城管理体制，按照国家文物局文物行政执法检查组的要求，恢复金山岭长城管理处对金山岭长城的管理，在人员、体制、资金、职能等方面尽快到位，7月底前，完成此项工作；于7月底前将金山岭长城本体及建设控制地带建设状况报告上报国家文物局；于2006年上半年完成金山岭长城保护管理规划。

毕县长表示：

1、将进一步加大对《文物保护法》的宣传力度，加强文物行政执法工作，将贯彻文物保护法律法规真正落到实处。

2、切实理顺金山岭长城的管理体制，真正发挥金山岭长城管理处管理职能，落实人员和资金，并于7月底前完成此项工作。

3、增强法律意识，对长城本体以及建设控制地带开发建设的项目和设施，严格按照《文物保护法》的规定，认真履行程序。于7月底前将金山岭长城本体及建设控制地带现有建设状况报告上报国家文物局。

4、由县政府牵头，聘请有资质的机构，抓紧制定金山岭长城保护管理规划。争取2006年上半年完成规划的制定，并上报国家、省、市文物部门。

王文元董事长表示：要按照新《文物保护法》的要求，理顺关系，积极配合文物管理部门做好长城保护管理工作，在文物部门的指导下进行旅游开发和建设。

关于国家文物局对金山岭长城进行专项执法落实情况的报告

省文物局：

为落实2005年7月5日国家文物局对金山岭长城专项执法督察的会议精神，根据《文物法》的有关规定，市政府高度重视，召集市文物局、市财政局、滦平县人民政府等部门，专题研究金山岭长城管理的有关问题，并逐项进行落实。现将有关情况报告如下：

一、恢复金山岭长城管理处

恢复金山岭长城管理处，负责对金山岭长城进行保护和管理，管理处隶属于滦平县文化文物旅游局，为副科级事业单位，为使管理处真正发挥其应有的作用，做到人员机构、经费、办公地点三到位，明确了管理处的职能：

1、人员机构：管理处由18人组成，管理处设处长一名（由县文物局局长兼任），副处长两名，（分别由县文馆所所长和原长城管理处负责同志担任），下设办公室（5人）负责协调管理处各项工作，负责处理文秘、档案、信息等日常事务性工作；财务科（2人）负责管理处财务。售检票（5人）负责售检票工作；文保科（3人）负责长城调查、保护、维修、监察及森林防火工作；

2、经费：管理处经费包括开办费、人员工资（含三险）、公用经费、长城保护维修费等由财政负担。

3、办公地点：管理处暂时设在现管理处四合院内，待景区规划完成后再另行确定办公场所。

4、管理处职能：

（1）贯彻落实《文物法》等法律法规，依法对金山岭长城保护区进行有效保护和管理。

（2）具体负责金山岭长城保护区范围内的重大活动及影视拍摄的报批。

（3）负责组织编制金山岭长城保护规划和旅游发展规划，并负责组织实施。

（4）负责长城保护区内的安全、防火、防盗工作，会同有关部门处理长城保护中的重大问题。

二、理顺关系，调整管理体制和经营范围

按照《文物法》的有关规定和国家文物局行政执法专项督查组就解决金山岭长城管理体制的会议精神，彻底理顺金山岭长城的隶属关系，对于金山岭长城本体即检票口以内的文物保护、维修管理等工作全部由新组建的金山岭长城管理处负责。

三、制定规划，依法保护文物

按照世界文化遗产的保护要求和《文物法》的有关规定，由管理处牵头，聘请有资质的文物保护规划机构制定金山岭长城保护规划，在2006年6月末完成此规划。在制订规划的同时，由长城管理处牵头，将金山岭长城本体及控制地带的开发建设项目现状于8月5日前上报国家文物局，并逐一检查，对未履行报批手续的建设项目责成建设单位及时补办手续，对与文物法相悖的建设项目会同有关部门予以拆除。

主题词：金山岭长城　执法检查　　报告

承德市人民政府办公室　　2005年8月5日印

（共印10份）

承德市人民政府文件

承市政〔2005〕117号

承德市人民政府
关于理顺金山岭长城体制情况的报告

河北省文物局:

2005年7月5日，国家文物局督察组对金山岭长城进行文物执法检查，并提出了关于理顺金山岭长城管理体制的整改意见。会后，市政府组织滦平县政府及市直有关部门制定了具体方案。滦平县成立了金山岭长城管理处，管理处主任由县文物局局长兼任。同时，明确了职能，核定了编制。

为更好地贯彻《中华人民共和国文物保护法》，彻底理顺金山岭长城管理体制，9月9日，市政府再次召开专题会议，研究理顺金山岭长城管理体制问题，决定将金山岭长城管理经营权由原承德金山岭长城旅游发展有限责任公司移交给滦平县政府。由滦平县政府、市财政局牵头组织具体工作。滦平县政府对此高度重视。二个多月以来，先后召开了县政府碰头会、县四大班子情况通报会以及不同层面的座谈会20余次。与原承德金山岭长城旅游发展有限责任公司多次磋商，最终达成共识。期间，国家和省文物局四次派督导组来我市检查，提出了重要的指导意见，有效地推动了落实。11月25日，滦平县政府与原承德金山岭长城旅游发展有限责任公司正式签署了交接协议。协议规定：自2005年11月25日起解除1997年12月17日金山岭长城管理处与承德光大农业发展有限公司签订的协议，自协议签订之日起，双方开始清理债权债务，注销原承德金山岭长城旅游发展有限责任公司，滦平县政府筹措资金。12月5日前将就资金补偿达成一致并全部移交。11月25日，国家文物局成立专门的调查组，专程赴我市进行调查核实，对我们的工作给予了肯定。目前，市、县正在按照《中华人民共和国文物保护法》的有关规定，研究探索金山岭长城保护与管理的有效措施，确保实现依法保护与科学利用的有机结合。

二〇〇五年十一月二十八日

主题词：金山岭长城　　体制　　报告

承德市人民政府办公室　　2005年11月28日印

（共印10份）

附件三：

河北省各市、县长城资源分布和保护概况

说明：本部分内容来源于本次长城保护管理和执法情况调查研究中，各市、县文物行政主管部门上报的材料。

全省概况：

本次调查的长城包括河北境内战国、秦、汉、北魏、北朝、唐、金、明等不同时期的长城，分布于全省9个市，共49个县（市区）。调查的长城总长3699.64公里，其中金代以前长城现存地表遗存1083.78公里，明代长城2615.86公里。

一、张家口市（15个县、市、区）

全市概况：

张家口是迄今现存长城最多、时代跨度最大的地区，有着“长城博物馆”的盛誉。全市境内现存战国（燕、赵）、秦、北魏、北齐、金、明等朝代的长城绵延计1476公里，烽火台1000多个。

（1）燕长城。位于怀来县大古城村村南2000米处，西起官厅水库拦河坝西，向东沿山脉起伏至大古城村南，再向东沿川东行，经大山口、东湾、羊儿岭，然后向东北入北京市延庆县西拨子、营城子一带，长近百里，大部分由间隔百米左右的烽火台构成。

（2）赵长城。在蔚县代王城南的小五台山脉上有一石垣，其东起山涧口（属涿鹿），向西经金河口、松枝口、九宫口、至西庄头，长约75公里，西端入山西广灵县宜兴一带，属2300多年前的赵长城。其建筑方式全系石头垒成，因年长日久自然力的破坏，只残存一条痕迹。在西庄头和莲花山两处，个别地段保存尚好，较完整处残高1.5米，一般呈高1米的石埂。其烽火台一般高1—2米，而且间距大、数量少，大部分已坍塌为一圆石堆。

（3）秦长城。西起张北县狼窝沟口一带，向东经二道边村、小南洼、崇礼县的坝顶，攀越桦皮岭，然后向东北入沽源，经卜塔沟，至小厂而后向东南经毡房营、太平沟至前坝，折而向南经平头梁、南场至骆驼嵯坝后，入承德境内，长约125公里，其西端在桃沟入内蒙。秦长城修筑方法是因地制宜，就地取材，石块垒平后则土夯，但因年久风雨冲刷，多已倾塌。

（4）北魏、北齐长城。北魏长城大部分已被明长城修缮时利用了。其走向是东起赤城县后城乡滴水崖，西经刁鹗、三岔口、在大尖山上明长城与其相合，向西经张家口市至怀安县马市口入山西。再前所至刁鹗西，此为土长城，长约25公里，尚好处残高4米，一般高3米，上宽2米，底宽3.5米左右，夯层厚20厘米；从刁鹗向东大部分倾塌成高1米的石埂，但遗迹可寻。保存情况一般。北齐长城由居庸关入赤城，向北经东万口、青羊沟、大小京门入沽源，又经南场向西北经盘道沟至小厂西与秦长城相合，从桦皮岭向南入崇礼县境。

（5）金界壕其东由内蒙古多伦的五号入沽源小五号滩，向北经米底沟、马点止，长约15公里，然后入内蒙古，经宝昌县南又入我市康保县境，自二喇嘛营子经大土城、小兰城至毛胡庆西止，长约65公里，

其西入内蒙古化德县境。其修筑亦因地制宜，就地取土夯筑，现只存一大土埂，保存情况一般。

（6）明长城从山西入我市怀安的马市口，向北至尚义的南草碾，折而向东，经万全的洗马林，张北的虎镇台，至狼窝沟向南经万全的膳房堡，向东经张家口市、宣化的羊坊堡、常峪口，从崇礼的马驹沟折向东北，经李家窑入沽源支锅石、三棵树，又东经赤城独石口，辖而南经镇安堡、龙门所，最后在后城乡马道梁南入北京市延庆县至四海治，这段长城总长约500公里。

1. 涿鹿县

（1）马水明长城：从河东镇三家台村西起，由北而南转向东延伸，经赵家蓬、康家沟、马水城、香峰岩、岔河、九汁台、白家口，东入北京市，全长17168米，有鼓楼41座，炮台13座，烽火台3座。此长城始于公元前278年，燕长城。重修于明永乐八年（1410年）。

（2）孔涧北魏长城：此长城修筑于北魏太平真君七年（446年）。该长城从山西省广灵县进入我市蔚县小五台山北，然后进入我县大堡境内，向东南延伸到我区西灵山。沿着崎岖山脊由西向东而去。经我区李家堡、孔涧村西北绕进入北京市门头沟区。此段长城在我区境内约24公里，多为碎石砌筑也有烽燧。多数倒塌，现有3米宽1—3米高城墙断壁残体。

1982年在地区文化局的帮助下，在长城沿线村设14名保护员（无费）保护。近年来，区文体分局经常组织人员沿长城巡查。

2. 张北县

沿张北县南部坝头一线，现残存建筑风格不同的长城，东西绵延，总长75公里。长城由于长期以来受雨水冲刷的侵害和人为因素的破坏，沿线城墙全部坍塌，有的地段毁坏十分严重，城墙高度不到1米，其主要原因60—70年代修建国防军事设施和70—80年代兴修农田水利设施的原因所致。

（1）西段万里长城分两段，其中“万里长城”（明）Ⅰ，由张家口大境门来，自油篓沟乡汉淖坝入境，经周坝、黄花坪、狼窝沟、大水泉、大崖湾、门转沟、黄土囫囵、春垦、镇虎台、正边台、治儿山入万全县，长35.4公里；“万里长城”（明）Ⅱ由张北、崇礼分界碑处始，经油篓沟乡化兰井、小南洼、黑脑包、店门口、二道边、黄花坪与“万里长城”（明）Ⅰ相接，长7公里。其走向沿坝头山势攀峰而行，墙体山石垒成。墩台多筑视野开阔高山上，呈台状或圆柱体或正方体或梯形方柱体，多系石垒，个别砖石结构。台距不等，远则千米，近则百米。现墙体墩台均不同程度坍圮，多呈石垄、石堆状。此段长城大体呈东西走向。

（2）中段“古长城”（战国—金）由崇礼来，自小二台乡塞寒坝入境，西到油篓沟乡新窑子新政村，全长29.3公里。现墙体、烽台均坍圮，呈石垄、石堆状，台距不等，由几十米至几百米。此段长城大体呈东西走向。

（3）东段“古长城”自桦皮岭入境，到老虎沟入沽源县、崇礼县，全长11公里。该城墙大部分被破坏，仅残存碎根基，宽3－5米，石垒烽火台残址。实地踏查看不出墙体痕迹（个别地段可见石垄），烽台遗址数处，台距不等，多筑山峰上。此段长城大体呈东北—西南走向。

为有效、合理保护好长城，县政府加强了长城保护工作，长城沿线乡政府积极配合，并在长城沿线的乡村聘请了文物保护员，从事日常看护与管理工作。

3. 阳原县

境内有烽火台54处，主要分布在阳原北山上，分布在南山的很少，平地次之。最大的烽火台东西16.2米，南北17.2米；最小的烽火台东西4.3米，南北4.9米；最高10米；最低5米，年代一般为汉代。

烽火台可能从东面宣化县或从西方大同两边传递信息。阳原烽火台大部分保存完好，个别有自然塌下一小部分，或人为在烽火台底部挖一洞住人。

阳原文物保护管理所在每个烽火台附近村庄聘请一到两名文物保护员对其进行管理。

4. 宣化县

宣化县境内的长城建于明万历年间，是河北省重点文物保护单位。东由赤城县进入宣化县境内，西入张家口市境，属宣化县的范围是：东从李家堡乡大尖山起，西至大仓盖乡人头山，跨越宣化县境内李家堡、赵川、东望山、大仓盖四个乡镇，全长52公里。修建时用石块垒叠，随山势起伏，气势宏伟，令人叹为观止。但因年久，城墙现已坍塌，留下底宽2米多，高约1米的堆石带。明修筑时，每隔0.5公里建一墩台，即敌楼，县境内共有敌楼54个，均有不同程度损坏，有的仅剩痕迹而已，较完整的敌楼尚有16个。这些敌楼都是土筑砖包，规格近似，长宽各9.5米，高10.52米，除葛峪堡北有一敌楼为空心外，均为实心。敌楼上有箭窗。根基用三层石条，石条大小不一，长者有3米多，短者仅0.5米。

5. 蔚县

蔚县南部为恒山余脉，80年代初在调查时发现，代王城南的小五台山脉上有一石垣。东起山涧口（属涿鹿）向西经金河口、松枝口、九宫口、北口、至西庄头，长约75公里，西端入山西广灵县宜兴一带。

蔚县境内的赵长城建筑方式，全系石头垒成。因年深日久自然力的破坏，只残存一条痕迹，在西庄头和莲花山两处，个别地段保存尚好，较完整处残高1.5米，一般呈高1米的石埂。其烽台一般高1至2米，而且间距大，数量少，并大部坍塌为一圆石堆。现在蔚县境内的长城没有专门机构管理。

据《史记·匈奴列传》记载：赵长城“自代并阴山下，至高阙为塞”。今蔚县为战国时赵国的辖地，代王城即代县故城，为代郡治所。因此，史书记载的赵长城东边起点应在蔚县，故蔚县现存长城应视二千三百多年前的赵长城。但是，目前专家、学者的意见不一致，有的学者认为是始建于东汉，续建于北魏，最后完成于北齐的长城。

6. 万全县

万全县境内的明代长城，曾两次修筑：（1）张家口辛立台至洗马林这段长城是明成化二十一年（1485年）兵部尚书于子俊奉诏北筑。（2）洗马林至西洋河这段长城是明嘉靖二十五年（1546年），总督侍郎翁万达奉诏西筑，并增筑北段。两段相互连接。全县境内的长城是东起张家口市西至怀安县东洋河，长城沿线内设36个瞭望台，89个烽火台，城墙墙体为土石混筑，分布全县6个乡镇中23个自然村，境内长城的基本走向是从张家口市由东向北逐渐转西最后向南进入怀安县境内全长87公里，长城沿线的外围分别与张家口市、张北县和尚义县交接，属于两县或市县共管地段。

长城由于长期以来受雨水冲刷的侵害和人为因素的破坏，沿线城墙大部分坍塌，有的地段毁坏十分严重，城墙高度不到1米，其主要原因60—70年代修建军事设施和70—80年代兴修农田水利设施的原因所致。

目前长城的日常保护管理由沿线的村委会负责。

7. 尚义县

尚义县南端和东南端长城分别与怀安县、万全县为界。西南入境处为山西省、河北省和内蒙古自治区3省区管辖的天镇县、尚义县、怀安县和兴和县的交界地带。从下马圈乡南槽碾行政村韭菜沟自然村南入境，经下马圈、小蒜沟、甲石河3乡（镇）下青杨沟出镜，进入张北县境内。尚义县境内秦汉长城、秦明长城、北齐长城全长59.07公里。大多为土石混筑、黄土夯筑、石砌、砖砌结构，因年久失修，多处残缺、部分地方还保持原貌。

长城墙身南侧100米至200米处，每隔一段距离有一个墩台（俗称峰火台），境内共116个，其中墩台26个，砖砌墩台70个，石堆墩台20个。其外形有四种：圆形、圆锥形、梯形和方形。墩台间距根据山势一般为250米至650米。间距最近为111号至112号100米，最远的43号到44号为4200米。包括烽燧、敌楼、战台、关隘等。1982年8月成立了县、乡（镇）、村委员会长城保护组织。2006年进一步完善了长城三级保护网络，设立长城保护员41名。

8. 康保县

"金长城"亦称"金壕堑"，俗称三道边。金王朝为防御外族侵扰而修筑长约1500公里的军事防线。东起大兴安岭，西止呼和浩特。

分布在康保县境内的"金长城"全长65公里，始建于金代（1115年—1192年），康保县修筑时间为15年，东起闫油坊乡二喇嘛村（与内蒙古太旗谢家营、贾家地村西十字路口为界），西止芦家营乡杨统领地村（与内蒙古化德县李七八村东北1公里处为界）。属东西走向，途经7个乡镇36个村，由于多年受自然侵蚀，百分之七十的墙体保存较好，墙体高约2米，宽为12—15米，百分之三十的墙体只见遗迹，被河流、道路、村庄隔断16处。有长城护管员45人。"金长城"整体分布均匀，保存较好，被当地称之为"大漠蛟龙"。

9. 怀来县

进入怀来县境内的长城，其工程之浩大，建筑之巍峨，居势之险要，工艺之精良是少见的。而结构之新颖多样，更是不可多得的。虽经六百多年的自然塌落和人为破坏，但它还是以雄伟的身姿屹立在祖国的北疆。

长城自北京延庆县石峡镇进入怀来县，从陈家堡村东山起。穿越芦庄子、大山口、横岭、外井沟、水头村元城岭止，全长54公里。从长城的起止点看，虽长城弯转曲折，但基本上是东北到西南的走向。

长城位于东经115°56′、北纬40°17′至东经115°44′、北纬40°11′左右的怀来县东南部。在东南山区的高山峻岭中穿行，长城均建筑在山脊上，地理位置相当险要，特别是从陈家堡三级楼至板达峪和从庙港至长城终点的两段长城，均建筑在海拔1000米以上的高山上，而终点之外，即元城岭至北京门头沟区的山势更加险峻，故未建长城也一样有屏障作用。

10. 怀安县

该段长城的建筑为因地制宜，就地取材，山上采石垒筑，平地土夯而成，个别处利用山崖峭壁不再筑城。约分三种类型：石砌的长18747米，土石混筑的长1266米，黄土夯筑的长16103米。因年久失修，现大部分城体已倒塌。

怀安县境内长城建于明代万历三十二年至三十七年间（1604年—1609年），东从怀安县与万全县交界东洋河西岸开始，由东向西经出气山、香炉山在与内蒙古交界处（现丹拉高速公路）折而向南，经马市口村西、西洋河村西、南堰载村西南，至与山西省天镇县交界南土山顶止，全长36公里零116米，沿长城设有烽火台、敌台59座。

1982年，成立了怀安县长城保护委员会，现有长城业余保护员16名。

11. 沽源县

（1）燕长城，全长14.5公里，南北走向，位于沽源县东北部，南起东米地沟村北，北至沽源与内蒙古多伦县公路交叉口，长城现为一条高约一米，宽约四米的土梗，有的已成为乡间公路，无人保护管理。

（2）燕、秦、汉、北魏长城，全长47公里，位于沽源县南部，东北走向，东起盘道沟村北山，西至西坝南山，土石混筑，时有时无，有敌楼等附属建筑，无人保护管理

（3）明长城，全长41公里，位于沽源县和赤城县交界，东西走向，东起三道村林场南山，西至前缸房窑南山，土石混筑，敌楼砖砌，现城砖已散失，部分墙体风化，80年代有长城保护员，现已名存实亡。

12. 崇礼县

崇礼县境内长城分布较为广泛，形式比较复杂，通过多次文物普查和史料记载发现主要有燕北、燕秦、秦和明代长城遗存。

（1）燕北长城：从清三营乡桦皮岭至白旗乡野鸡山；分布：由张北伸入清三营乡，起始桦皮岭向南，经清六营、清四营、清三营、清二营、沙岭、青虎沟至野鸡山向南混与北魏及明长城之中。长度：全长约22.5公里；现状：土埂较为明显。

（2）燕秦长城：从喇嘛窑村至窑子沟村；分布：该段长城分布在崇礼县西部，起五十家乡与张北县交界处的喇嘛窑西偏北1.5公里处，向北转西至窑子沟东1.5公里处；长度：该段长城全长14.6公里，经崇礼县境9公里；现状：现仅存一土埂。

（3）秦长城：西起张北自黑脑包山入崇礼经山岔、庙湾、坝项，攀越桦皮岭与燕北长城相接；长度：崇礼境内约25公里；现状：坝顶一段较为明显（土石杂混），其余遗迹不清。

（4）明长城：从清三营乡谷嘴窑村东南1公里处至高家营镇孤山村；分布：崇礼县境内明长城北起谷嘴窑村东南1公里处，沿崇礼与赤城县界向南，至松林背东偏北1.6公里处入境，于桦林东南偏东0.8公里处又沿崇礼与赤城县界南行，经马驹沟东南1.2公里处的大尖山主峰附近折西，沿崇礼与宣化县界至头道边西1.5公里处入张家口市区；长度：经崇礼县境92.3公里；现状：现自然破坏严重，长城主体已坍塌。

13. 赤城县

赤城县境内长城分布较为广泛，形制比较复杂，通过多次文物普查和史料记载发现主要有北齐、唐代和明代长城遗存：

（1）北齐长城：位于赤城县东北27.5公里处，南北走向，为石筑结构，现存遗迹在东万口小京门至驼骆磋一线，现已坍塌。其余部分被明长城覆盖沿用。

（2）唐代长城：多被后面几朝覆盖沿用，从普查情况看，唐长城西起赤城县龙关镇西南的高山上，东经雕鄂、东兴堡至后城镇名望庄之西山上，全长约50公里。这段长城中间平川地带为明长城所利用。唐长城为碎石垒砌，结构较为简单现已坍塌，现存遗迹宽度1米至8米，高1米至1.5米不等。间隔0.5公里左右即一座石烽火台。

（3）明代长城：相对前代保存较好，该段长城多为毛石垒砌，有些地段为土石混合砌筑。明长城在赤城境内呈环状分布，共有内外边两道，外垣长约200公里，东起后城镇马道梁，向西经大边，姚家湾南沟、拦马道、大庄科，再向北经龙门所、云州、镇安堡、清泉堡直达独石口向西抵马营、马莲口再向南经东栅子、镇宁堡、龙关，在锁阳关北与内长城交汇向西进入宣化境内。该段长城大部分已坍塌，仅独石口城西沟一带保存较好。另一条是东西走向的内边，从滴水崖起向西经东兴堡、雕鄂，上、下虎村、三岔口至龙关的六台子与北面下来的外边汇合，全长84.5公里。这段长城大部分是在唐长城的基础上修建的，多为平地而起，以土筑墙。至今虽遭风雨剥蚀，但仍保存着较为清晰的轮廓和气势。

14. 桥东区

桥东区行政区域内长城为明代长城，长度约5.5公里。此长城始建于泰常八年（433年），为防蒙古入侵，明朝成化二十一年（1485年）兵部尚书余子俊在北魏长城遗址的基础上进行了修建，后嘉靖二十五年（1546年）总督侍郎翁万达对该段长城进行加筑。在明朝末年，崇祯年间（1628年至1633年）进行修建。

这段长城特点是土石结构混筑，石质是北方特有的赭石花岩岗，从东太平山起至鱼儿山最高点，海拔1243.5米，往东南延伸，经过口里东窑子村、宣化县行政区域内划分始，长城分布在山脊蜿蜒起伏，从东太平山起500米有敌台一座，距敌台400米有烽火台一座。

长城现状有多处倒塌和自然损坏，有20%的长城比较完整，墙面整齐，镶砌严谨。30%墙体倒塌，石质散落，50%墙体断断续续塌损。虽然这段长城经过数百年的历史沿革，但历史遗存较好。

15. 桥西区

名称：大境门古长城。

长度：长约23.4公里。

年代：明朝在北魏的基础上加以修建。

特点：塞外山城张家口，是祖国首都的北大门，有“神京屏翰”之称。为加强京师北部防御，明王朝组织兵丁民役沿北魏长城和北齐长城的基础，在这里修筑了一段砖石长城。清顺治年间，清政府在此段长城修筑开设大境门，以供通商之用。大境门，与山海关、居庸关、嘉峪关并称为万里长城“四大名关”，并且是长城沿线唯一以门字命名的关隘，故称为中国万里长城第一门。

起始：始于张家口市东太平山，止于张家口市桥西区与张北交界处的旱淖坝。

分布：张家口市桥西区北部的山脉之上，先向西行后向北行。

现状：保存完好，桥西区政府准备开发利用。

二、承德市（7个县）

全市概况：

在承德有燕、秦、汉、北魏、金、明几个时代修筑的长城遗存。

秦所筑长城于承德北部丰宁、围场两县通过。

燕长城由内蒙古多伦县境向东进入丰宁鱼儿山镇，穿过草原地带，翻乌苏吐鲁坝进万胜永乡，尔后入森吉图乡，在丰围交界的小卡拉山口入围场县境。长城在丰宁境内断续相接，延续近70公里，遗迹明显的仅存6公里，保存较好的地段城墙高度在1米至2. 5米之间。

围场县内的燕长城由多伦县南石门沟进入围场县老窝铺乡。初始走向由西向东，过城子乡、牌楼乡，到道坝子乡折向东北方向，经大唤起乡、棋盘山镇、新拨乡、山湾子乡到三义永乡拐步楼村出境入赤峰县二龙庙乡，与赤峰境内的“赤北长城”相接。这段长城延续200余公里，现存遗迹明显的有24段。

燕筑长城，就地取材。有石则砌，有土则夯，还有个别地段采用城墙加壕堑的方式。在长城沿线还筑有城、障、烽台等附属设施。

秦之长城，并非新筑一道，而是“因边山险，堑溪谷，可缮者治之。”秦统一前，燕、赵、秦三国北部长城基本平行，承德北部的燕长城，到了秦代被复修补筑，继续使用。

汉长城在承德境内，是以烽燧与城垣交替构筑的，以较大型城池为中心，辅以众多的障塞，筑多路烽燧与之相连，并在部分地段修筑城墙。

汉长城城墙，在承德发现有三段。一段位于滦平、丰宁两县交界处的山脊之上，多为石砌，个别地段为土筑。现存十余公里。另一段位于隆化郭家屯镇二道营子村附近．为黄砂土夯筑。现存5公里左右。第三段位于承德县与内蒙古宁城县交界处，沿山脊修筑．全长6公里。这段长城多为土筑．其中一段为中间开挖堑壕两侧筑墙的结构。

汉代另一防御设施为烽燧。烽燧又称烟墩、烽火台。承德境内汉代烽燧分布密集，丰宁、滦平、隆化、承德县均有汉代烽燧遗存，现存300座左右。这些烽燧大都处于视野开阔的丘陵及山峦之上，多沿古今交通路线分布，彼此相望，前后呼应，与其他防御设施共同构成密集分布的防线。

拓跋氏建立北魏政权后，于建国之初筑西段长城，太和年间（477年—499年）营建东段长城，被称为"长堑"。依文献所载，北魏长堑起自今张家口赤城与沽源两县交界之处，循山岭东延于丰宁北部，至滦平北境跨过兴州河、滦河，经隆化南部及承德县北部入赤峰后延及辽宁省，止于辽水西岸。上述行迳路线系依据有关文献综合分析而来，目前尚缺乏确切的考古调查资料证实。

11世纪中叶，女真人建立起金政权。金朝在北部沿边开掘壕堑。金代边堡界壕的设置与走向．基本上都是在今内蒙古境内。在与内蒙古相邻的丰宁县草原乡存有7.5公里长的一段。呈东南至西北走向。其建筑特点是筑以高墙，墙下开挖堑壕。

明朝将长城沿线，划分9个防御区，称为九镇。承德境内长城属蓟镇范围。

承德境内的明长城东起宽城县铧尖乡三道岭附近，向西过兴隆县、承德县，至滦平营盘乡入北京密云县境。基本上沿四县边境延袤。与迁西、遵化、蓟县、平谷、密云五县相邻为界。

承德境内的明长城结构为石筑和砖石混筑，亦有个别陡峭之处，因山势原因，只筑敌楼，不另筑墙体。

明代长城在承德境内总长度为317公里，有敌楼863座，墩台29座，关隘55处．

1. 承德县

（1）承德县境内汉代长城，西接隆化县中关镇中关村，东到内蒙古宁城县大营子乡的上拐村，长约54公里。另在承德县与宁城县交界的东大梁（七老图山）山脊上，自南向北延伸一段分支，长约10公里，总长度约为64公里。

长城从隆化县进入承德县头沟镇头块地村，基本上呈自西南向东北延伸，没有墙体，只有烽遂，山脊上的长城分支主要处在七老图山南麓之山岗丛林中。

根据现存较为清晰的墙体遗迹，可以推断汉代长城的筑法。汉长城主要采取堑壕内外墙结合的筑法。

墙体均为土筑，只有个别平缓之处砌以石墙，由于年代久远，或自然倒塌，或水土流失，绝大部分域墙和基础已不存在。山头上保存较好的地段约占五分之一，现存遗迹为一条高度约1米左右，宽约4－5米的隆起土岗。

几十年来，县文物管理部门即对这段长城进行保护管理，采取相应措施，建立健全制度，成立长城保护组织，聘请业余保护员，并设立保护标志，落实四有。

承德县境内共有35个汉代烽燧，分为两段，总长度约为64公里。一段西接隆化县中关镇中关村，进入承德县头沟镇头块地村经头沟镇、三家乡的10余个村，向东北延伸到七老图山，折往内蒙古宁城县大营子乡的上拐村，没有墙体。共有25个烽燧，长约54公里。另一段，在承德县与宁城县交界处东大梁

（七老图山）山脊上，自南向北延伸一段分支，长约10公里，有10个烽燧。

从隆化县中关镇中关村进入承德县境内后，至土城子城址共有5个烽燧。分别介绍如下：

1号烽燧，位于头沟镇头块地村北300米的小梁顶，西距承（德）赤（峰）公路150米。高约3米，直径约9米，保存基本完好。

2号烽燧，位于头块地村东梁头，距村约1500米，剥蚀较重，仅存一略隆起的土包。高约2米，直径5米。

3号烽燧，位于头沟镇双庙村北200米的北梁头，保存较为完好，高约1.5米，直径4米。

4号烽燧，位于头沟镇二块地村北200米的后梁顶，保存较为完好，高约1米，直径约4米。

5号烽燧，位于头沟镇北沟门村北200米的梁头上，距土城子城址约2公里。保存完好。高约3米，直径6米。黄土夯筑，夯层在10—20厘米之间。

长城自土城子城址向北，再向东北延伸，至三家乡境内还有6个烽燧，分别介绍如下：

6号烽燧，位于头沟镇瓦房村东北300米的山头上。由于现代铁矿采石而遭破坏，残存少部分，高约2米，直径4米。筑法与5号烽燧一样。

7号烽燧，位于头沟镇平房村雹神庙自然村北150米的炮楼山顶上，残高1米，直径约6米。上有垒砌石块，周垣痕迹明显。据村民介绍，30年前这里还有较完整的烽燧基址，故而人们称为“炮楼子山”。

8号烽燧，位于头沟镇头道河村北约300米，保存完好，高5米，直径约15米。当地老百姓称之为“王子坟”。近年有好事者在一侧挖开一块，露出剖面上夯土的痕迹。

9号烽燧，位于头沟镇汤泉村南200米的汤山角端，残高不足1米，直径5米，周垣痕迹明显。这里地势高耸，视野开阔，是由南向北转而向东的转折点。

10号烽燧，位于头沟镇碱厂村北300米的北山上，高3米，直径10米。人称“王子坟”。前些年被人从正中打一竖向盗洞，洞深约2米，直径1米。

11号烽燧，位于头沟镇大孤山村西南300米的山顶上，以山为墩。据老百姓介绍，其上有陶片、瓦片、箭镞等。高约2米，直径4米。

三家乡境内共有烽燧14个，编号为12—25号。分述如下：

12号烽燧，位于三家乡转角房村南200米的山坡上，以山为墩。据村里老百姓讲，山上原有庙，称为老爷庙前山。高约2米，直径4米。

13号烽燧，位于三家乡陕西营村北300米的北梁头上。20世纪70年代平整土地时被平整，现地表暴露汉代陶片。

14号烽燧，位于三家乡老虎沟村北100米的北山头，已被现代砖厂挖掉。

15号烽燧，位于三家乡雹神庙村北100米的北山。20世纪70年代平整土地被平掉，现地表暴露汉代陶片。

16号烽燧，位于三家乡河北村西300米的梁头上，已被平整。地表暴露汉代陶片。

17号烽燧，位于三家乡河南村东南100米的高台上，已被平整。地表暴露汉代陶片。

18号烽燧，位于三家乡三家村后的北山顶上，已被平整土地时平掉。地表暴露汉代陶片。

19号烽燧，位于三家乡西兴村北200米的梁头上，残高1米，直径约6米。

20号烽燧，位于三家乡志云村东300米的山头上，当地人称之为“敖包梁”。保存完好，高4米，直径10米。底部有一周壕沟，是20世纪70年代战备时挖的战壕。

21 号烽燧，位于三家乡杨树沟门村西 500 米的西梁头，以山为墩。据村中退休工人赵永和（70 岁）介绍，山上曾有陶片、瓦片等。

22 号烽燧，位于三家乡杨树沟村北 400 米的北梁顶，也被当地人称为“敖包梁”。有的老年人称之为“狼烟墩”。上有石砌残迹及箭镞、瓦片等。

23 号烽燧，位于三家乡头道河子村东北 200 米的后山上，以山为墩。

24 号烽燧，位于三家乡前营子村东北 200 米的高台地上，人称“寿王坟”，已无存。地表暴露汉代陶片。

25 号烽燧，位于三家乡后营子村东 300 米的台地上，又称“王子坟”。高 3 米，直径 8 米。1995 年被盗墓分子盗掘，留下一个前后相通的大洞。洞中断层可清楚看出夯土痕迹。

在七老图山的山脊上与内蒙古宁城县相接的地段，有一段长约 10 公里的长城分支。这段城墙及其附近，也有烽燧 10 个。按由北向南的次序，编号为 26—35 号，分述如下：

26 号烽燧，位于邓上乡乱石窑村上榆树甸自然村东北 3 公里的山顶，高约 2 米，直径 5 米，在城墙内侧 10 米。

27 号烽燧，位于上榆树甸村东南 3 公里酒漏洼梁顶，残存—隆起土包，高约 0.3 米，直径约 4 米，处在城墙墙基上。

28 号烽燧，位于 2 号烽燧南约 800 米，蘑菇顶形制，保存程度与 2 号相同。位于城墙内侧 5 米。

29 号烽燧，在 3 号烽燧东南 1 公里的白草洼正尖，高约 3 米，直径 10 米，位于城墙内侧 10 米。

30 号烽燧，在 4 号烽燧东南 0.5 公里，剥蚀较重，仅存痕迹。位于城墙内侧 2 米。

31 号—33 号烽燧，均依次相距 1 公里左右，保存亦较好，高度在 2—4 米之间，直径 10 米左右，均位于城墙内侧 8 到 10 米。

34 号烽燧，在史家营子沟里桦树沟 ，距 33 号烽燧约 0.8 公里，剥蚀较重，仅剩遗迹，高约 0.5 米，位于城墙墙体上。

35 号烽燧，在 34 号烽燧东南约 1 公里，两省交界处的山梁正中，高约 3 米，直径 10 米，位于城墙墙体上。

各个烽燧均为黄土夯筑，每层 10 至 20 厘米。烽燧间距 2 公里左右，烽燧间没有墙体。

由于年代久远及自然灾害，大部分汉代烽燧已不存在，现留存的只是遗址。

多年来，县文物管理所对这段汉代烽燧进行保护、管理、制定保护措施，成立保护组织，聘请业余保护员等，才使这些遗址保留至今。

（2）承德县境内的明代长城，位于东小白旗乡榆树底，乱水河两村内，全长约 8 公里。其中包括十个敌楼，一个关门（俗称黑关门）。西北起自榆树底村西沟与滦平县涝洼乡交界处的旱梁，向东西延伸，至乱水河村三道边自然村，中间依次与北京密云县大城子乡花园村，兴隆县北水泉乡雾灵山村相邻。自三道边自然村开始，向西南方向折往兴隆县境内。

明代长城，宏伟壮观，闻名世界，它是我国古代劳动人民血汗和智慧的结晶，由于山势险峻，基本以山为城墙，构成天然屏障，故未筑城墙。个别平缓处以石砌之。每隔七八百米建一敌楼。又由于年代久远及自然侵害，大部分长城已不存在，现留存的只是遗址。

从 70 年代末起，县文物管理部门即对这段长城进行保护、管理，并深入长城沿线，进行宣传，成立长城保护组织，聘请业余长城保护员，并设立保护标志，落实四有，消除隐患。

2. 丰宁县

（1）外沟门乡大营子燕秦长城：从围场县东城子经丰围交界的对松关山口，进入丰宁小卡拉至后窝铺后梁中断，全长1.5公里。大营子、小卡拉两小段长城保存较差。，只有大营子南坡一段一百米清晰可见，底宽四米，残高一米左右。1984年起成立保护组织，有保护成员6人。

（2）山嘴乡燕秦长城：由万胜永乡境内的小干沟起，越过乌孙吐鲁坝（万胜永与山嘴搭界处）经山嘴进入内蒙古多伦县，然后转向沽源县。全长12.5公里，保存较差。除乌孙吐鲁坝至山嘴拖拉机站、大孤山一带还可以看出模样外，其他基本被毁。1984年6月20日成立保护组织，共有保护成员11人。

（3）万胜永乡五里营燕秦长城：从马架子边墙梁——五里营过墙梁——岗子破庙子梁，因年久、保存不全，其全长约6.5公里。长城在万胜永乡下洼子村五里营西1公里的北山坡上，坡下是耕地，向南分别是万胜永——外沟门乡的乡间小路。此长城全长897米，中间被约10米的冲沟隔开。冲沟——恒太永沟门一段最为明显，城墙与北山坡有一宽10米的深沟相隔，似当时的城壕，从城北测量，城高1.75米，宽7.9米。1984年6月20日成立保护组织，共有保护成员11人。

（4）小老虎沟西汉长城：波罗诺乡河南村小老虎沟和气海沟的南北走向山梁上有长城。长城沿滦平、丰宁两县交界的山脊，从南老虎沟开始，经三岔口村的东沟梁顶经正沟脑、西南沟、小老虎沟梁顶，伸向滦平县安纯沟门乡李栅子的熊沟四棱山。丰宁境内全长12.5公里。这段长城皆为石砌，城基宽3.5米－1.8米不等，残高80－90厘米。河南村南老虎沟一段沿线筑烽台八座。1984年6月20日成立保护组织。

（5）丰宁烽燧：都是从坝上坝下的过渡地带（接坝地区）分数路向南延伸，除个别地方外，大部分都是沿着河川向南伸展开去。丰宁古代烽燧大体有三条路线。一条是牤牛河（亦名大要水、锡拉塔拉川、兴洲河）川；另一条是潮河（亦名鲍丘水，大榆河，潮里河）川；还有一条路线则是在北部东西跨越山岭与这两条河川互为联系的烽燧路线。

牤牛河（亦名大要水、锡拉塔拉川、兴洲河）川位于丰宁东部，其北、东方向是隆化境内，南为滦平县。

潮河（亦名鲍丘水，大榆河，潮里河）川位于三岔路口黄旗镇东北侧瓦窑沟口烽燧起。沿潮河向南的一路经过。

北线烽燧在丰宁境内的北部边缘处。丰宁的烽燧极少数建在高山的峰颠之上，处于分水岭的位置，而大多数的烽燧是建在附近有水可取的黄土山上，即按沿河走向设防。其建筑特点采用两种方法：一种是用黄土夯筑；另一种是用块石垒砌基础，上面再用黄土夯筑。

1989年第三次文物普查时的烽燧一般都是一个圆形的土堆。有的中间出现一个塌险的凹坑。一般的烽燧其底径在7－19米之间，高度多在2－4米不等。烽燧周围采集到的标本大多为汉代之物和少量的战国标本。如：化吉营墩台梁烽燧所采集的标本有：外绳内弦纹汉瓦、绳纹瓮片、弦纹陶片、夹砂红陶片、素面灰陶片；化吉营大东沟烽燧采集到：弦纹鱼骨盆片、云雷纹灰陶片等。

（6）金代界壕：金代界壕坐落于丰宁满族自治县草原乡。地处丰宁至内蒙古多伦县的公路线上东经116°28′至116°30′北纬42°06′至42°07′海拔高度1380米，金代界壕在草原乡草原村北600米处，呈东南－西北方向。东起骆驼场风水山，向西经边墙沟、骆驼场村北、一直向西进入边墙沟里，过一小山梁进入内蒙古多伦县境。全长7.5公里。金代界壕东段墙高1.7－2米，其建筑方式一般采用就地取材的方法，无险可守的地段，则用筑墙之法。每离250米筑有马面。西段马面密度增加，间隔减至50米。金代界壕以其所在地及修筑朝代而得名，群众也习惯称“边墙”或“头道边”。

1982年成立了丰宁县文物保护管理所，作为金代界壕和全县文物保护管理的专职机构。

3. 滦平县

滦平县境内为汉代长城、金代长城（年代待定）、明代长城和烽燧，下面分别介绍：

（1）汉代北李营长城

位于滦平县滦平镇北李营刘印沟脑安纯沟门乡大黑沟山脊上，西为石洞沟、刘家沟、胡家沟、北沟、大石头沟、蝇沟、白家沟、大熊沟、岑沟，南北两端进入丰宁境内，长约15公里，城体结构均为自然石块和黄土堆积。保留残高0.5米，宽2.5米。一般在山道上路口处加高加厚，大部分段落坍塌，但遗迹明显。总体看，周木梁以北段落保存较好。在调查中发现绳纹陶片，长城中段发现7座烽燧为黄土堆砌，周长约50米，底直径15米，残高25米左右，保存都较完整，在调查中捡到绳纹陶片，为我们断定年代提供了物证。初步分析，此段长城为汉代所筑。

（2）古城川长城（年代待定）

位于滦平县古城川乡，为南北走向。从古城川乡西台村开始沿着山脊一直向北到火斗山乡龙潭，龙潭经西台、西大地、四达沟、前窝铺、西沟、新房、头龙潭水库村，全长10公里，在梵家墩台以南大部分为土城，梵家沟以北为土石结构，城高2米，宽3米。在断层中发现陶片、瓷片、铁镞、砖、瓦、铁凿。城体蜿延曲折，较为显而易见。

按有关史料记载：“南北朝时齐受魏降之后，齐文宣帝天保三年（552年）冬十月，仍起长城，北至社干戍四百余里。五年十月帝北巡至达速岭，览山川险要，将筑起长城，六年发夫一百八万人筑长城，自幽州（现在的北京）北至夏口至恒州（现在大同市）九百余里，先是自西河总秦城筑长城，至于海前后所筑东西凡三千余里，筑十里一城，其要害置州镇凡二十五所。”根据古城川所处的地理位置及城的走向，可能与北齐有关，但地面遗物大部分是辽金时期，故年代尚未能确定。古城川长城设保护机构，由古城川西台等村义务保护。

（3）明代长城

位于滦平县南部的巴克什营镇和涝洼乡，与北京市密云县、河北省承德县接壤，分布在高山峻岭之中。

洪武元年，为了加强北方的防御，明政府派徐达修筑长城所属重要关口，弘治十年，蒙古鞑靼小王子向古北口大举进攻，京师震动。次年，右都御史洪钟巡抚顺天府，修筑东自山海关，西抵居庸关一带长城。隆庆四年，戚继光总理蓟州、昌平和保定三镇练兵事务，后晋升为右都督，加固山海关至居庸关城体，增筑敌台三千座。由此，边备修饬蓟门宴然，数十年无事。滦平境内出土了大量的文字砖和石碑，碑文记述了谭纶、戚继光、戚继美等在这一带整修边备的经过。滦平境内长城的布局，依山走向皆于山脊，百余米左右至高点处建敌台，长城全长47.5公里，共有敌台242座，关隘22个，城体以条石为基础，条砖砌筑，内为夯土，马道铺以方砖；一般底为宽约6米，顶宽5米，高约2.5米，顶部北筑垛墙，设垛口和雷石孔，南筑女墙设望孔和射孔，墙面还加筑炮台、敌台，一般为方形，高10余米，宽5米多，上筑铺房，面宽3.5米左右，进深一间（2米）砖木结构，硬山灰瓦顶，正脊和戗檐有望兽和浮雕砖花；敌台有窗孔，每面有二、三、四、五不等，内部有单券、双券，顶部有平顶、穹窿顶、四角钻尖顶、八角藻井顶等，大部分铺房已塌落，城墙及女墙、垛墙多塌落，破坏较严重。著名的金山岭长城就坐落在47.5公里之中，西起龙峪口，东至望京楼，全长10.5公里，敌楼67座，关隘6处，烽燧2座，1982年开发，1986年对外开放，1988年国务院批准为全国重点文物保护单位，金山岭长城可称得上明代长城的一个精萃，它的特点雄伟壮观、气势磅礴、建造奇特、结构多样，所以是研究明代建筑史最有力的实物例证。

（4）汉代烽燧

滦平县烽燧分布在滦河、伊逊河、兴洲河、潮河、牛河两岸的山脊上，全县共有烽燧119座，滦河流域，从隆化太平庄南经西沟乡、金沟屯镇、张百湾镇、周营子村，全长约50公里，共有烽燧21座。

伊逊河流域从隆化十八里汰进入滦平，经小营乡、西地乡、陈栅子乡约75公里，共有烽燧23座。

兴洲河流域，从丰宁县波罗诺乡经兴洲、大屯乡、张百湾镇约30公里，共有烽燧17座。潮河流域自西部平坊乡、虎什哈镇、金台子村、五道营子乡约80公里，共有烽燧25座。

牤牛河流域自滦平北部和牤牛河一带，约30公里，共有烽燧17座。

南部经巴克什营镇、两间房乡、长山峪乡、付营子乡约50公里，共有烽燧16座。

烽燧大部分都为黄沙土堆积而成，底径10至20米，残高3至5米左右，为夯土所筑。烽燧四周遗留有灰陶片、红陶片、绳纹陶片、弦纹陶片。从资料和遗物分析为汉代所筑。

4. 隆化县

隆化县境内汉代烽燧共有76座，其中除位于太平庄乡太平庄村北山上的两座独立存在外，其余皆以隆化镇北的鲍家营古城址为中心，沿现代或古代交通要道伸向东、南、西、北方向。将鲍家营古城与县境内或邻县的古城址联系在一起，形成了有干有枝、前后相互联接的古代通讯网络。其延续长度为206公里，大概情况如下：

（1）干线

东南干线：即自鲍家营古城址至中关干线。由鲍家营城址东行，经伊逊河沟村过岭，进入牌岔子北沟、京堂沟，至十八里汰北沿十八里汰河直到中关镇，再东南进入承德县境内，与位于头沟村的古城址相接。延续长度为32公里，共有烽燧12座。

西部干线：即自鲍家营至郭家屯二道营城址的干线。自鲍家营古城址起，西跨伊逊河，沿蚂蚁吐河上逆西北行，穿过了隆化镇、蓝旗镇、八达营乡、牛录、白虎沟乡、步古沟镇到西阿超乡所在地后转西南行，又经西庙宫、碱房和郭家屯镇北部到达二道营古城址。并把其间的西阿超二道河古城址、西庙宫城子古城址、碱房二道湾古城址穿接起来，其延续长度为105公里，共有烽燧36座。

（2）支线

西南沟支线：自郭家屯二道营城址向西南行，隔小滦河在今西屯村后山顶有两座烽燧并立，再由此向南转西南行，入西南沟川，经盆窑村入南兆营，再西行至头道洼村南折入丰宁县界，与化吉营乡松木沟古城相接。其延续长度为26公里，共有烽燧12座。

大北沟支线：自二道营古城向南，经郭家屯镇进入大北沟川，又经瓦房村，越大北梁进入丰宁县境内，延续长度8公里，共有烽燧3座。

伊逊河川南支线：自鲍家营古城址沿伊逊河南行，经山咀村、二道营西沟、二道营村到博汰沟而止，其延续长度为14公里、有烽燧3座。

德吉沟支线：由牌岔子村南行入德古沟川，又越荞麦梁，经冷水头村南行，进入滦平县境内。其延续长度为14公里，有烽燧6座。

伊逊河川支线：在鲍家营古城址的西北2公里处，今西沟门南北两侧的山头山，各有烽燧一座对峙，相互间距200米。

在鲍家营古城址北3公里处，今太和梁顶，有两座烽燧并立，相距不足200米，向西可与西沟门烽燧隔伊逊河相望，向南可与鲍家营古城直接相望。从此再向北2公里，今水泉村西伊逊河西岸的台地上，有烽燧一座。伊逊河北川支线延续长为7公里，有烽燧5座。

（3）孤立的两座烽燧

太平庄乡所在地的北山，有烽燧两座，相距不足200米并立。夯土筑成，现呈圆锥状土堆，但在其附近尚未发现其它烽燧存在。

现存汉代烽燧，皆以夯土筑成，呈圆锥体，其高度不一，最大的高达6米，底径在12米以上，一般为3米左右。在山上的保存较好，处耕地间的保存较差，个别的已被毁坏，仅存基地，有的已被种上了农作物。

在烽燧附近，多部地表还存有汉代印纹大瓦和绳纹灰陶片，并采集了一部分标本，个别烽燧附近，地表还露有灰坑，灰土中多碎兽骨和陶片。烽燧所在位置，都选择在视野开阔而又不太高的黄土山包上，前后烽燧之间都能相望。但个别段落，如八达营一带，出现了断残现象，可能由于早年开荒取土，有些烽燧被毁坏，造成了缺损。

1997年4月14日至18日，承德市文物园林局同隆化县文物管理所一起对隆化镇漠海沟烽燧进行了清理发掘，已查明烽燧形制为不规则圆形，建筑方法为黄土夯制，夯层厚6－9厘米，夯具为直径6厘米左右较坚硬的圆木，夯窝呈圆形不规则排列。

5. 围场满族蒙古族自治县

燕秦长城，县文物管理所于1977年夏利用一个多月时间，沿着燕秦长城分布地带，进行首次长城考察。于1979年秋配合省长城考察队利用3个半月时间进行了第二次详细考察。通过先后两次考察，掌握了燕秦长城的现存状况、分布区域及具体走向。

燕秦长城途径围场境内总长192.5公里，这段长城久经风雨冲刷，历尽沧桑，昔日宏伟面目全无，现仅残存明显燕秦长城遗址29段，共长6.5公里。

燕秦长城，自东北的内蒙古赤峰市二龙库乡进入围场境内的三义永乡，斜穿围场的西南，沿途经过13个乡镇、31个自然行政村。在围场的老窝铺乡，分岔出境：一道自老窝铺乡进入内蒙古多伦县大河口乡前九号村；一道自老窝铺乡西南进入丰宁县大营子乡燕子窝村。

燕秦长城现残存遗址，有的呈土岗状，高0.3至2.5米，上宽0.3至1.5米，下宽2.2至12米；还有的呈长壕形，深0.5至1.2米，宽2至12米。残存明显长城遗址段最长300余米，最短20余米。

燕秦长城于1982年7月23日被河北省人民政府公布为河北省文物保护单位。县文物管理所于1983年8月，在靠近村落易被人为破坏的长城遗址上，分别树立了六块由钢筋、水泥制作的省级重点文物保护单位“燕秦长城保护标志”。于2005年12月县文物管理所在靠近村镇的燕秦长城，组建由乡、镇、村及村民积极分子组成的文物保护领导小组。负责本辖区内的燕秦长城遗址的保护管理工作。

6. 兴隆县

明代万里长城兴隆段共约180公里，为明代中晚期建设。

兴隆县段长城，它建筑在燕山山脉与华北平原低山间，从东至西，由西向北墙体、楼台、要寨筑城，低山宽处加筑双墙、叉墙；山高崖险地以山代墙，远修亭、障、“拦马墙”，近建关城、保寨、水门、敌台，守有兵将、炮、石雷。它不仅充分体现了明长城的建筑形式，而且还体现了明朝军事防御和建筑水平，尤其是六道河镇泉水河花兜一段长城，它以主墙连叉墙，叉墙连双墙，将自然美与建筑美完美结合。

明长城兴隆段，东起唐山市迁西县龙井关，北出北京密云县黑峪关。它分布于兴隆县蘑菇峪、三道河、兰旗营、孤山子、挂兰峪、八挂岭、茅山、陡子峪、六道河、上石洞、北水泉11个乡、镇及30多个行政村。

现由于自然风化和早期的人为破坏，主体与人居和交通接近地段基本已受破坏，多数保存残墙或基础。

1980年兴隆县政府对明长城开始了全面的保护工作，建立县文管会、文保所，并在长城沿线建立了乡镇、村、个人三级保护体制，同时对有关长城破坏行为进行长期不懈地调查和处理工作。

7. 宽城县

北齐长城宽城段位于铧尖乡三道岭村头道岭八十四沟梁上，总长2公里均为石墙保存现状为残高0.5－2.6米不等。当地群众称之为秦始皇长城，没有敌楼。

铧尖乡政府设有长城保护领导组织，三道岭村以村委会为基础设立长城保护组织，共有义务长城保护员2名。

明代长城宽城段东南与青龙满族自治县小马坪乡长城段首接，西与迁西县东城峪长城段尾连，总长约58公里。沿途跨越牛心河、长河和滦河；所依附的主要山体有三道岭、榆木岭、青山关、八面峰、女儿山、炮岭、新甸子南山、天成号南山、猴儿山、独石峰等山脉，除其中五段总长约11公里在迁西县境内、喜峰口横城子段总长约1公里在宽城县境内之外，其余均位于宽城与迁西县交界处。由于这段长城在由东向西延伸过程中有一90度转折，故分南北走向段和东西走向段。在两大走向段中，长城在宽城、迁西两县交错出现，因此又各自产生了若干小段。

（1）南北走向段：

在这一走向段中，段首东邻青龙满族自治县，南接青龙小马砰长城段。自宽城华尖乡三道岭长城段头道岭东梁尖1号敌楼（又名九索楼）起，北至宽城碾子峪乡艾峪口长城段黑沟梁89号敌楼转折点，全长约20公里。按从南到北顺序分别由华尖乡三道岭长城段、大岭寨长城段（迁西）、华尖乡东沟村长城段、兰城沟长城段（迁西）、华尖铧尖村长城段、华尖乡沟口子村长城段、榆木岭长城段（迁西）、华尖乡榆林村长城段、大地乡关石村长城段和青山关长城段（迁西）共十个小段组成。该走向段自三道岭村头道岭向北在华尖乡黄土坡村红石峪处横跨牛心河，途经榆木岭、石门岔西山、青山梁等主要山体，设有大岭寨口、榆木岭口、青山口等关隘。该段长城除少数险峻处，其余均有石、砖结构墙体。保存现状为残高0.5－5米不等。

（2）东西走向段：

自碾子峪乡艾峪口村长城段黑沟梁长城走向转折点，即89号敌楼起，至独石沟乡车厂沟村爬堂子南山第160号敌楼止，为明代长城宽城段东西走向段，全长约38公里。按从东到西顺序分别由碾子峪乡艾峪口长城段、董家口长城段（迁西）、碾子峪乡大屯村长城段、碾子峪乡岭西村长城段、孛椤台乡炮岭村长城段、孛椤台乡白台子村长城段，孛椤台乡新甸子村长城段，孛椤台乡喜峰口长城段（横城子村）、孛椤台乡西卜子村长城段、独石沟乡小河口村长城段、独石沟乡车厂沟村爬虎堂长城段十一个小段组成。该走向段在董家口横跨长河、在潘家口穿过滦河，途经黑沟梁、八面峰、女儿山、炮岭、黄石砬、横城子南山、新甸子南山、西卜子南山、长顺岭、独石峰等主要山体，沿线设有董家口、铁门关、喜峰口、潘家口等重要关隘。在潘家口长城段西山梁处长城分为两路，一路向正西延伸入迁西境内的西城峪，另一路向西北方向，即独石沟乡小河口长城段和独石沟乡车厂沟村爬虎堂子长城段，成为明代长城宽城段的组成部分。爬虎堂子长城段最后与迁西东城峪长城段相连接。此段长城大多数为地势险要所在，以天然地势为屏障，无实际墙体地段多达28公里，其余为石墙或砖墙，保存现状为残高0.5－6米不等。

明代长城宽城段主体建筑除墙体外、还沿线分布有各种形制敌楼160座、墩台21座、关隘7处以及关城、卫所城、烽燧等。

宽城满族自治县境内长城沿线共有4个乡、16个行政村、24个自然村。乡政府均设有长城保护领导组织，行政村以村委会为单位分别设立长城保护组织，全线共有义务长城保护员28名。县政府设有长城保护管理委员会领导全县长城保护管理工作。

三、秦皇岛市（4个县、区）

全市概况：

秦皇岛市境内，北朝时期的古长城遗址有3段。一是抚宁县石门寨的上庄坨境内，长约3.8公里；另一段长约7公里。二是山海关外俗称红墙子长城。三是墙子里长城，在小毛山、望夫石村及往东至辽宁省万家镇墙子里村一带，长约7公里。这三段长城，一说是北齐或北周长城。另一说为隋长城。

秦皇岛市境内的明长城，是明长城中最精华的地段之一。从长城入海处老龙头起，到城子岭口止，长约250公里。这一线长城从东到西，有南海口关、山海关、九门口关、义院口关、界岭口关、桃林口关、冷口关、擦牙子关等28处主要关隘，现存有城、营、堡64座，敌台710座，墙台245座，烽燧72座，外加障墙、壕沟形成了一道完备的军事防御体系。

为做好长城保护、管理工作，秦皇岛市人民政府下发了有关长城保护的法律法规和文件。并组织相关人员现场考察与调研，制定保护措施；市财政从2005年起每年拨款3万元作为长城保护专项经费。

1. 山海关区

（1）长城名称：万里长城——山海关

长度：26公里

年代：明长城

概况简介：山海关长城始建于明洪武十四年（1381年），大将军徐达在山海之间筑城建关，定名山海关。建筑形式依地形分为滨海长城、平原长城和山岳长城。境内长城南起渤海之滨的老龙头，北至与抚宁交界的九门口止，全长26公里，分布有10座关隘，9座关城、堡城，37座敌台，55座墙台。另有分布于长城内外的烽堠、墩台16座。这一系列防御设施彼此呼应，前拱后卫，守望相助，互为犄角。布局主次分明，建筑造型宏伟，构成一整套科学的防御体系，堪称万里长城的精华，古代军事防御结构的佳作。

由于历年久远，大自然的风雨侵蚀、战争及人为的损坏，大部分城墙外墙全无，内墙残破。山海关关城城墙，外墙大部完好，内墙全无，仅余夯土。部分地段夯土全无仅余外墙。

（2）长城名称：北齐长城

长度：约12公里

年代：北齐

概况简介：山海关境内北朝长城北由抚宁鸭水河村西的铁雀关、老龙台主峰一线，经由燕塞湖顺山势上后角山，多以利用山险为墙，部分低处用毛石砌筑，再经老边沿、黄崖向东到石门的钓鱼台。钓鱼台以南为南北向的低矮山峰，两侧陡峭，长城沿山梁上行，遗迹非常明显，为小块片石、毛石砌筑，部分地段保存尚好，现存墙体最高处约 3 米，宽约 2 米。再向南与东西走向的明长城相交，后长城折而向东到明长城 67 号墙台西侧的白头山，此段石砌长城长约 370 余米，用片石砌筑，与两侧的用大块毛石砌筑的明长城墙体风格迥异，应为明长城叠压于北朝长城之上。长城沿山梁再向南，至贺家楼村西的翦子口南山，尚长城遗迹，并于剪子口南山顶上，有石筑方城遗址。再向南过长寿山路，至馒头山，山梁之上遗迹明显，为石、土混筑结构墙体，墙体东侧有壕沟遗存。馒头山顶也可见有一方城遗址。再向南至梁家沟烽火台，长城略有遗迹，再由欢喜岭方向向南，多为耕地，长城无迹可寻。

山海关区文物局成立于 1997 年 12 月，系全额拨款事业单位。现有职工 16 人，其中正、副局长 2 人，办公室 3 人，财务室 2 人，文物保管所 4 人，文物保护工程科 5 人。业务人员现有副高级职称 2 人，中级职称 3 人，初级职称 3 人。

2. 抚宁县

（1）明长城：抚宁段东起九门口，南与山海关段长城相连，西至干间口与卢龙段长城相接，总长为 142.5 公里。长城主线长 110 余公里，附线长 20 余公里，其余为山中无墙段落。其中，墙体状况完好与基本完好的、半毁的、全毁与无墙段落各占 1/3。有空心敌台 423 座，实心敌台、战台、墙台共 93 座，烽火台 57 座。空心敌台完好的 56 座，基本完好的 138 座，半毁的 72 座，其余全毁。烽火台大部完好。全线有大、小关口 27 座，现存 24 座。

（2）北齐长城：鸭水河段长 3.8 公里，上庄坨段长 7 公里，合计 10.8 公里。现存宽 1.5—2.5 米，高度 1 米。

为做好长城保护、管理工作，2003 年，县政府三次下发了有关长城保护的文件。并多次组织相关人员现场考察与调研，制定了以下保护措施；一是组建和完善了县、乡（镇）村三级文物保护组织与文物保护员队伍；二是将辖区内的长城统一划分 18 个保护地段，每段设一名文保员实施保护；三是县政府拨款 3 万元作为长城保护专项经费，同时将这项经费纳入财政预算。

3. 卢龙县

卢龙境内现存的长城 22.3 公里，属明蓟镇长城，《永平府志》记载，洪武十四年（1381 年）春正月辛亥日，由大将徐达率兵一万五千一百人，修永平、界岭等三十二关，在卢龙境内自东向西依次设有重峪口关、桃林口关、刘家口关三个关口，有敌楼 86 座，保存相对较好的敌楼约 30 座，只存残墙的 24 座，毁为瓦砾的 32 座。

卢龙境内长城，位于卢龙县北与青龙县交界的山区，东起燕河营镇白家坊村的西大炕山，经过燕河营镇的（白家房、上兴隆庄、下兴隆庄、重峪口、亮马山、梧桐峪）六个行政村和刘家营乡的（桃林口、水峪、鹿尾山、桑园、东风、刘家口、下庄）七个行政村，由刘家口向西 1.5 公里出卢龙，入迁安市境内。

在卢龙境内的墙体中，石墙多于砖墙，保存较好的一段位于下兴隆庄东的一带砖城，约 500 米，另一段位于刘家营乡东风村北山，约 500 米，其余为倒塌或废墟状态。敌楼基石多为红色，产自卢龙的“红山长城采石场”，现存遗址为省级文物保护单位。

2004 年底，建立了以乡镇领导为带头的长城保护组织，从长城沿线村共聘用了长城保护员 13 名，定期上山巡查长城的安全情况。

4. 青龙县

青龙县境内有古代的旧长城和明代修筑的蓟镇长城。古代旧长城遗址两处：一是位于花厂峪口北15公里，自新城（明代新边）高楼北面由东向西顺山而下，跨清水关之溪插向西南，进入老岭东山，长约5公里。此边均为河卵石和自然山石所筑，现均已塌毁，残高不足1米，基宽不过3米，外观非常古老；二是自肖营子镇上、下抱榆槐的西山脊，而转向西北的五风山、娄丈子乡、前牛山、西台子的椴树岭至凉水河乡北马道的北山，时断时续，蜿蜒30余公里。垒基宽者4米，窄者不足3米，墙高不足1米，均已坍塌，全为自然山石所筑，有的地段只有一点痕迹。据考证上述两处古长城遗址初步定为北齐时代长城。明代修筑的蓟镇长城坐落在青龙满族自治县东、南、西的县界上，城南与抚宁县、卢龙县、迁安市、迁西县四市、县交界。它从东向西跨越青龙的祖山镇、隔河头乡、官场乡、草碾乡、七道河乡、肖营子镇、三拨子乡、凉水河乡等8个乡镇24个行政村。东起祖山镇荚武山村的老岭边道东敌楼，西止凉水河乡杏树岭庄西山西尖楼，全长184公里。其中砖边墙完好的10.5公里，半塌毁的29.5公里，全塌毁的10.5公里，石边墙完好的19.5公里，半塌毁的48公里，全塌毁的32.5公里，陡峭山脊无墙地段33.5公里。现有敌楼500座、战台107座、烟墩（烽燧）19座、关门17道、将军坟三座，尚存完好与残城碑19通。外加障墙、壕沟形成了一道完备的古代军事防御体系。

1978年青龙开始长城普查，建立长城保护组织，在长城沿线村聘请45名长城保护员（1986年因无经费而解散），到1982年历时5年的长城普查工作结束。文保所完成了长城现状图谱绘制和长城摄影图集工作。自1984年起文保所每年都举办长城图片展、张贴公告、散发宣传单等宣传工作，进行长城保护宣传活动，对长城进行巡查，对破坏长城的行为进行依法处理。2005年青龙满族自治县恢复建立了县、乡、村三级长城保护组织，聘请长城保护联络员33名，形成长城保护网络。县政府下发了《关于加强长城保护工作的通知》，长城保护管理工作得到进一步重视和加强。

四、唐山市（3个县、市）

全市概况：

唐山境内的长城，沿唐山市北部燕山山巅而建，东起迁安与卢龙交界处的徐流口，西至遵化与天津蓟县交界处的钻天缝，途经迁安市、迁西县、遵化市二市一县，自东向西路经迁安市杨各庄、五重安，迁西县汉儿庄、太平寨，遵化市小厂乡、马兰峪等16个乡镇64个行政村，全长约208.41公里。

唐山市境内的长城，均系明代长城。明朝洪武元年（1368年），明太祖朱元璋派大将徐达开始修建，但边墙低矮且无墩台。1568年戚继光任蓟镇总兵后，对从山海关至居庸关的长城加高加厚，并修筑敌楼和烽火台，至1571年工程完成。

现存长城主要由城墙、敌楼、关隘、烽火台等组成，现存敌楼435座，烽火台121座，关隘32个，另有马面（战台）19座。城墙大都用砖石砌筑，一般高10米，下宽6米，上宽5米。敌楼有砖木结构，也有砖石结构，分单层或双层，有平顶、穹隆顶、船篷顶等。关隘是当时可以关闭的狭窄出入通路，均用砖石砌成拱券形式，内外相通。烽火台是一独立的高台，台上有守望岗楼和燃烟设备，结构与长城基本相同，有用土夯而成，也有用砖石构筑的。

长期以来，由于自然和人为因素的破坏，长城城墙坍塌现象十分严重，只有少部分地段保存较好。而烽火台、谎城等附属建筑大部分破坏殆尽，城堡关隘中除了青山关保存较好外，其余也只存一些断壁残垣，有的已成废墟，甚至仅是遗迹。

历年来，唐山市政府及文物主管部门对长城的保护工作都相当重视，2004 年市政府办公厅专门印发了《关于加强世界文化遗产保护管理工作及制止在文物保护范围内乱采滥挖和无序开发利用工作的意见的通知》，进一步加大了对长城沿线的保护工作，在本地区建立起了保护管理的协调机制。

1. 迁安市

2006 年 7 月，迁安市文物管理所根据河北省文物局对长城保护管理和执法情况进行调研的通知精神，对迁安市境内长城进行了实地踏察、测量、拍照，对所辖的镇村作了细致的调查。

迁安长城修建于明代，为河北省文物保护单位。东起徐流口，西至红峪口，辖长城总长 45319.7 米，为砖石结构。砖砌城墙约占三分之一，石城墙约占三分之二，遭损坏约占 60%，其中较好的 46 座，残损的 69 座，仅存座基或残址 44 座。其中，主城墙 36800 米，支城墙 6900 米，楼基总长 1619.7 米，主城墙中砖包石结构 11400 米，古墙砖垛口 25400 米，支城墙全部为石砌。境内长城沿线建有敌楼 160 座，烽火台 11 座，战台 19 座。自东向西分布有徐流口、河流口、冷口、白羊峪口、红峪口和大龙王庙、白道子、新开岭通城便门。河流口、冷口、白羊峪口分别建有水关。两个重要关口，冷口以险称世，白羊关则以雄闻名，并称“雄关险口”。白羊峪口建有东西两座谎城，一座关城；冷口建有一座谎城、一座关城。以大庄水泉寺为界，向东归东协燕河西路管辖，向西归中协太平东路管辖。在冷口境内尖西楼往西北。

迁安在 1979 年至 1989 年间每年都要在长城所属的镇乡召开一次长城保护会议，文化部门曾三次考察长城，作了大量工作。

1993 年以来，市政府非常重视长城保护工作，深入进行长城调查，重新划定长城保护范围和建控地带，建立长城保护小组，聘请义务保护员。市政府组成长城考察领导小组，政协副主席彭忠臣带队并邀请唐山市政协领导会同文物部门于 2004 年 4 月、9 月从徐流口长城徒步走至河流口，考察了河流口、冷口。2005 年 5 月对大龙王庙、白羊峪、红峪口一线进行了考察。市政协准备年底出一部《迁安域内长城》专辑，各行热爱长城的文化人士都积极投身到考察长城的活动中来，老艺人唐桂义骑自行车从徐流口到红峪口撰写了长城的各种传说。党办退休人士走访长城各段写出大量文章。另外，市政府还组织文化工作者游览长城，开展写我长城、唱我长城、画我长城的活动，创作与长城有关的各类作品。

迁安文物工作者在河北省、唐山市文物部门的指导下，每月都要到长城巡查一次，并大力宣传文物保护法。群众的文物保护意识逐渐提高，随着旅游业的兴起和经济的发展，群众已形成自发的保护长城意识，白洋峪、冷口有自发的义务保护员，成立了长城驿站。

在开发的过程中，出现了一些偏差，造成一定的不良影响。红峪口段长城下端挖空，修了一条通关公路。这些破坏被曝光后，迁安市积极采取补救措施，请唐山文物管理处对白羊水关进行了科学考古挖掘，停止违反《文物保护法》有关规定的白羊峪段长城清理及加固工程，对白羊峪段已维修的部分城墙进行了科学的做旧处理；请具有古建维修资质的单位对红峪口段长城通关路口进行了勘测设计，进行了以恢复原貌为目的通关路段的修整及防渗加固的处理。2006 年 7 月，迁安市文物管理所根据河北省文物局对长城保护管理和执法情况进行调研的通知精神，对迁安市境内长城进行了实地踏察、测量、拍照，对所辖的镇村作了细致的调查。

2. 迁西县

迁西境内的长城，西起龙井关，东至擦崖子关，经过太平寨、金厂峪、上营、滦阳、汉儿庄 5 个乡镇 24 个行政村，宛如一道天然屏障，跨悬崖峭壁，越深山丛林，绵延 86.39 公里。这段长城，砖砌城墙

（包括双侧、单侧包砖两类）约占 1/4，石砌城墙（包括石砌砖垛口城墙及山险墙）约占 3/4，现存较完整城墙约 4 公里；敌楼 196 座，其中较好的 72 座，倒塌 78 座，只存残址 46 座。从西向东，依次有龙井关、榨子庵关、潘家口、喜峰口、铁门关、游乡口、董家口、青山关、榆木岭口、大岭寨口、城子岭口、擦崖子关等 12 个关隘。其中，青山关城堡保存较好，其余或辟为村庄，或仅存遗迹。

迁西境内的长城，皆为明长城。隆庆二年（1568 年），抗倭名将戚继光以钦差总理练兵事务兼镇守蓟州、永平、山海等处地方总兵官，驻守三屯营，大规模整修边墙。迁西境内现存的砖包长城，多是戚继光当年的杰作。

迁西境内起伏的山峦、峭拔的峰巅、嶙峋的悬崖，壮丽的潘家口水库，筑就了集雄伟、奇险于一身的长城景观。86.39 公里的长城盘旋起伏，蜿蜒翻腾，或巍峨耸立于峰巅，或攀爬递升于山腰，或凌空跨越于深谷，或出没于水库之中、造就“水下长城”奇观，宛若一条豪放的巨龙，充分显示了中国古代建筑艺术的绝妙、奇特和精彩。

近年来，长城的保护利用工作引起了当地政府的高度重视。县、乡镇政府成立了长城保护管理领导小组，沿线各村成立了保护小组。青山关长城也已经对外开放，向观光游客展示着浓郁的地方长城文化特色。

3. 遵化市

起点：蓟县与遵化交界处

（1）西起与蓟县交界处。新立上海村至楦门子段。

此段长城长度 4750 米，土石结构。此段烽火台 2 个。距起点 1500 米处，有将军墓遗址碑 1 块（无名）。至楦门子口西侧有河一条，宽 30 米。河流东侧有通往兴隆县的土路一条，宽 8 米。河东侧、长城南面残存石砌围城墙体 500 米，高度最高处 4 米。

此部分长城所处地段，山势陡峭，长城在西段起点黄花山部分仅存墙基。向东有小段残存墙体，其他大部分只余土筑部分，而山势平缓之处，则仅存遗址。

（2）楦门子至龙洞峪（4 号桥）段：

长城长度 2550 米。此段长城基本上只剩墙基，在山峰陡峭处，尚存有小段残破城墙。西距楦门子口 1050 米处，有一条长城支线，向北通往兴隆县境内，具体长度未能测量，所以情况不详。

此段长城主体，为土石结构，有一座砖砌敌楼，敌楼的主体残破。龙洞峪口西侧有一条通往兴隆县 10 米宽公路。此路东有一条河，宽 20 米。

（3）龙洞峪（4 号桥）至马兰关段：

长城长度 5755 米。清初修建皇帝陵寝时，将此段长城自马兰关口西侧 1200 米处向西，即第二个烽火台至龙洞口段全部拆除，所以自此处至龙洞峪口段，长城无有痕迹遗留。现仅在马兰关口西侧 1200 米段仅残存烽火台 1 个，本段墙体只剩墙基。长城为土石结构，马兰关口系土夯外包砖结构，外包砖已被拆尽。关口西侧长城南，建有石砌兵营外围城一座，西侧围墙基本完好。现兵营内为马兰关一村住户。马兰关口有宽 50 米河一条，河东岸有一条通往兴隆县 5 米宽的公路。

马兰关村北部、马兰关口东西两侧的民房，均紧邻长城脚下建筑。

（4）马兰关至上关段：

长城长度 8068 米。此段敌楼 9 个，烽火台 17 个。本段长城除敌楼为砖砌外，其余均为土石结构。大部分墙体均残破严重。在上关湖西侧山脚下，有通往兴隆县柏油公路一条，宽 8 米。路东侧为上关湖，湖体水面宽 1000 米。

（5）上关至大安口段：

长城长度为5356米。敌楼2个，烽火台9个。上关口修复后的一座敌楼完好，上关湖水面东侧新建敌楼东西长12米，新建砖石结构城墙58米。从上关湖向东701米处城墙北侧。有过水涵洞一个。此段长城，均为土石结构，主体都是依山势而建，山势陡峭，人迹罕至，所以长城大部分基本完好。

大安口西侧所开铁矿，距离长城仅30米。

大安口西侧，有通往兴隆县6米宽水泥浇筑公路一条，河流宽244米。

（6）大安口至冷嘴头段：

长城长度7500米。敌楼1个，烽火台4个。长城南双义村旧有石砌的城墙，双义村大部分住户都在城内建房。此段长城，大部分只余墙基，个别段尚余墙体。冷嘴头口，位于冷嘴头村北部，有三户村民的房屋建在关口上。冷嘴头关口西侧是一条宽15米的河流。河东有宽8米公路一条。

（7）冷嘴头至沙坡峪段：

长城长度3450米。烽火台1个，敌楼5个（其中一个完好），此段长城大部分残存严重，个别段落较完整，可见到仍有垛口和长城顶部的踏垛，是本市保存最好的段之一。沙坡峪口西侧有一条宽7米通往兴隆县的公路，路东山脚下，有一条宽83米河流。

（8）沙波峪至前后杖子关口段：

此段长城长8760米。敌楼9个，烽火台13个。此段长城保存较好，一些段还可见垛口和长城上的砖砌台阶。有两个敌楼主体残存部分较多。后杖子口有土路一条，路加河共200米，下有残存石砌围城450米。

（9）前后杖子至罗文峪关口段：

此段长城长2750米。敌楼3个，烽火台6个。此段长城残破较为严重，有些尚存部分石砌墙体，一座敌楼残存主体。罗文峪城，有残存围城700米。罗文峪关口西侧有通往兴隆县宽12米柏油公路一条，河西是一条河流，宽88米。关口处竖立省级长城保护标志碑一块，村庄北部有的民房建在150米范围内。

（10）罗文峪至秋科峪口段：

此段长城长1850米。敌楼9个，烽火台2个。此段长城罗文峪关口东侧有一敌楼保存较好，其他大部分为石砌墙体，大部分可见其轮廓。秋科峪口，有通往兴隆县一条7米宽公路。

（11）秋科峪至蔡家峪北弯道口段：

此段长城长1470米。敌楼1个，烽火台4个。城墙主体大部分为土筑石砌，破损严重。蔡家峪口有流河一条宽20米，枯水季节可通行人和车辆。

（12）蔡家峪北道口至马蹄峪关口段：

此段长城长2837米。烽火台9个，敌楼2个。本段长城为石砌，残破严重。马蹄峪口西侧有宽30米河流一条，河东侧有一条宽7米公路通往兴隆县。

（13）马蹄峪至洪山口段：

此段长城长18700米。烽火台37个，敌楼30个，其中5个保存较好。此段长城是遵化市保存最好的地段之一。长城墙体大部分为土筑石砌，鹫峰山顶有一段是用石块干垒。洪山口关东侧有一条宽7米宽通向兴隆县的公路。公路西侧是一条宽43米的河流。

（14）洪山口至野鸡峪段与迁西交界处：

长城长度2900米。敌楼7个，烽火台5个。此段长城，是保护得较为完整的段落。相当一部分城墙还存有垛口，一些长城上的台阶还存在，敌楼也保存较好。与其他段不同，本段长城主体结构为青砖包土石结构。

此次实地考察，勘察结果为总计遵化境内长城长度，不包括支线部分，其主体部分共76696米。

经考察可知，遵化境内的长城长度，比传统的90公里记载，少13.304公里。如果再加上长城的各支线部分，其长度更长。且遵化市境内的长城，其完好程度，要比人们平常想象的状况要好得多，更具有保护和开发价值。同时，也应该注意到，我们对于遵化段长城的研究工作，还应该提高重视程度，更进一步地做好相关的研究工作。

五、廊坊市（2个县）

1. 大城县

位于大城县境内长城堤，是战国时期燕南长城，长约80公里，分东西两线，东线从西子牙经辛庄子—南赵扶—八方—吕固献—刘固献—毛演马；西线从文安—王轴北—郭底—南楼堤—杨堤—咸堤—赵固献—毛演马。

由于年代久远，再加上多年来自然及人为破坏，长城堤几乎不见，只有几段留有些许影子，长城堤属河北省文物保护单位，现在由县文管所及所在乡镇文化站共同保护，设立了保护牌、保护标志，并设有长城保护员，现正申请县政府出台保护长城政策。

2. 文安县

战国长城由保定市雄县张青口村穿大清河，在北舍兴村西北进入文安县界。根据田野踏查并结合大清河南岸地貌，长城依大清河而东北走向，经新镇等村西，在鹿疃村西北转为东西走向，到苏桥村西北，大清河南堤与长城重合至左各庄村。长城到左各庄村龙潭湾再沿东淀西南缘、文安洼东北缘一线高地向东南，经张管营堤、南陶管营、滩里村西南、赵家营等村，在大长田村东南端分为东西两支。东支长城南偏东走向，沿子牙河与文安洼高地，经小长田村东、德归村西、西柴沟、南三岔口村西进入大城县界。西支长城自文安县大长田村东南端起，南偏西走向，经小长田村西，穿司吉城村，经夸大口村东，再沿文安县东南境东北—西南向垄岗高地，经康黄甫、徐黄甫村西、岳辛庄村西，在韩村西南转为东偏南走向，经前艾子村南进入大城县界。

暴露的墙体结构紧密坚硬，风干后呈浅黄白色，根据其土质、土色、结构等观察，与原生土和晚期堤埝、淤土有明显区别，当是人工堆垒夯筑而成。由于夯筑方法较为原始、质量差的缘故，致使夯层不甚清晰，夯窝极难辨认，东支长城调查中未有可见剖面。

在调查中，沿线共发现烽燧（俗称“烟墩”）遗迹四处。其中一处烽燧位于韩村东南，距长城南约25米，1973年前后平毁，当时面积约500平方米，高约1.65米，为硬度较大的沙胶混合土。

六、保定市（10个县）

全市概况：

保定境内共有长城513公里，包括中山长城，燕南长城，明长城，共分布于十一个县（市）：

（1）战国中山长城：现存部分长约93公里，宽约1.5－3.5米不等。修建于赵成侯六年，即公元前369年前后，多为土石结构。中山长城涞源段自涞源银坊镇黄土岭村北，向东南延伸。唐县段由黄石口乡周家堡村向南经顺平县坛山村等三个村庄由马耳山复入唐县，经过峒陇等8个村庄至大洋乡灌城村。顺平县神北段从神南乡神北村保涞公路东侧东山起，沿群山经新华村至向明村。曲阳县党城乡郑家庄村村西“大小人头山”上有一土石带，也是中山长城一部分。

（2）燕南长城：为战国时期燕国所筑，建于公元前332年至公元前311年，全长约135公里，黄土或黑黏土筑成。此段长城始自易县塘湖镇尉都乡境内，经10多个村庄入徐水县，又经解村等22个村庄入容城县小里镇黑龙口村，向北过易水入安新县，经过山西村等12个村庄至安新镇。

（3）明代长城：始建于明万历元年，竣工于明万历十三年，全长约285公里，属于内长城。涞水县段由北京小龙门入涞水岭南台，经三个村庄向西入涿鹿。涞源县段东北起于乌龙沟乡大庄村的苦壮石，向西南至马庄乡的上黄土台村茨字三号敌楼入山西境。阜平县段大多以山为墙，自三官村沿山西与河北界至老路口。易县紫荆关长城西起瓦窑关，东至奇峰口城堡。唐县倒马关长城主要分布在倒马关村。

1. 易县

全县境内共有长城70公里，明代长城——万里长城紫荆关52公里，燕南长城18公里。

紫荆关长城分布在县城西北45公里的紫荆关镇境内。西起紫荆关镇小盘石村南瓦窑关，东至奇峰口城堡止。分为关城、东线墙体、西线墙体、北线墙体和四个小城堡五部分组成。关城具有明显的建筑特点，大城套小城，在全国长城关隘中独具特色。紫荆关城墙基本保存完好，轮廓清晰。1993年易县文物保管所设立了文物保护工作站，派专人驻守，对紫荆关长城进行保护管理。

燕南长城位于易县塘湖镇、尉都乡境内，始建于战国时期，现在保存在地面上的土质城墙仅存5公里，途径大小10余个村庄。为燕国和赵国的界城。城墙采用夯筑法建造，夯层夯窝清晰，对了解战国时期燕国城墙建造史、地域分布具有较高的参考价值。目前燕南长城保护管理由县文物保管所负责，保存状况良好。

2. 徐水县

燕长城，始建于公元前332—311年，为燕南防御长城。燕长城自易县曲城村进入徐水县，穿瀑河水库，经解村、大马各庄、广门、曲城、大庞村、城西、遂城、东关、谢坊、王马、南张丰、前营、北上关、迁民庄、八四、南梨园、商庄、北徐城、林水、崔庄、商平庄、南韶庄等22个自然村，进入容城境内，全长约46公里。经历2000多年的风雨冲刷，人为破坏和解放后的的农田水利基本建设，大部分城墙被毁成为农田，现今断续残留墙体2671米。

自1985年建所以来，每年都对长城主要部位进行不定期检查，发现取土毁城现象，及时处理，并协调公安机关进行处罚，刹住了毁城取土的歪风。1984年，徐水县人民政府下发了关于对古遂城、燕长城、刘伶墓加强重点保护的紧急通知，1988年公布其为第一批县级文物保护单位，沿途各村明确一名村委干部负责长城的义务保护工作。

3. 唐县

唐县现存长城有战国中山长城和明代长城。其中：

（1）中山长城起自黄石口乡周家堡村，向南经由顺平县新华、神北、西大悲等村，在两县交界之马耳山处转入唐县，经峒陇、上赤城、上庄、万里、山南庄、西大洋、凤山庄、坡上等村，终止于大洋乡灌城村，其中在万里村南被西大洋水库淹没部分长城。中山长城大部分布于山脊和峭壁之上，基本采取“因地制宜、就地取材”原则，分为石砌和土石混砌两种。长城沿线还分布有烽燧和城址，烽燧分布于长城干线上，城址建于长城沿线内侧。长城大部分破坏严重，但遗迹尚存。全县境内中山长城总长共计44

公里。

（2）明长城主要分布在倒马关乡倒马关村，现存有关城和城墙，属内长城，全长约8.5公里，其中关城城墙2.5公里。主要遗迹有倒马关关城和烽燧。烽燧大都破坏严重，关城相对完好。

上述长城均未设专职保护机构，各长城沿线除倒马关外也均未设文物保护员。

4. 阜平县

阜平长城大多以山为墙，在险口要道处设门筑楼筑墙，或筑楼不筑墙，就山势高低险坦定墙的高与厚。自三官村始到老路口沿山西与河北边界约100公里。实体建筑分布在6个乡（镇）15个村的高山沟谷中。共有城墙6处，敌楼11座，烽火台8座，关城1座。其中损毁严重的城墙1处，遗迹5处；基本完整的敌楼6座，损毁严重的5座，遗迹1座；损毁严重的烽火台2座，遗迹6座；关城1个（仅剩一个城门）；较大的关口有城岭口、吴王口、铁岭口、老路，其中长城岭口长城规模较大，筑有城墙、关门、战台和敌楼，长1公里，经晋奉战争，阜忻公路断墙而过，损毁严重。

2003年阜平县人民政府提出了《关于阜平境内长城保护管理工作的实施意见》（35号）。建立了以县长为组长，主管副县长为副组长，相关乡（镇）长、公安局长、文体局长为成员的长城保护管理工作领导小组，制定了长城保护专项地方法规，设立了保护员。

5. 涞源县

涞源县长城包括中山国长城和明长城，中山国长城位于银坊镇黄土岭村东北方向，此长城全长5公里，东西一道长100米的长城截断整个峡谷，峡谷西侧山上筑一个圆圈形，象假城堡的长城，周长4000米。低洼处用夯土筑墙，山梁处用毛石砌筑，残毁严重。

涞源县明代长城，东北起于乌龙沟乡，大庄村的苦壮石山，西南至马庄乡上黄土台村的茨字三号敌楼，全长116公里，有城堡6座，敌楼264座，战台44座，烽火台38座，马面38座，敌楼台号分为乌字、浮字、宁字、白字、插字、茨字。地垫险要处以山代墙，从2004年起设置18名长城保护员，对长城进行保护管理。

6. 顺平县

顺平县境内长城为古中山国长城，现存部分分马耳山段和神北段两部分，共长44公里。据《史记·赵世家》记载，该长城修建于赵成侯六年（公元前369年），多为土石结构，个别地点留有白灰痕迹。

马耳山段从河口乡坛山村马耳山由唐县入境，沿马耳山经柏山村西西折过大岭后村，沿山脊蜿蜒至富有村唐河东岸止，又从唐河西岸至唐县南洪城复入唐县境，神北段从神南张神北村保涞公路东侧东山起，沿群山经新华村至向明村。

顺平县境内现存长城大部分毁损严重，地面部分尚存地基部分，宽度随山势从1.5米—3.5米不等，高度一般不足1米。马耳山段大岭后村部分段高1.8米，神北段存烽火台遗址一座，高2米，直径11.5米。大岭后村部分在七十年代建微波站及修上山路时毁坏部分长城，近期在长城外侧一米处建移动通信塔一座。

目前，长城保护管理机构尚不健全。

7. 容城县

黑龙口燕长城位于容城小里镇黑龙口村东。1987年容城县人民政府公布为县级文物保护单位。2006年7月17日文管所再次对黑龙口燕长城进行实地测量。此段长城为东西走向。现存长度50米，高度为0.8－1.2米，上面长满野酸枣树。底宽6米，顶宽4－5米，黑黏土夯实而成，夯层厚度17厘米。

据《中国历史地图集》第一册记载，这段界堤是战国燕赵两国的分界线，也是燕国南长城的一段。无专职长城保护员，标志牌已被破坏。

8. 曲阳县

中山长城，位于保定市曲阳县党城乡郑家村村西“大小人头山”之间的山脊上，大致呈东北——西南走向，残存长度约72米，土石混筑，战国时期修建，现在长城已基本无存，仅一条碎石带，宽约1米，很明显是构筑物坍塌所成的。

在长城遗址南不远处发现两块石头上，凿有两个舂臼，直径约30厘米，深约20厘米，这很可能是守城官兵舂米使用过的。

9. 安新县

安新古长城，西起三台镇山西村，东至安新镇大张庄村，全长16公里，途径12个自然村，5条公路，呈梯形，黄土结构。

据《保定府志》载，长城在安肃县西北，战国时为燕赵分界线。《水经注》载：易水又东流，屈经长城西。其地今名长城口，东接新安西北的三台镇，这是燕赵两国的长城。燕赵以易水为界（指南易水）为今瀑河，长城自黑龙口以西，在易水南岸，以东在易水北岸入三台山西村折而向南，因旧城址而筑堤，就是新北堤，现新安堤，即燕国北长城（高5米，宽2.5米）。

10. 涞水县

涞水县有大龙门城堡和蔡树庵长城。

大龙门城堡位于涞水县九龙镇大龙门村，建于明代中叶，是涞水县通往涿鹿的咽喉孔道和军家必争之要塞。城堡西南以山为嶂，东南、东北、西北三隅有拒马河支流小西河急流环绕。城墙多以条石、青砖及石渣垒砌，高约5至8米，宽4米，上筑战台和垛口，周长2公里，有东西二门，城门尚好，西门原有“镇宣威武”门额（已毁）；东门嵌有明万历十年镌门额“屏翰都寿”，保存尚完好。

蔡树庵长城位于涞水县九龙镇蔡树庵村村西北 的山上 ，此段长城建于明代，全长约2公里 ，西连涿鹿县马永口，中经涞水大龙门、柏林城、岭南台，东接北京市的小龙门，沿城共有敌楼7座、战台5个、烽火台4个、城堡1座。

城墙依山而筑，高低不一，皆用不规则的石块垒砌，墙壁内外整齐，内填石渣和黄土，墙顶用片石垒砌。

战台，烽火台多处，是一段较完整的防御体系，现在墙体、敌楼、战台保存基本完好，只有个别部位破损严重。

七、石家庄市（4个县）

全市概况：

石家庄市境内长城分布在灵寿、赞皇、平山、井陉西部四县，其中赞皇为魏长城，明代重修，其他三县为明代长城。

1. 灵寿县

白草沟口长城位于南营乡的抓麻村，城墙分两部分，公路西南段城墙长130余米，宽3米，残高1.2米，顺山势分布在海拔960米的山坡上。城墙以山石垒成，顶端是山顶，下端是河道，河边是公路，与西南对向的东北山梁上也有一城墙，长177米，宽2.5米，残高1.2米，此地海拔772米，用材也是此山石砂土垒成，经实地勘查，现在西段城墙断头处的山沟，就是《灵寿县志》中所指的“白草沟口”。根据实地调查与《灵寿县志》记载对照，它应列为明长城之属。现由当地村委会保护。

2. 赞皇县

赞皇县长城均为魏长城，今天看到的为明代重修遗址，它的修建是利用山脉的悬崖作为天然屏障，采用堵沟设口的办法，就地取石垒筑而成。境内现存长城遗址约50公里，其间有五个关口，从南到北有北泥登口、虎寨口、段岭口、黄沙岭口、白城口，现存较完整的以黄北坪乡的上段、下段的段岭口和许亭乡的黄沙岭口一带的古长城保存较好。

近年来，县委县政府已将棋盘山开发为旅游区，上段、下段的古长城段岭口作为旅游区一大景点，越来越受到人们的重视。

3. 平山县

平山县境内现存长城24处，南自清风口北至安门口，随山势沟岩而建，长度不等。始建于明成化至嘉靖年间，长城建筑用材单一，就地取材，结构简陋。有些地段墙皮以沙石垒砌，石灰抹缝。大部分长城残破严重，有的仅存遗迹，保护管理主要依靠长城所在乡镇和村委会，保护管理手段滞后。

4. 井陉县

石家庄市井陉县明长城：长700米左右，位于达滴岩口，长城向北三县垴到王母窑之间，有战台1处，长宽等距为4米，残高0.5米，毛石料砌筑。主要有小寺明长城，位于武功口西4公里的小寺与盂县交界处，长200米，顶宽1.2米，底宽1.7米，残高1米，青石垒筑。武功口长城，位于寺掌峪山巅，长800余米，上宽0.8米，底宽1.5米，高1.5米，在武功口北设有烽火台1座，从残迹看4米见方。黄龙口长城，位于黄龙口东南5公里地都村南500米的城墙岭上，残长150米，随山岭起伏，城墙由宽变窄，宽处底座4米，残高2.1米，窄处底座2.2米，残高1.5米。险隘口长城，位于井陉县松树岭村山岭上，长2000余米，底宽2米，上宽1米，残高2米，在城墙中段有战台1处，底宽8.5米，残高3米，双层石砌筑。杨庄口长城，残长1800米，城墙破坏严重，青石条砌基，外包青砖。达滴岩口长城，长300米，位于白土岭西北，随山岭起伏，城墙由宽变窄，呈斜坡梯形，底宽3.5米，上宽0.7米，残高3－1米，毛石砌筑，其上有战台一处，长5.7米，宽3.8米，残高1.9米，烽火台一座，顶宽8米，残高4米，底宽8米。神堂口长城，位于神堂口西砸脚山下，长314米，上宽2.6米，下宽3米，残高2.6米，顶层垫土0.15米，中段有战台一处，底宽3.4米，高2.5米，单层垒墙5米见方，残高2.9米。

八、邢台市（3个县、市）

全市概况：

邢台境内现存明代长城共有6处，分别为：内邱鹤度岭长城；沙河市的大岭口长城和黄背岩长城（又称郭公关）；邢台县地区的马岭关长城、支锅岭长城和黄榆关长城。

长城依山而建，地处偏僻，除当地村民放羊、放牛外少有人至。其损坏程度不一，绝大部分为自然损坏，少部分人为损坏。

1. 沙河市

沙河市区域的明代内长城，位于沙河市西部山区蝉房乡，距市区约80公里，西南由黄背岩与武安市相邻，西北与邢台县接壤，全长共计约6公里，建于明代嘉靖二十一年，由顺德府同知郭从路督修。1982年公布为河北省文物保护单位，命名为“万里长城”。

该段明长城为河北省文物保护单位，由沙河市文物保护管理所管理，义务保护员分别为刘海明、刘聚海、刘聚明三位同志负责保护管理工作。

2. 内邱县

此段长城名称为鹤度岭明长城，始建于明嘉靖二十年（1541年），完成于嘉靖二十一年（1542年），系内邱知县杜世爵为防“虏贼”侵扰而建。整个墙体呈月牙状，现存南、北、西三面墙体，全长141米，现保存基本完好。

3. 邢台县

境内有明长城多处，现保存有马岭关、支锅岭、黄榆关三处，分述如下：

（1）马岭关长城：明嘉靖年间始建，为太行山区五大古关之一，现有残墙约800米，其特点是因山险制宜，绝大部分利用悬崖绝壁化墙，位于宋家庄乡明水掌村西约1.5公里处，东、南、北三面环山，西临深涧，中央为小盆地，中央筑有东、西二墙，各开一间，南北峰有烽火台，现状为东墙大部分塌毁，垛口仅留有残迹。1984年重修东门。

（2）支锅岭长城：建于明嘉靖二十一年，现有残墙体150米，位于浆水营房台村西3.5公里处，因附近三岭起伏似支锅而得名，外侧墙体残高3米内侧残高为4—5米，东南坍塌严重，关门外侧保存较好，因远离村镇无专人管理。

（3）黄榆关长城：始建于明洪武三年，为邢台县最早的一段长城，位于冀家村乡营里西南2.3公里处，东城壁立，西坡平缓呈南北走向，主体建筑塌毁严重，营堡仅存建筑基石。

（九）邯郸市（1个县级市）

全市概况：

历史上邯郸境内曾两度修筑长城，一次为战国时期，赵国沿漳、滏之滨修筑的赵国南长城，另一次为明代中后期沿太行山脉修筑的内长城（这一部分长城概况见武安市部分）

关于赵南长城：邯郸境内赵南长城已无迹可寻，仅个别区县资料中偶尔提及，但多数属于传说和推测，没有实际证据。主要有：据《史记·赵世家》记载：赵肃侯“十七年，围魏黄，不克。筑长城”。还说：赵武灵王十九年，“召楼缓谋曰：我先王因世之变，长南藩之地，属阻漳、滏之险，立长城”。这是赵筑长城以及赵南长城位居漳、滏之滨最早、最直接的文献依据。不过，文物部门经过多次调查，在漳、滏沿岸始终未能发现这条长城的遗迹和线索，现在有关赵南长城的位置、走向等方面的资料，多数属于根据上述文献所作的推测，少数可能来自民间传说。

1. 武安市

境内的长城主要是明代长城，分布于武安市西北部太行山各支脉之巅或山口处，基本上属于关隘障卡式长城，其间并无连绵不断的墙体。

长城北自邢台西部黄榆关、支锅岭口方向而来，最北端位于武安市西北部活水乡奈何坪村西的摩天岭主峰上，该峰是武安、邢台、左权三县交界处。根据山势走向及关口、墙体的分布，大体上可分为东、西、中三个分支。

东支以摩天岭主峰旁的峻极关为起点，沿老爷山脉经黄背岩口继续前行，经和尚山转大青山又转向东南，经大嵌岩至炮台岩口出。

中支以小摩天岭山脉向东南方延伸，过后柏山。

西支由摩天岭主峰沿武安与左权之间的分水岭向南，经青虎寨进入十八盘山脉至涉县境内。

现在墙体全长约2公里，大部为荒石砌筑，有的地方为石边土心，少数地方用白灰勾缝或泥浆灌浆。墙体大部分遭破坏或坍塌，但多数还保留高低不一的残基。墙顶有的还保留护栏墙或雉垛，墙体断面呈长方形或梯形，底宽0.8－1.5米。关隘多设在交通要冲上，分关门、关城、亭障等形式。其中黄泽关设关城，峻极关和大嵌岩设关门。多用荒石砌筑，仅黄泽关城门上部为砖砌拱券。现城楼、亭障等建筑全部已毁，敌楼、烽火台等多已坍塌。

总的来说，武安市境内的明代长城破坏严重，由于其地处深山，加上诸多因素制约，管理比较困难。

附件四：

河北省长城保护管理和执法情况调研统计表

河北省长城保护管理主管部门各市汇总表

地市	总数（处）	文物（文化）部门主管		旅游（文物）部门主管		其他部门主管		
		数量（处）	长度（公里）	数量（处）	长度（公里）	数量（处）	长度（公里）	备注
承德	34	34	700.81					
保定	48	27	43.54	15	147.6	6（唐县）	52.5	建设部门
秦皇岛	22	22	862.06					
邢台	6	6	7.29					
邯郸	6	6	2.30					
石家庄	38	38	58.95					
廊坊	2	2	136					
唐山	22	22	212.59					
张家口	88	88	1476					
总计	266	245	3499.54	15	147.6	6	52.5	总长3699.64其中明代长城：2615.86

河北省长城开放利用情况表

长城名称	开发人	开放方式	批准机关	年门票收入	备注
张家口大境门	张家口市桥西区文化体育局	政府部门自主经营	区政府	2 万	
赞皇县段岭口长城	赞皇县旅游局	政府部门自主经营	县政府		
抚宁董家口长城	陈杰、李文学（个人联营）	租赁经营	市委市政府	10 万	
山海关老龙头	山海关区文物局	政府部门自主经营	省文物局	2190.5 万	
山海关天下第一关	山海关区文物局	政府部门自主经营	省文物局	1715.5 万	
山海关角山长城	山海关区文物局	政府部门自主经营	省文物局	187.5 万	
卢龙桃林口长城	县政府		县政府		正在开发中
迁安白羊峪长城	大崔庄镇白羊峪村	村自主经营	县政府	10 万	
迁西榆木岭长城	迁西县旅游局	政府部门自主经营	县政府	10 万	
迁西青山关	县旅游局、国家民族宗教委	联合开发（合资）	县政府	10 万	
滦平县金山岭长城	长城管理处	政府部门自主经营	县政府	200 万	
宽城喜峰口长城	县文化旅游局	塞外潘龙湖景区内	县政府		
涞源白石口长城	涞源县旅游文物局	随白石山景区开发	县政府		

张家口市长城保护范围和建设控制地带情况表

县（区）	序号	长城名称	类型	所处地理位置	划定时间	公布机关	保护范围宽度	建设控制地带宽度	是否适应当前需要
赤城县	1	赤城明长城北栅子至马莲口段（明）	石砌	独石口西北，与沽源县交界处	1982	河北省人民政府	边墙均以墙基边缘为基线向两侧各外扩 50 米。独体设施（墩台、烽燧、城堡等）：均以基础外缘为基线，四周各外扩 50 米。	边墙：均以保护范围为基线，向两侧各外扩 100 米。独体设施（墩台、烽燧、城堡等）：均以保护范围边线为基线，四周各外扩 100 米。	是
	2	赤城明长城大边至小庄科段（明）	石垒砌	起自后城镇大边村向北经拦马道大庄科至小庄科	1982	河北省人民政府	边墙均以墙基边缘为基线向两侧各外扩 50 米。独体设施（墩台、烽燧、城堡等）：均以基础外缘为基线，四周各外扩 50 米。	边墙：均以保护范围为基线，向两侧各外扩 100 米。独体设施（墩台、烽燧、城堡等）：均以保护范围边线为基线，四周各外扩 100 米。	是
	3	赤城明长城虎龙沟至栅子口段（明）	石砌	起自云州虎龙沟，经冰山梁至独石口栅子口，为赤城县与沽源县的交界线	1982	河北省人民政府	边墙均以墙基边缘为基线向两侧各外扩 50 米。独体设施（墩台、烽燧、城堡等）：均以基础外缘为基线，四周各外扩 50 米。	边墙：均以保护范围为基线，向两侧各外扩 100 米。独体设施（墩台、烽燧、城堡等）：均以保护范围边线为基线，四周各外扩 100 米。	是
	4	赤城明长城马莲口至海家窑段（明）	石砌	赤城马营乡西北与崇礼县交界	1982	河北省人民政府	边墙均以墙基边缘为基线向两侧各外扩 50 米。独体设施（墩台、烽燧、城堡等）：均以基础外缘为基线，四周各外扩 50 米。	边墙：均以保护范围为基线，向两侧各外扩 100 米。独体设施（墩台、烽燧、城堡等）：均以保护范围边线为基线，四周各外扩 100 米。	是
	5	赤城明长城青虎沟至虎龙沟段（明）	石砌	起自青虎沟，向西北经长梁至虎龙沟的高山上	1982	河北省人民政府	边墙均以墙基边缘为基线向两侧各外扩 50 米。独体设施（墩台、烽燧、城堡等）：均以基础外缘为基线，四周各外扩 50 米。	边墙：均以保护范围为基线，向两侧各外扩 100 米。独体设施（墩台、烽燧、城堡等）：均以保护范围边线为基线，四周各外扩 100 米。	是
	6	赤城明长城青羊沟北至窑湾段（明）	石砌	龙关西与崇礼县交界处	1982	河北省人民政府	边墙均以墙基边缘为基线向两侧各外扩 50 米。独体设施（墩台、烽燧、城堡等）：均以基础外缘为基线，四周各外扩 50 米。	边墙：均以保护范围为基线，向两侧各外扩 100 米。独体设施（墩台、烽燧、城堡等）：均以保护范围边线为基线，四周各外扩 100 米。	是

（续表）

县（区）	序号	长城名称	类型	所处地理位置	划定时间	公布机关	保护范围宽度	建设控制地带宽度	是否适应当前需要
	7	赤城明长城清平楼口至青虎沟段（明）	石砌	起自清平楼口，北行经北高山至青虎沟的高山上	1982	河北省人民政府	边墙均以墙基边缘为基线向两侧各外扩 50 米。独体设施（墩台、烽燧、城堡等）：均以基础外缘为基线，四周各外扩 50 米。	边墙：均以保护范围为基线，向两侧各外扩 100 米。独体设施（墩台、烽燧、城堡等）：均以保护范围边线为基线，四周各外扩 100 米。	是
	8	赤城明长城小庄科至清平楼口段（明）	石砌	龙门所东，与茨营子乡交界的高山上	1982	河北省人民政府	边墙均以墙基边缘为基线向两侧各外扩 50 米。独体设施（墩台、烽燧、城堡等）：均以基础外缘为基线，四周各外扩 50 米。	边墙：均以保护范围为基线，向两侧各外扩 100 米。独体设施（墩台、烽燧、城堡等）：均以保护范围边线为基线，四周各外扩 100 米。	是
	9	赤城明长城鹰窝沟至葵花村西山段（明）	石砌	镇宁堡西与崇礼县交界	1982	河北省人民政府	边墙均以墙基边缘为基线向两侧各外扩 50 米。独体设施（墩台、烽燧、城堡等）：均以基础外缘为基线，四周各外扩 50 米。	边墙：均以保护范围为基线，向两侧各外扩 100 米。独体设施（墩台、烽燧、城堡等）：均以保护范围边线为基线，四周各外扩 100 米。	是
	10	赤城明长城栅子口至北栅子段（明）	石砌	独石口北，赤城县与沽源县交界处	1982	河北省人民政府	边墙均以墙基边缘为基线向两侧各外扩 50 米。独体设施（墩台、烽燧、城堡等）：均以基础外缘为基线，四周各外扩 50 米。	边墙：均以保护范围为基线，向两侧各外扩 100 米。独体设施（墩台、烽燧、城堡等）：均以保护范围边线为基线，四周各外扩 100 米。	是
	11	赤城唐长城八里庄村西至周村东段	土夯筑	起自龙关镇八里庄村西经盘道村至周村东	1982	河北省人民政府	边墙均以墙基边缘为基线向两侧各外扩 50 米。独体设施（墩台、烽燧、城堡等）：均以基础外缘为基线，四周各外扩 50 米。	边墙：均以保护范围为基线，向两侧各外扩 100 米。独体设施（墩台、烽燧、城堡等）：均以保护范围边线为基线，四周各外扩 100 米。	是
	12	赤城唐长城雕鄂段	石砌	位于雕鄂镇北	1982	河北省人民政府	边墙均以墙基边缘为基线向两侧各外扩 50 米。独体设施（墩台、烽燧、城堡等）：均以基础外缘为基线，四周各外扩 50 米。	边墙：均以保护范围为基线，向两侧各外扩 100 米。独体设施（墩台、烽燧、城堡等）：均以保护范围边线为基线，四周各外扩 100 米。	是

（续表）

县（区）	序号	长城名称	类型	所处地理位置	划定时间	公布机关	保护范围宽度	建设控制地带宽度	是否适应当前需要
	13	赤城唐长城康庄东山至下虎村西段	土夯筑	赤城县雕鄂镇康庄村	1982	河北省人民政府	边墙均以墙基边缘为基线向两侧各外扩 50 米。独体设施（墩台、烽燧、城堡等）：均以基础外缘为基线，四周各外扩 50 米。	边墙：均以保护范围为基线，向两侧各外扩 100 米。独体设施（墩台、烽燧、城堡等）：均以保护范围边线为基线，四周各外扩 100 米。	是
	14	赤城唐长城黎家堡段	石砌	位于雕鄂镇黎家堡村北	1982	河北省人民政府	边墙均以墙基边缘为基线向两侧各外扩 50 米。独体设施（墩台、烽燧、城堡等）：均以基础外缘为基线，四周各外扩 50 米。	边墙：均以保护范围为基线，向两侧各外扩 100 米。独体设施（墩台、烽燧、城堡等）：均以保护范围边线为基线，四周各外扩 100 米。	是
	15	赤城唐长城名旺庄段	石砌	位于后城镇名旺庄西山	1982	河北省人民政府	边墙均以墙基边缘为基线向两侧各外扩 50 米。独体设施（墩台、烽燧、城堡等）：均以基础外缘为基线，四周各外扩 50 米。	边墙：均以保护范围为基线，向两侧各外扩 100 米。独体设施（墩台、烽燧、城堡等）：均以保护范围边线为基线，四周各外扩 100 米。	是
	16	赤城唐长城前所西土石交界处至崇礼、赤城、宣化交界处	毛石垒砌	起自龙关前所村西山下至赤城、崇礼、宣化交界处的高山上	1982	河北省人民政府	边墙均以墙基边缘为基线向两侧各外扩 50 米。独体设施（墩台、烽燧、城堡等）：均以基础外缘为基线，四周各外扩 50 米。	边墙：均以保护范围为基线，向两侧各外扩 100 米。独体设施（墩台、烽燧、城堡等）：均以保护范围边线为基线，四周各外扩 100 米。	是
	17	赤城唐长城三岔口村南至三岔口村西段	土夯筑	龙关镇三岔口村	1982	河北省人民政府	边墙均以墙基边缘为基线向两侧各外扩 50 米。独体设施（墩台、烽燧、城堡等）：均以基础外缘为基线，四周各外扩 50 米。	边墙：均以保护范围为基线，向两侧各外扩 100 米。独体设施（墩台、烽燧、城堡等）：均以保护范围边线为基线，四周各外扩 100 米。	是
	18	赤城唐长城三岔口村西至八里庄村东段	土夯筑	龙关镇三岔口村经高家沟村西至八里庄村东	1982	河北省人民政府	以墙基边缘为界向两侧各扩 50 米	以保护范围为基线向外扩 100 米	是
	19	赤城唐长城上虎村北至三岔口村南段	土夯筑	雕鄂镇上虎村北至龙关镇三岔口村南	1982	河北省人民政府	以墙基边缘为界向两侧各扩 50 米	以保护范围为基线向外扩 100 米	是

（续表）

县（区）	序号	长城名称	类型	所处地理位置	划定时间	公布机关	保护范围宽度	建设控制地带宽度	是否适应当前需要
	20	赤城唐长城下虎村东至上虎村北段	土夯筑	雕鄂镇下虎村西，经上虎村至上虎村北	1982	河北省人民政府	边墙均以墙基边缘为基线向两侧各外扩 50 米。独体设施（墩台、烽燧、城堡等）：均以基础外缘为基线，四周各外扩 50 米。	边墙：均以保护范围为基线，向两侧各外扩 100 米。独体设施（墩台、烽燧、城堡等）：均以保护范围边线为基线，四周各外扩 100 米。	是
	21	赤城唐长城周村东至前所西段	土夯筑	经周村、武家窑村南、前所村至西山土石交界处	1982	河北省人民政府	边墙均以墙基边缘为基线向两侧各外扩 50 米。独体设施（墩台、烽燧、城堡等）：均以基础外缘为基线，四周各外扩 50 米。	边墙：均以保护范围为基线，向两侧各外扩 100 米。独体设施（墩台、烽燧、城堡等）：均以保护范围边线为基线，四周各外扩 100 米。	是
	22	赤城北齐长城青羊沟至骆驼嵯段	土石混筑	东万口乡青羊沟村东与云州交界处	1982	河北省人民政府	边墙均以墙基边缘为基线向两侧各外扩 50 米。独体设施（墩台、烽燧、城堡等）：均以基础外缘为基线，四周各外扩 50 米。	边墙：均以保护范围为基线，向两侧各外扩 100 米。独体设施（墩台、烽燧、城堡等）：均以保护范围边线为基线，四周各外扩 100 米。	是
崇礼县	23	白旗乡野鸡山至清三营乡谷嘴夭（明）	石砌	白旗乡野鸡山以北、清三营乡	1982	河北省人民政府	边墙均以墙基边缘为基线向两侧各外扩 50 米。独体设施（墩台、烽燧、城堡等）：均以基础外缘为基线，四周各外扩 50 米。	边墙：均以保护范围为基线，向两侧各外扩 100 米。独体设施（墩台、烽燧、城堡等）：均以保护范围边线为基线，四周各外扩 100 米。	是
	24	高家营镇二道边至三道边明长城（明）	石砌	高家营镇二道边	1982	河北省人民政府	边墙均以墙基边缘为基线向两侧各外扩 50 米。独体设施（墩台、烽燧、城堡等）：均以基础外缘为基线，四周各外扩 50 米。	边墙：均以保护范围为基线，向两侧各外扩 100 米。独体设施（墩台、烽燧、城堡等）：均以保护范围边线为基线，四周各外扩 100 米。	是
	25	高家营镇三道边至水晶屯明长城（明）	石砌	高家营镇三道边村、石板沟村、水晶屯村	1982	河北省人民政府	边墙均以墙基边缘为基线向两侧各外扩 50 米。独体设施（墩台、烽燧、城堡等）：均以基础外缘为基线，四周各外扩 50 米。	边墙：均以保护范围为基线，向两侧各外扩 100 米。独体设施（墩台、烽燧、城堡等）：均以保护范围边线为基线，四周各外扩 100 米。	是

（续表）

县（区）	序号	长城名称	类型	所处地理位置	划定时间	公布机关	保护范围宽度	建设控制地带宽度	是否适应当前需要
	26	高家营镇水晶屯村明长城（明）	土石混筑	高家营镇晶屯村	1982	河北省人民政府	边墙均以墙基边缘为基线向两侧各外扩 50 米。独体设施（墩台、烽燧、城堡等）：均以基础外缘为基线，四周各外扩 50 米。	边墙：均以保护范围为基线，向两侧各外扩 100 米。独体设施（墩台、烽燧、城堡等）：均以保护范围边线为基线，四周各外扩 100 米。	是
	27	高家营镇水晶屯路至四台嘴乡马驹沟村（明）	石砌	高家营镇水晶屯村、四台沟村、四台嘴乡	1982	河北省人民政府	边墙均以墙基边缘为基线向两侧各外扩 50 米。独体设施（墩台、烽燧、城堡等）：均以基础外缘为基线，四周各外扩 50 米。	边墙：均以保护范围为基线，向两侧各外扩 100 米。独体设施（墩台、烽燧、城堡等）：均以保护范围边线为基线，四周各外扩 100 米。	是
	28	高家营镇头道边至二道边明长城（明）	石砌	崇礼县高家营镇头道边	1982	河北省人民政府	边墙均以墙基边缘为基线向两侧各外扩 50 米。独体设施（墩台、烽燧、城堡等）：均以基础外缘为基线，四周各外扩 50 米。	边墙：均以保护范围为基线，向两侧各外扩 100 米。独体设施（墩台、烽燧、城堡等）：均以保护范围边线为基线，四周各外扩 100 米。	是
	29	四台嘴乡老虎沟至白旗乡野鸡山段明长城（明）	石砌	白旗乡老虎沟以北、西湾子镇盆底坑、白旗乡	1982	河北省人民政府	边墙均以墙基边缘为基线向两侧各外扩 50 米。独体设施（墩台、烽燧、城堡等）：均以基础外缘为基线，四周各外扩 50 米。	边墙：均以保护范围为基线，向两侧各外扩 100 米。独体设施（墩台、烽燧、城堡等）：均以保护范围边线为基线，四周各外扩 100 米。	是
	30	四台嘴乡马驹沟至四台嘴乡老虎沟段明长城（明）	石砌	四台嘴乡马驹沟村、白旗乡营岔村、老虎沟村	1982	河北省人民政府	边墙均以墙基边缘为基线向两侧各外扩 50 米。独体设施（墩台、烽燧、城堡等）：均以基础外缘为基线，四周各外扩 50 米。	边墙：均以保护范围为基线，向两侧各外扩 100 米。独体设施（墩台、烽燧、城堡等）：均以保护范围边线为基线，四周各外扩 100 米。	是
	31	崇礼县坝顶段秦长城	土石杂混	崇礼县石夭子乡坝顶	1982	河北省人民政府	边墙均以墙基边缘为基线向两侧各外扩 50 米。独体设施（墩台、烽燧、城堡等）：均以基础外缘为基线，四周各外扩 50 米。	边墙：均以保护范围为基线，向两侧各外扩 100 米。独体设施（墩台、烽燧、城堡等）：均以保护范围边线为基线，四周各外扩 100 米。	是

（续表）

县（区）	序号	长城名称	类型	所处地理位置	划定时间	公布机关	保护范围宽度	建设控制地带宽度	是否适应当前需要
	32	桦皮岭到野鸡山燕北长城	土筑	崇礼县清三营乡、白旗乡	1982	河北省人民政府	边墙均以墙基边缘为基线向两侧各外扩 50 米。独体设施（墩台、烽燧、城堡等）：均以基础外缘为基线，四周各外扩 50 米。	边墙：均以保护范围为基线，向两侧各外扩 100 米。独体设施（墩台、烽燧、城堡等）：均以保护范围边线为基线，四周各外扩 100 米。	是
	33	喇嘛窑村至窑子沟村燕秦长城	土筑	崇礼县五十家乡喇嘛窑村、五台窑村、窑子沟	1982	河北省人民政府	边墙均以墙基边缘为基线向两侧各外扩 50 米。独体设施（墩台、烽燧、城堡等）：均以基础外缘为基线，四周各外扩 50 米。	边墙：均以保护范围为基线，向两侧各外扩 100 米。独体设施（墩台、烽燧、城堡等）：均以保护范围边线为基线，四周各外扩 100 米。	是
沽源县	34	明长城红泥滩段（明）	土石混筑	东起三道林林场，西至红泥滩南山	1982	河北省人民政府	边墙均以墙基边缘为基线向两侧各外扩 50 米。独体设施（墩台、烽燧、城堡等）：均以基础外缘为基线，四周各外扩 50 米。	边墙：均以保护范围为基线，向两侧各外扩 100 米。独体设施（墩台、烽燧、城堡等）：均以保护范围边线为基线，四周各外扩 100 米。	是
	35	明长城西坝段（明）	土石混筑	东起三道林林场，西至红泥滩南山	1982	河北省人民政府	边墙均以墙基边缘为基线向两侧各外扩 50 米。独体设施（墩台、烽燧、城堡等）：均以基础外缘为基线，四周各外扩 50 米。	边墙：均以保护范围为基线，向两侧各外扩 100 米。独体设施（墩台、烽燧、城堡等）：均以保护范围边线为基线，四周各外扩 100 米。	是
	36	燕、秦、汉、北魏长城段木梁段	土石混筑	东起盘道沟村北山，西至段木梁	1982	河北省人民政府	边墙均以墙基边缘为基线向两侧各外扩 50 米。独体设施（墩台、烽燧、城堡等）：均以基础外缘为基线，四周各外扩 50 米。	边墙：均以保护范围为基线，向两侧各外扩 100 米。独体设施（墩台、烽燧、城堡等）：均以保护范围边线为基线，四周各外扩 100 米。	是
	37	燕、秦、汉、北魏长城西坝段	土石混筑	段木梁公路西侧至西坝南山	1982	河北省人民政府	边墙均以墙基边缘为基线向两侧各外扩 50 米。独体设施（墩台、烽燧、城堡等）：均以基础外缘为基线，四周各外扩 50 米。	边墙：均以保护范围为基线，向两侧各外扩 100 米。独体设施（墩台、烽燧、城堡等）：均以保护范围边线为基线，四周各外扩 100 米。	是

（续表）

县（区）	序号	长城名称	类型	所处地理位置	划定时间	公布机关	保护范围宽度	建设控制地带宽度	是否适应当前需要
	38	燕长城	黄土建筑	沽源县东北部，南起东米地沟村北，北至沽源与内蒙多伦县公路交叉口	1982	河北省人民政府	边墙均以墙基边缘为基线向两侧各外扩 50 米。独体设施（墩台、烽燧、城堡等）：均以基础外缘为基线，四周各外扩 50 米。	边墙：均以保护范围为基线，向两侧各外扩 100 米。独体设施（墩台、烽燧、城堡等）：均以保护范围边线为基线，四周各外扩 100 米。	是
怀安县	39	怀安县渡口堡乡北山长城（明）	石砌、土石混筑、黄土混筑	从东洋河西岸起，至桃沟村西北丹拉高速公路	1992	河北省人民政府	城墙：以城墙基外缘为基线，向两侧各外扩 50 米。独体设施：均以其基础外缘为基线，四周各外扩 50 米。	城墙：以保护范围边线为基线，向两侧各外扩 100 米。独体设施：均以保护范围边线为基线，四周各外扩 100 米	是
	40	怀安县马市口村西北长城（明）	黄土夯筑	马市口村西北约 2 公里	1982	河北省人民政府	城墙：以城墙基外缘为基线，向两侧各外扩 50 米。独体设施：均以其基础外缘为基线，四周各外扩 50 米。	城墙：以保护范围边线为基线，向两侧各外扩 100 米。独体设施：均以保护范围边线为基线，四周各外扩 100 米	是
	41	怀安县西洋河村西长城（明）	黄土夯筑	西洋河村西	1982	河北省人民政府	城墙：以城墙基外缘为基线，向两侧各外扩 50 米。独体设施：均以其基础外缘为基线，四周各外扩 50 米。	城墙：以保护范围边线为基线，向两侧各外扩 100 米。独体设施：均以保护范围边线为基线，四周各外扩 100 米	是
	42	怀来明长城（大营盘——水头段）（明）		大营盘——水头段	1982	河北省人民政府	城墙：以城墙基外缘为基线，向两侧各外扩 50 米。独体设施：均以其基础外缘为基线，四周各外扩 50 米。	城墙：以保护范围边线为基线，向两侧各外扩 100 米。独体设施：均以保护范围边线为基线，四周各外扩 100 米	是
	43	怀来明长城（董庄子——坊口段）（明）		董庄子——坊口	1982	河北省人民政府	城墙：以城墙基外缘为基线，向两侧各外扩 50 米。独体设施：均以其基础外缘为基线，四周各外扩 50 米。	城墙：以保护范围边线为基线，向两侧各外扩 100 米。独体设施：均以保护范围边线为基线，四周各外扩 100 米	是
康保县	44	金长城（“民善”村北至“芦—李公路”东）	土筑	“民善村”河床处至“芦—李”公路东	1982	河北省人民政府	城墙：以城墙基外缘为基线，向两侧各外扩 50 米。独体设施：均以其基础外缘为基线，四周各外扩 50 米。	城墙：以保护范围边线为基线，向两侧各外扩 100 米。独体设施：均以保护范围边线为基线，四周各外扩 100 米	是
	45	金长城（“康—李”公路西至“康家地”村南河床处）	土筑	“康—李”公路西至“康家地”村南河床处	1982	河北省人民政府	城墙：以城墙基外缘为基线，向两侧各外扩 50 米。独体设施：均以其基础外缘为基线，四周各外扩 50 米。	城墙：以保护范围边线为基线，向两侧各外扩 100 米。独体设施：均以保护范围边线为基线，四周各外扩 100 米	是

（续表）

县（区）	序号	长城名称	类型	所处地理位置	划定时间	公布机关	保护范围宽度	建设控制地带宽度	是否适应当前需要
	46	金长城（“康—邓”公路西至“康—李”公路东）	土筑	康—邓”公路西至“康—李”公路东	1982	河北省人民政府	城墙：以城墙基外缘为基线，向两侧各外扩 50 米。 独体设施：均以其基础外缘为基线，四周各外扩 50 米。	城墙：以保护范围边线为基线，向两侧各外扩 100 米。 独体设施：均以保护范围边线为基线，四周各外扩 100 米	是
	47	金长城（“康家地村”河床处至“民善村”北河床处）	土筑	康家地村”河床处至“民善村”北河床处	1982	河北省人民政府	城墙：以城墙基外缘为基线，向两侧各外扩 50 米。 独体设施：均以其基础外缘为基线，四周各外扩 50 米。	城墙：以保护范围边线为基线，向两侧各外扩 100 米。 独体设施：均以保护范围边线为基线，四周各外扩 100 米	是
	48	金长城（“芦—李”公路西至“孙家营村”北河床处）	土筑	芦—李”公路西至“孙家营村”北河床处	1982	河北省人民政府	城墙：以城墙基外缘为基线，向两侧各外扩 50 米。 独体设施：均以其基础外缘为基线，四周各外扩 50 米。	城墙：以保护范围边线为基线，向两侧各外扩 100 米。 独体设施：均以保护范围边线为基线，四周各外扩 100 米	是
	49	金长城（“张—康”公路西至三老汉村北）	土筑	张—康”公路西至三老汉村北	1982	河北省人民政府	城墙：以城墙基外缘为基线，向两侧各外扩 50 米。 独体设施：均以其基础外缘为基线，四周各外扩 50 米。	城墙：以保护范围边线为基线，向两侧各外扩 100 米。 独体设施：均以保护范围边线为基线，四周各外扩 100 米	是
	50	金长城（郭油坊村北至梁家营村后）	土筑	郭油坊村北至梁家营村后	1982	河北省人民政府	城墙：以城墙基外缘为基线，向两侧各外扩 50 米。 独体设施：均以其基础外缘为基线，四周各外扩 50 米。	城墙：以保护范围边线为基线，向两侧各外扩 100 米。 独体设施：均以保护范围边线为基线，四周各外扩 100 米	是
	51	金长城（贺旺村北至郭油坊村北 500 米处）	土筑	贺旺村北至郭油坊村北 500 米处	1982	河北省人民政府	城墙：以城墙基外缘为基线，向两侧各外扩 50 米。 独体设施：均以其基础外缘为基线，四周各外扩 50 米。	城墙：以保护范围边线为基线，向两侧各外扩 100 米。 独体设施：均以保护范围边线为基线，四周各外扩 100 米	是
	52	金长城（梁家营村北至小兰城村后）	土筑	梁家营村北至小兰城村后	1982	河北省人民政府	城墙：以城墙基外缘为基线，向两侧各外扩 50 米。 独体设施：均以其基础外缘为基线，四周各外扩 50 米。	城墙：以保护范围边线为基线，向两侧各外扩 100 米。 独体设施：均以保护范围边线为基线，四周各外扩 100 米	是
	53	金长城（三老汉村北至“康—邓”公路东）	土筑	三老汉村北至“康—邓”公路东	1982	河北省人民政府	城墙：以城墙基外缘为基线，向两侧各外扩 50 米。 独体设施：均以其基础外缘为基线，四周各外扩 50 米。	城墙：以保护范围边线为基线，向两侧各外扩 100 米。 独体设施：均以保护范围边线为基线，四周各外扩 100 米	是

（续表）

县（区）	序号	长城名称	类型	所处地理位置	划定时间	公布机关	保护范围宽度	建设控制地带宽度	是否适应当前需要
	54	金长城（孙家营村”北河床处至“杨统领地村”南河床处）	土筑	孙家营村”北河床处至“杨统领地村”南河床处	1982	河北省人民政府	城墙：以城墙基外缘为基线，向两侧各外扩 50 米。独体设施：均以其基础外缘为基线，四周各外扩 50 米。	城墙：以保护范围边线为基线，向两侧各外扩 100 米。独体设施：均以保护范围边线为基线，四周各外扩 100 米	是
	55	金长城（小兰城村后至“张—康公路”东）	土筑	小兰城村后至“张—康公路”东	1982	河北省人民政府	城墙：以城墙基外缘为基线，向两侧各外扩 50 米。独体设施：均以其基础外缘为基线，四周各外扩 50 米。	城墙：以保护范围边线为基线，向两侧各外扩 100 米。独体设施：均以保护范围边线为基线，四周各外扩 100 米	否
	56	金长城（闫油坊村后至贺旺村北段）	土筑	闫油坊村后至贺旺村北段	1982	河北省人民政府	城墙：以城墙基外缘为基线，向两侧各外扩 50 米。独体设施：均以其基础外缘为基线，四周各外扩 50 米。	城墙：以保护范围边线为基线，向两侧各外扩 100 米。独体设施：均以保护范围边线为基线，四周各外扩 100 米	是
	57	金长城（闫油坊乡二喇嘛村至闫油坊村后）	土筑	闫油坊乡二喇嘛村至闫油坊村后	1982	河北省人民政府	城墙：以城墙基外缘为基线，向两侧各外扩 50 米。独体设施：均以其基础外缘为基线，四周各外扩 50 米。	城墙：以保护范围边线为基线，向两侧各外扩 100 米。独体设施：均以保护范围边线为基线，四周各外扩 100 米	是
	58	金长城（杨统领地村南河床处至化德县“李七八村”北康化界）	土筑	杨统领地村南河床处至化德县“李七八村”北康化界	1982	河北省人民政府	城墙：以城墙基外缘为基线，向两侧各外扩 50 米。独体设施：均以其基础外缘为基线，四周各外扩 50 米。	城墙：以保护范围边线为基线，向两侧各外扩 100 米。独体设施：均以保护范围边线为基线，四周各外扩 100 米	是
桥东区	59	桥东区东太平山长城（明）	土石混筑（砌）	桥东区东太平山山脊	1982	河北省人民政府	城墙：以城墙基外缘为基线，向两侧各外扩 50 米。独体设施：均以其基础外缘为基线，四周各外扩 50 米。	城墙：以保护范围边线为基线，向两侧各外扩 100 米。独体设施：均以保护范围边线为基线，四周各外扩 100 米	是
尚义县	60	北齐长城（甲石河乡杏元沟白郭线—下青杨沟）	黄土夯筑、石砌	河北省尚义县甲石河乡与万全县交界地	1983	河北省人民政府	城墙：以城墙基外缘为基线，向两侧各外扩 50 米。独体设施：均以其基础外缘为基线，四周各外扩 50 米。	城墙：以保护范围边线为基线，向两侧各外扩 100 米。独体设施：均以保护范围边线为基线，四周各外扩 100 米	部分不能适应
	61	秦、明长城（桃坪——杏元沟白郭线省二级公路段）（明）	土夯、石砌、砖砌等	河北省尚义县小蒜沟镇、甲石河乡与河北万全县交界处	1983	河北省人民政府	城墙：以城墙基外缘为基线，向两侧各外扩 50 米。独体设施：均以其基础外缘为基线，四周各外扩 50 米。	城墙：以保护范围边线为基线，向两侧各外扩 100 米。独体设施：均以保护范围边线为基线，四周各外扩 100 米	部分不能适应

（续表）

县（区）	序号	长城名称	类型	所处地理位置	划定时间	公布机关	保护范围宽度	建设控制地带宽度	是否适应当前需要
	62	秦汉长城（下马圈乡韭菜沟——桃坪）	黄土夯筑	河北省尚义县下马圈乡内蒙古兴和县，山西省天镇县、河北省怀安县接壤地带。	1983	河北省人民政府	城墙：以城墙基外缘为基线，向两侧各外扩 50 米。 独体设施：均以其基础外缘为基线，四周各外扩 50 米。	城墙：以保护范围边线为基线，向两侧各外扩 100 米。 独体设施：均以保护范围边线为基线，四周各外扩 100 米	部分不能适应
万全县	63	明代长城（郭白线以西至东洋河地段）（明）	土石混筑	郭白线以西至东洋河地段	1982	河北省人民政府	城墙：以城墙基外缘为基线，向两侧各外扩 50 米。 独体设施：均以其基础外缘为基线，四周各外扩 50 米。	城墙：以保护范围边线为基线，向两侧各外扩 100 米。 独体设施：均以保护范围边线为基线，四周各外扩 100 米	是
	64	明代长城（小麻坪长城旅游公路以西至郭白线东侧地段）（明）	土石混筑	小麻坪长城旅游公路以西至郭白线东侧地段	1982	河北省人民政府	城墙：以城墙基外缘为基线，向两侧各外扩 50 米。 独体设施：均以其基础外缘为基线，四周各外扩 50 米。	城墙：以保护范围边线为基线，向两侧各外扩 100 米。 独体设施：均以保护范围边线为基线，四周各外扩 100 米	是
	65	明代长城（张家口坝底村至张石高速公路地段）（明）	土石混砌	张家口坝底村至张石高速公路（黑风口）东侧	1982	河北省人民政府	城墙：以城墙基外缘为基线，向两侧各外扩 50 米。 独体设施：均以其基础外缘为基线，四周各外扩 50 米。	城墙：以保护范围边线为基线，向两侧各外扩 100 米。 独体设施：均以保护范围边线为基线，四周各外扩 100 米	是
	66	明代长城［张石高速至小麻坪（长城旅游公路）地段］（明）	土石混筑	张石高速至小麻坪（长城旅游公路）地段	1982	河北省人民政府	城墙：以城墙基外缘为基线，向两侧各外扩 50 米。 独体设施：均以其基础外缘为基线，四周各外扩 50 米。	城墙：以保护范围边线为基线，向两侧各外扩 100 米。 独体设施：均以保护范围边线为基线，四周各外扩 100 米	是
蔚县	67	飞狐峪长城	片石垒砌	蔚县西南部山区	1982	河北省人民政府	城墙：以城墙基外缘为基线，向两侧各外扩 50 米。 独体设施：均以其基础外缘为基线，四周各外扩 50 米。	城墙：以保护范围边线为基线，向两侧各外扩 100 米。 独体设施：均以保护范围边线为基线，四周各外扩 100 米	较合理
	68	黎源岭长城	片石垒砌	蔚县东南部山区	1982	河北省人民政府	城墙：以城墙基外缘为基线，向两侧各外扩 50 米。 独体设施：均以其基础外缘为基线，四周各外扩 50 米。	城墙：以保护范围边线为基线，向两侧各外扩 100 米。 独体设施：均以保护范围边线为基线，四周各外扩 100 米	较合理
	69	石门峪长城	片石垒砌	蔚县西南部山区	1982	河北省人民政府	城墙：以城墙基外缘为基线，向两侧各外扩 50 米。 独体设施：均以其基础外缘为基线，四周各外扩 50 米。	城墙：以保护范围边线为基线，向两侧各外扩 100 米。 独体设施：均以保护范围边线为基线，四周各外扩 100 米	较合理

（续表）

县（区）	序号	长城名称	类型	所处地理位置	划定时间	公布机关	保护范围宽度	建设控制地带宽度	是否适应当前需要
宣化县	70	常峪口村季节性河流至410县道段明长城（明）	土石混筑	宣化县常峪口村	1982	河北省人民政府	城墙：以城墙基外缘为基线，向两侧各外扩50米。 独体设施：均以其基础外缘为基线，四周各外扩50米。	城墙：以保护范围边线为基线，向两侧各外扩100米。 独体设施：均以保护范围边线为基线，四周各外扩100米	否
	71	宣化县常峪口水库至宣崇公路旧路段明长城（明）	土石混筑，黄土夯筑		1982	河北省人民政府	城墙：以城墙基外缘为基线，向两侧各外扩50米。 独体设施：均以其基础外缘为基线，四周各外扩50米。	城墙：以保护范围边线为基线，向两侧各外扩100米。 独体设施：均以保护范围边线为基线，四周各外扩100米	否
	72	宣化县军民友谊路至青边口宣崇公路段明长城（明）	土石混筑，黄土夯筑	宣化县东望山乡咀高山向家营村	1982	河北省人民政府	城墙：以城墙基外缘为基线，向两侧各外扩50米。 独体设施：均以其基础外缘为基线，四周各外扩50米。	城墙：以保护范围边线为基线，向两侧各外扩100米。 独体设施：均以保护范围边线为基线，四周各外扩100米	否
	73	宣化县军民友谊路至张家口市电视转播台段明长城（明）	土石混筑	人头山	1982	河北省人民政府	城墙：以城墙基外缘为基线，向两侧各外扩50米。 独体设施：均以其基础外缘为基线，四周各外扩50米。	城墙：以保护范围边线为基线，向两侧各外扩100米。 独体设施：均以保护范围边线为基线，四周各外扩100米	否
	74	宣化县青边口宣崇公路至常峪口村季节性河流段明长城（明）	土石混筑，黄土夯筑	宣化县东望山青边口	1982	河北省人民政府	城墙：以城墙基外缘为基线，向两侧各外扩50米。 独体设施：均以其基础外缘为基线，四周各外扩50米。	城墙：以保护范围边线为基线，向两侧各外扩100米。 独体设施：均以保护范围边线为基线，四周各外扩100米	否
	75	宣化县人头山至军民友谊路段明长城（明）	土石混筑	宣化县大仓盖镇人头山村	1982	河北省人民政府	城墙：以城墙基外缘为基线，向两侧各外扩50米。 独体设施：均以其基础外缘为基线，四周各外扩50米。	城墙：以保护范围边线为基线，向两侧各外扩100米。 独体设施：均以保护范围边线为基线，四周各外扩100米	否
	76	宣化县宣崇公路旧路至大尖山段明长城（明）	土石混筑	宣化县常峪口村	1982	河北省人民政府	城墙：以城墙基外缘为基线，向两侧各外扩50米。 独体设施：均以其基础外缘为基线，四周各外扩50米。	城墙：以保护范围边线为基线，向两侧各外扩100米。 独体设施：均以保护范围边线为基线，四周各外扩100米	否

（续表）

县（区）	序号	长城名称	类型	所处地理位置	划定时间	公布机关	保护范围宽度	建设控制地带宽度	是否适应当前需要
阳原县	77	虎头梁烽火台	黄土夯筑	河北省阳原县虎头梁村东南150米	1982	河北省人民政府	均以其基础外缘为基线，四周各外扩50米	独体设施：均以保护范围边线为基线，四周各外扩100米	是
	78	井儿洼烽火台	黄土夯筑	河北省阳原县浮图讲乡井儿洼村西北500米	1982	河北省人民政府	均以其基础外缘为基线，四周各外扩50米	独体设施：均以保护范围边线为基线，四周各外扩100米	是
	79	西六马坊烽火台	黄土夯筑	河北省阳原县东堡乡西六马坊村南1500米处	1982	河北省人民政府	均以其基础外缘为基线，四周各外扩50米	独体设施：均以保护范围边线为基线，四周各外扩100米	是
	80	下滋铺烽火台	黄土夯筑	河北省阳原县要家庄乡下滋铺村东北200米	1982	河北省人民政府	均以其基础外缘为基线，四周各外扩50米	独体设施：均以保护范围边线为基线，四周各外扩100米	是
	81	要家庄烽火台	黄土夯筑	河北省阳原县要家庄村东北1500米	1982	河北省人民政府	均以其基础外缘为基线，四周各外扩50米	独体设施：均以保护范围边线为基线，四周各外扩100米	是
张北县	82	古长城［战国—金］（从小二台乡黑脑包始，经西滩、塞寒坝、上白花洼、前后柳条坝、边墙外、化兰井）	石砌	从小二台乡黑脑包始，经西滩、塞寒坝、上白花洼、前后柳条坝、边墙外、化兰井	1982	河北省人民政府	城墙：以城墙基外缘为基线，向两侧各外扩50米。 独体设施：均以其基础外缘为基线，四周各外扩50米。	城墙：以保护范围边线为基线，向两侧各外扩100米。 独体设施：均以保护范围边线为基线，四周各外扩100米	应增设
	83	古长城［战国—金］（自桦皮岭入境，经威远门沟、老虎沟入沽源县与崇礼县）	石砌	自桦皮岭入境，经威远门沟、老虎沟入沽源县与崇礼县	1982	河北省人民政府	城墙：以城墙基外缘为基线，向两侧各外扩50米。 独体设施：均以其基础外缘为基线，四周各外扩50米。	城墙：以保护范围边线为基线，向两侧各外扩100米。 独体设施：均以保护范围边线为基线，四周各外扩100米	应增设
	84	万里长城（明）（由张北、崇礼分界碑处始，经油篓沟乡化兰井、小南洼、黑脑包、店门口、二道边、黄花坪）（明）	石砌	由张北、崇礼分界碑处始，经油篓沟乡化兰井、小南洼、黑脑包、店门口、二道边、黄花坪	1982	河北省人民政府	城墙：以城墙基外缘为基线，向两侧各外扩50米。 独体设施：均以其基础外缘为基线，四周各外扩50米。	城墙：以保护范围边线为基线，向两侧各外扩100米。 独体设施：均以保护范围边线为基线，四周各外扩100米	应增设

（续表）

县（区）	序号	长城名称	类型	所处地理位置	划定时间	公布机关	保护范围宽度	建设控制地带宽度	是否适应当前需要
	85	万里长城（由张家口大境门来，自油篓沟乡汉淖坝入境，经周坝、黄花坪、狼窝沟、大水泉、大崖湾、门转沟、黄土圐圙、春垦、镇虎台、正边台、治儿山入万全县）（明）	石砌	由张家口大境门来，自油篓沟乡汉淖坝入境，经周坝、黄花坪、狼窝沟、大水泉、大崖湾、门转沟、黄土圐圙、春垦、镇虎台、正边台、治儿山入万全县	1982	河北省人民政府	城墙：以城墙基外缘为基线，向两侧各外扩 50 米。 独体设施：均以其基础外缘为基线，四周各外扩 50 米。	城墙：以保护范围边线为基线，向两侧各外扩 100 米。 独体设施：均以保护范围边线为基线，四周各外扩 100 米	应增设
涿鹿县	86	涿鹿县赵家蓬区马水长城（明）	砖、石	在区公所西南东（环），最近处不足 4 公里	1982	河北省人民政府	城墙：以城墙基外缘为基线，向两侧各外扩 50 米。 独体设施：均以其基础外缘为基线，四周各外扩 50 米。	城墙：以保护范围边线为基线，向两侧各外扩 100 米。 独体设施：均以保护范围边线为基线，四周各外扩 100 米	是
	87	赵家蓬区谢家堡乡孔涧村北魏长城	石块	孔涧村北一公里处	1982	河北省人民政府	城墙：以城墙基外缘为基线，向两侧各外扩 50 米。 独体设施：均以其基础外缘为基线，四周各外扩 50 米。	城墙：以保护范围边线为基线，向两侧各外扩 100 米。 独体设施：均以保护范围边线为基线，四周各外扩 100 米	是
桥西区	88	大境门长城（明）	砖石	张家口市桥西区西北山脉之上	1982	河北省人民政府	城墙：以城墙基外缘为基线，向两侧各外扩 50 米。 独体设施：均以其基础外缘为基线，四周各外扩 50 米。	城墙：以保护范围边线为基线，向两侧各外扩 100 米。 独体设施：均以保护范围边线为基线，四周各外扩 100 米	是

秦皇岛市长城保护范围和建设控制地带情况表

县（区）	序号	长城名称	类型	所处地理位置	划定时间	公布机关	保护范围宽度	建设控制地带宽度	是否适应当前需要
抚宁县	1	明长城董家口段		抚宁县					
	2	长城抚宁县东、北段（明）	砖砌	抚宁县东、北部三区	1991.12	河北省人民政府	以长城边缘为基线向东、西、南、北延伸50米为长城保护范围。	以长城保护范围边缘为基线向东、西、南、北延伸100米为长城建设控制地带	否
	3	长城抚宁九门口段（明）		抚宁县					
	4	长城抚宁拿子峪段（明）		抚宁县					
	5	长城抚宁柳观峪段（明）		抚宁县					
卢龙县	6	明蓟镇长城（明）	石砌、砖砌	卢龙境内长成位于卢龙县北与青龙县交界的山区	1991.12	河北省人民政府	城墙：以城墙基外缘为基线，向两侧各外扩50米。独立设施：均以其基础外缘为基线，四周各外扩50米	城墙：均以保护范围边线为基线，向两侧各外扩100米	否
青龙县	7	明蓟镇长城（明）	砖、石	青龙县城东南西与抚宁、卢龙、迁西四县市交界	2005.1.20	青龙县人民政府	长城本体周边50米	长城保护范围外围周边200米	否
	8	北齐长城	石	祖山镇花厂峪村一段，肖营子镇—凉水河乡一段	2005.1.20	青龙县人民政府	长城本体周边50米	长城保护范围外围周边200米	否

（续表）

县（区）	序号	长城名称	类型	所处地理位置	划定时间	公布机关	保护范围宽度	建设控制地带宽度	是否适应当前需要
山海关区	9	老龙头长城（入海石城至王受二号台）（明）	土筑砖包	秦皇岛市山海关区	1992	国务院	由老龙头入海石城起，至角山主峰大平顶长城，以城墙两侧墙体外皮为基线，各外扩 50 米。 宁海城以外侧墙基外缘为基线，向东 50 米至海岸线；向南 120 米至海岸线；向西 50 米至水泥路外边；向北 50 米至停车场。	以保护范围边线为基线，由老龙头入海石城至角山主峰大平顶的长城，各外扩 150 米；宁海城外各外扩 150 米，东、南至渤海，西至海神庙，北至停车场外缘	是
	10	山海关南翼长城（王受二号台至靖边楼）（明）	土筑砖包	秦皇岛市山海关区	1992	国务院	由老龙头入海石城起，至角山主峰大平顶长城，以城墙两侧墙体外皮为基线，各外扩 50 米。 山海关城、东罗城、南翼城、北翼城各以内外城墙墙基外缘为基线，两侧各外扩 50 米。	以保护范围边线为基线，由老龙头入海石城至角山主峰大平顶的长城，各外扩 150 米；山海关城、东罗城、南翼城、北翼城各外扩 150 米。	是
	11	第一关景区段（靖边楼至关城北垣烽号台）（明）	土筑砖包	秦皇岛市山海关区	1992	国务院	由老龙头入海石城起，至角山主峰大平顶长城，以城墙两侧墙体外皮为基线，各外扩 50 米。 山海关城、东罗城、南翼城、北翼城各以内外城墙墙基外缘为基线，两侧各外扩 50 米。	以保护范围边线为基线，由老龙头入海石城至角山主峰大平顶的长城，各外扩 150 米；山海关城、东罗城、南翼城、北翼城各外扩 150 米。	是
	12	关城、东罗城段长城（明）	土筑砖包	秦皇岛市山海关区	1992	国务院	由老龙头入海石城起，至角山主峰大平顶长城，以城墙两侧墙体外皮为基线，各外扩 50 米。 山海关城、东罗城、南翼城、北翼城各以内外城墙墙基外缘为基线，两侧各外扩 50 米。	以保护范围边线为基线，由老龙头入海石城至角山主峰大平顶的长城，各外扩 150 米；山海关城、东罗城、南翼城、北翼城各外扩 150 米。	是

（续表）

县（区）	序号	长城名称	类型	所处地理位置	划定时间	公布机关	保护范围宽度	建设控制地带宽度	是否适应当前需要
	13	山海关北翼长城（关城北垣烽号台至57号台）（明）	土筑砖包	秦皇岛市山海关区	1992	国务院	由老龙头入海石城起，至角山主峰大平顶长城，以城墙两侧墙体外皮为基线，各外扩50米。 山海关城、东罗城、南翼城、北翼城各以内外城墙墙基外缘为基线，两侧各外扩50米。	以保护范围边线为基线，由老龙头入海石城至角山主峰大平顶的长城，各外扩150米；山海关城、东罗城、南翼城、北翼城各外扩150米。	是
	14	角山景区段长城（57号台至角山关）（明）	土筑砖包、石砌	秦皇岛市山海关区	1992	国务院	由老龙头入海石城起，至角山主峰大平顶长城，以城墙两侧墙体外皮为基线，各外扩50米。 山海关城、东罗城、南翼城、北翼城各以内外城墙墙基外缘为基线，两侧各外扩50米。	以保护范围边线为基线，由老龙头入海石城至角山主峰大平顶的长城，各外扩150米；山海关城、东罗城、南翼城、北翼城各外扩150米。	是
	15	角山至九门口段长城（明）	土筑砖包、石砌	秦皇岛市山海关区	1992	省政府	城墙：均以城墙基外缘为基线，向两侧各外扩50米。 独体设施（如烽燧、敌楼、战台、关隘等）：均以其基础外缘为基线，四周各外扩50米。	城墙：均以保护范围边线为基线，向两侧各外扩100米。 独体设施（如烽燧、敌楼、战台、关隘等）：均以其基础外缘为基线，四周各外扩100米.	是
	16	边墙子烽火台遗址（明）	夯土砌筑	秦皇岛市山海关区	1992	省政府	城墙：均以城墙基外缘为基线，向两侧各外扩50米。 独体设施（如烽燧、敌楼、战台、关隘等）：均以其基础外缘为基线，四周各外扩50米。	城墙：均以保护范围边线为基线，向两侧各外扩100米。 独体设施（如烽燧、敌楼、战台、关隘等）：均以其基础外缘为基线，四周各外扩100米。	是
	17	欢喜岭烽火台遗址（明）	夯土砌筑	秦皇岛市山海关区	1992	省政府	城墙：均以城墙基外缘为基线，向两侧各外扩50米。 独体设施（如烽燧、敌楼、战台、关隘等）：均以其基础外缘为基线，四周各外扩50米。	城墙：均以保护范围边线为基线，向两侧各外扩100米。 独体设施（如烽燧、敌楼、战台、关隘等）：均以其基础外缘为基线，四周各外扩100米	是

（续表）

县（区）	序号	长城名称	类型	所处地理位置	划定时间	公布机关	保护范围宽度	建设控制地带宽度	是否适应当前需要
	18	梁家沟烽火台遗址（明）	夯土砌筑	秦皇岛市山海关区	1992	省政府	城墙：均以城墙基外缘为基线，向两侧各外扩 50 米。独体设施（如烽燧、敌楼、战台、关隘等）：均以其基础外缘为基线，四周各外扩 50 米。	城墙：均以保护范围边线为基线，向两侧各外扩 100 米。独体设施（如烽燧、敌楼、战台、关隘等）：均以其基础外缘为基线，四周各外扩 100 米	是
	19	刘道庄烽火台遗址（明）	夯土砌筑	秦皇岛市山海关区	1992	省政府	城墙：均以城墙基外缘为基线，向两侧各外扩 50 米。独体设施（如烽燧、敌楼、战台、关隘等）：均以其基础外缘为基线，四周各外扩 50 米。	城墙：均以保护范围边线为基线，向两侧各外扩 100 米。独体设施（如烽燧、敌楼、战台、关隘等）：均以其基础外缘为基线，四周各外扩 100 米	是
	20	铁三局烽号台遗址（明）	夯土砌筑	秦皇岛市山海关区	1992	省政府	城墙：均以城墙基外缘为基线，向两侧各外扩 50 米。独体设施（如烽燧、敌楼、战台、关隘等）：均以其基础外缘为基线，四周各外扩 50 米。	城墙：均以保护范围边线为基线，向两侧各外扩 100 米。独体设施（如烽燧、敌楼、战台、关隘等）：均以其基础外缘为基线，四周各外扩 100 米	是
	21	威远城遗址（明）	夯土砌筑	秦皇岛市山海关区	1992	省政府	城墙：均以城墙基外缘为基线，向两侧各外扩 50 米。独体设施（如烽燧、敌楼、战台、关隘等）：均以其基础外缘为基线，四周各外扩 50 米。	城墙：均以保护范围边线为基线，向两侧各外扩 100 米。独体设施（如烽燧、敌楼、战台、关隘等）：均以其基础外缘为基线，四周各外扩 100 米	是
	22	北齐长城	土石混筑、石砌	秦皇岛市山海关区	无	无	无	无	否

承德市长城保护范围和建设控制地带情况表

县（区）	序号	长城名称	类型	所处地理位置	划定时间	公布机关	保护范围宽度	建设控制地带宽度	是否适应当前需要
承德县	1	明代长城	砖、石	在承德县东小白旗乡与滦平县、兴隆县和密云县接壤地段	1982	河北省人民政府	城墙：均以城墙基外缘为基线，向两侧各外扩 50 米。独体设施（如烽燧、敌楼、战台、关隘等）：均以其基础外缘为基线，四周各外扩 50 米。	城墙：均以保护范围边线为基线，向两侧各外扩 100 米。独体设施（如烽燧、敌楼、战台、关隘等）：均以保护范围边线为基线，四周各外扩 100 米。	是
	2	汉代长城	黄土夯筑	东邻内蒙宁城县，西接隆化县，南接平泉。	1982	河北省人民政府	城墙：均以城墙基外缘为基线，向两侧各外扩 50 米。独体设施（如烽燧、敌楼、战台、关隘等）：均以其基础外缘为基线，四周各外扩 50 米。	城墙：均以保护范围边线为基线，向两侧各外扩 100 米。独体设施（如烽燧、敌楼、战台、关隘等）：均以保护范围边线为基线，四周各外扩 100 米。	是
	3	汉代烽燧	黄土夯筑	东邻内蒙宁城县，北接隆化县，南接平泉。	1982	河北省人民政府	独体设施（如烽燧、敌楼、战台、关隘等）：均以其基础外缘为基线，四周各外扩 50 米。	独体设施（如烽燧、敌楼、战台、关隘等）：均以保护范围边线为基线，四周各外扩 100 米	是
丰宁县	4	大营子燕秦长城	土石混筑	承德市丰宁满族自治县外沟门乡大营子村	1983. 11. 1	丰宁县人民政府	边墙：均以墙基边缘为基线，向两侧各外扩 50 米。独体设施：均以其基础处缘为基线，四周各外扩 50 米。	边墙：均以保护范围边线为基线，向两侧各外扩 100 米。独体设施：均以保护范围边缘为基线，四周各外扩 100 米。	是
	5	金代界壕	土石混筑	河北省丰宁满族自治县草原乡	1983. 11. 1	丰宁县人民政府	均以中心线为基线，向两侧各外扩 50 米	均以保护范围边线为基线，向两侧各外扩 100 米	是
	6	山嘴燕秦长城	土石混筑	承德市丰宁满族自治县山嘴乡	1983. 11. 1	丰宁县人民政府	边墙：均以墙基边缘为基线，向两侧各外扩 50 米。独体设施：均以其基础处缘为基线，四周各外扩 50 米。	边墙：均以保护范围边线为基线，向两侧各外扩 100 米。独体设施：均以保护范围边缘为基线，四周各外扩 100 米。	是

（续表）

县（区）	序号	长城名称	类型	所处地理位置	划定时间	公布机关	保护范围宽度	建设控制地带宽度	是否适应当前需要
承德县	7	五里营燕秦长城	土石混筑	承德市丰宁满族自治县万胜永乡五里营村	1983.11.1	丰宁县人民政府	边墙：均以墙基边缘为基线，向两侧各外扩50米。独体设施：均以其基础处缘为基线，四周各外扩50米。	边墙：均以保护范围边线为基线，向两侧各外扩100米。独体设施：均以保护范围边缘为基线，四周各外扩100米。	是
	8	小老虎沟西汉长城	土石混筑	承德市丰宁满族自治县波罗诺乡河南村	1983.11.1	丰宁县人民政府	边墙：均以墙基边缘为基线，向两侧各外扩50米。独体设施：均以其基础处缘为基线，四周各外扩50米。	边墙：均以保护范围边线为基线，向两侧各外扩100米。独体设施：均以保护范围边缘为基线，四周各外扩100米	是
	9	西汉烽燧	夯土	丰宁境内			独体设施：均以其基础处缘为基线，四周各外扩50米	独体设施：均以保护范围边缘为基线，四周各外扩100米	是
宽城县	10	勃椤台乡喜峰口长城段（明）	砖墙，石墙等	横城子村前山梁上，东接新甸子村长城段，西连西堡子村长城段（122号敌楼—21号墩台之间）。		省政府	主体以墙基外缘为基线，向两侧各外扩50米；独体设施以基础外缘为基线，向四周各外扩50米	主体以保护范围边线为基线，向两侧外扩100米；独体设施以保护范围边线为基线，向四周外扩100米。	是
	11	勃椤台乡白台子村长城段（明）	无墙体	白台子前山梁上，东接炮岭村长城段，西连新甸子长城段（120—121号敌楼之间）。		省政府	以墙基边线为基线，向两侧各外扩50米；独体设施以基础外缘为基线，向四周各外扩50米。以保护范围边线为基线，向两侧外扩100米；	独体设施以保护范围边线为基线，向四周外扩100米	是
	12	勃椤台乡炮岭村长城段（明）	砖墙，石墙	炮岭村西山炮岭梁上，东接碾子峪乡岭西村长城段，西连白台子村长城段（115—120号敌楼之间）。		省政府	以墙基边线为基线，向两侧各外扩50米；独体设施以基础外缘为基线，向四周各外扩50米。	以保护范围边线为基线，向两侧外扩100米；独体设施以保护范围边线为基线，向四周外扩100米	是

（续表）

县（区）	序号	长城名称	类型	所处地理位置	划定时间	公布机关	保护范围宽度	建设控制地带宽度	是否适应当前需要
	13	勃椤台乡西堡子村长城段（明）	砖墙及其他	西堡子村前（南）山梁上。东接喜峰口长城段，西连独石沟乡小河口村长城段（21号墩台—143号敌楼之间）		省政府	以墙基边线为基线，向两侧各外扩50米；独体设施以基础外缘为基线，向四周各外扩50米。	以保护范围边线为基线，向两侧外扩100米； 独体设施以保护范围边线为基线，向四周外扩100米	是
	14	勃椤台乡新甸子村长城段（明）	无墙体	新甸子村前山梁上，东接白台子村长城段，西连喜峰口长城段（121—122号敌楼之间）。		省政府	以墙基边线为基线，向两侧各外扩50米；独体设施以基础外缘为基线，向四周各外扩50米。	以保护范围边线为基线，向两侧外扩100米； 独体设施以保护范围边线为基线，向四周外扩100米	是
	15	大地乡关石村长城段（明）	砖墙	关石村西山梁上，南接锌尖乡榆林村长城段，北连迁西县青山关长城段（66—68号敌楼之间）。		省政府	以墙基边线为基线，向两侧各外扩50米；独体设施以基础外缘为基线，向四周各外扩50米。	以保护范围边线为基线，向两侧外扩100米； 独体设施以保护范围边线为基线，向四周外扩100米	是
	16	锌尖乡三道岭村头道岭长城	石墙	三道岭村头道岭后山梁上	2000年	省政府	以墙基边线为基线，向两侧各外扩50米；独体设施以基础外缘为基线，向四周各外扩50米。	以保护范围边线为基线，向两侧外扩100米； 独体设施以保护范围边线为基线，向四周外扩100米	是
	17	独石沟乡车厂沟村爬虎塘长城段（明）	石墙及其他	车厂沟村爬虎塘子村南山梁上，东接小河口村长城段，西临迁西县西城峪乡（156—160号敌楼之间）。		省政府	以墙基边线为基线，向两侧各外扩50米；独体设施以基础外缘为基线，向四周各外扩50米。	以保护范围边线为基线，向两侧外扩100米； 独体设施以保护范围边线为基线，向四周外扩100米	是

（续表）

县（区）	序号	长城名称	类型	所处地理位置	划定时间	公布机关	保护范围宽度	建设控制地带宽度	是否适应当前需要
	18	独石沟乡小河口村长城段（明）	砖墙及其他	小河口村南山梁上，东接勃椤台乡西堡子村长城段，西连车厂沟村趴虎堂长城段（143—155号敌楼之间）。		省政府	以墙基边线为基线，向两侧各外扩50米；独体设施以基础外缘为基线，向四周各外扩50米。	以保护范围边线为基线，向两侧外扩100米； 独体设施以保护范围边线为基线，向四周外扩100米	是
	19	锌尖乡东沟村长城段（明）	砖、石墙	南接迁西县大岭寨长城段，北连迁西县兰城沟长城段；东沟村黄土坡西山梁第20—24号敌楼之间		省政府	以墙基边线为基线，向两侧各外扩50米；独体设施以基础外缘为基线，向四周各外扩50米。	以保护范围边线为基线，向两侧外扩100米； 独体设施以保护范围边线为基线，向四周外扩100米	是
	20	锌尖乡沟口子村长城段（明）	石墙	沟口子村西山和马道沟梁上，南接黄土坡西山梁35号敌楼，北连迁西县榆木岭长城段（35—42号敌楼之间）。		省政府	以墙基边线为基线，向两侧各外扩50米；独体设施以基础外缘为基线，向四周各外扩50米	以保护范围边线为基线，向两侧外扩100米； 独体设施以保护范围边线为基线，向四周外扩100米	再宽些
	21	锌尖乡锌尖村长城段（明）	无墙体	锌尖村西山梁31号敌楼（接迁西县兰城沟长城段）起，向北至35号敌楼止（连锌尖乡沟口子长城段）。	2000	省政府	以墙基边线为基线，向两侧各外扩50米；独体设施以基础外缘为基线，向四周各外扩50米	以保护范围边线为基线，向两侧外扩100米； 独体设施以保护范围边线为基线，向四周外扩100米	是

（续表）

县（区）	序号	长城名称	类型	所处地理位置	划定时间	公布机关	保护范围宽度	建设控制地带宽度	是否适应当前需要
	22	铧尖乡三道岭村长城段（明）	石墙	三道岭村头道岭火石梁梁尖一号敌楼（九索楼）起，向西北方向至12号敌楼止。	2000	省政府	以墙基边线为基线，向两侧各外扩50米；独体设施以基础外缘为基线，向四周各外扩50米	以保护范围边线为基线，向两侧外扩100米； 独体设施以保护范围边线为基线，向四周外扩100米	是
	23	铧尖乡榆林村长城段（明）	石墙	榆林村西山梁上，南接迁西县榆木岭长城段，北连大地乡关石村长城段（60—65号敌楼之间）。		省政府	以墙基边线为基线，向两侧各外扩50米；独体设施以基础外缘为基线，向四周各外扩50米	以保护范围边线为基线，向两侧外扩100米； 独体设施以保护范围边线为基线，向四周外扩100米	再宽些
	24	碾子峪乡艾峪口村长城段（明）	砖墙、石墙等	碾子峪乡艾峪口村黑沟梁长城走向转折点，即89号敌楼起，向西至101号敌楼西侧15号墩台处。中间有八面峰、董家口、艾峪口等。		省政府	以墙基边线为基线，向两侧各外扩50米；独体设施以基础外缘为基线，向四周各外扩50米	以保护范围边线为基线，向两侧外扩100米； 独体设施以保护范围边线为基线，向四周外扩100米	否
	25	碾子峪乡大屯村长城段（明）	石墙	大屯村南女儿山梁上，东接艾峪口村长城段，西连岭西村长城段（15号墩台向西至王八石边104号敌楼之间）。		省政府	以墙基边线为基线，向两侧各外扩50米；独体设施以基础外缘为基线，向四周各外扩50米	以保护范围边线为基线，向两侧外扩100米； 独体设施以保护范围边线为基线，向四周外扩100米	是
	26	碾子峪乡岭西村长城段（明）	砖墙、石墙等	岭西村前山梁上，东接大屯村长城段，西连勃椤台乡炮岭村长城段（104—114号敌楼之间）。		省政府	以墙基边线为基线，向两侧各外扩50米；独体设施以基础外缘为基线，向四周各外扩50米	以保护范围边线为基线，向两侧外扩100米； 独体设施以保护范围边线为基线，向四周外扩100米	是

（续表）

县（区）	序号	长城名称	类型	所处地理位置	划定时间	公布机关	保护范围宽度	建设控制地带宽度	是否适应当前需要
隆化县	27	汉代烽燧	黄土夯	隆化县境内	1984.12.31	隆化县人民政府	独体设施以基础外缘为基线，向四周各外扩 50 米	独体设施以保护范围边线为基线，向四周外扩 100 米	是
围场县	28	燕秦长城	土	围场的东北三义永乡至围场的西南老窝铺乡	1991	河北省人民政府	以墙基边线为基线，向两侧各外扩 50 米；独体设施以基础外缘为基线，向四周各外扩 50 米	以保护范围边线为基线，向两侧外扩 100 米； 独体设施以保护范围边线为基线，向四周外扩 100 米	是
兴隆县	29	明代万里长城（明）	砖石	河北省兴隆县，东南至西北县界	1991.12	河北省人民政府	城墙：均以城墙基外缘为基线，向两侧各外扩 50 米。 独体设施（如烽燧、敌楼、战台、关隘等）：均以其基础外缘为基线，四周各外扩 50 米	距重点保护范围外缘为基线外扩 100 米。 独体建筑以基础外缘为基线，四周各外扩 100 米为建设控制地带。	否
滦平县	30	金山岭长城（明）	砖、石结构	巴克什营镇东南 8 公里处、滦平县与密云县交界线上	1992	河北省人民政府	以长城基础两侧边线为基线分别向两侧外扩水平距离 300 米西起龙峪口、东至望京楼	以保护范围边线为基线分别向两侧外扩 300 米，西起龙峪口、东至望京楼	适应
	31	汉代北李营长城	土石结构	滦平县滦平镇杨树沟门村安纯沟门乡李栅子村	1987	滦平县人民政府	边墙：均以墙基边缘为基线，向两侧各外扩 50 米。 独体设施：均以其基础外缘为基线，四周各外扩 50 米。	边墙：均以保护范围边线为基线，向两侧外扩 100 米。 独体设施：均以保护范围边线为基线，四周各外扩 100 米。	否
	32	烽燧	土石结构	滦平县滦河、伊逊河、潮河、兴洲河两岸山脊			独体设施：均以其基础外缘为基线，四周各外扩 50 米。	独体设施：均以保护范围边线为基线，四周各外扩 100 米。	
	33	古城川长城	土石结构	巴克什营镇古城川村、新房、头龙潭村	1987	滦平县人民政府	边墙：均以墙基边缘为基线，向两侧各外扩 50 米。 独体设施：均以其基础外缘为基线，四周各外扩 50 米。	边墙：均以保护范围边线为基线，向两侧外扩 100 米， 独体设施：均以保护范围边线为基线，四周各外扩 100 米。	否
	34	明代长城（明）	砖石结构	滦平县巴克什营镇涝洼乡	1991.9	河北省人民政府	边墙：均以墙基边缘为基线，向两侧各外扩 50 米。 独体设施：均以其基础外缘为基线，四周各外扩 50 米	边墙：均以保护范围边线为基线，向两侧外扩 100 米， 独体设施：均以保护范围边线为基线，四周各外扩 100 米	否

唐山市长城保护范围和建设控制地带情况表

县（区）	序号	长城名称	类型	所处地理位置	划定时间	公布机关	保护范围宽度	建设控制地带宽度	是否适应当前需要
遵化市	1至14	遵化市长城（明）（14个区段）	土、石、砖结构	遵化市北面与承德市兴隆县交界处		河北省人民政府	城墙：均以城墙基外缘为基线，向两侧各外扩50米。独体设施：均以其基础外缘为基线，四周各外扩50米。	城墙：均以保护范围边线为基线，向两侧各外扩100米；独体设施：均以保护范围边线为基线，四周各外扩100米	建议外扩
迁安市	15	白羊峪长城（明）	砖石	迁安市大崔庄镇白羊峪村	1982.7	河北省人民政府	保护范围自东向西由三眼楼至西峰楼，宽度为长城两侧向外延伸50米	自东向西由三眼楼至西峰楼，自保护范围边线向外各扩100米	否
	16	大龙王庙段长城（明）	砖石	迁安市建昌营镇大龙王庙村北	1982.7	河北省人民政府	保护范围自东向西由无道楼至拉楼，宽度为长城两侧向外延伸50米	自东向西由无道楼至拉楼，自保护范围边线向外各扩100米	否
	17	河流口长城（明）	砖石	迁安市建昌营镇河流口村北	1982.7	河北省人民政府	保护范围自东向西由上土楼至西楼，宽度为长城两侧向外延伸50米。	自东向西由上土楼至西楼，自保护范围边线向外各扩100米	是
	18	红峪口长城（明）	砖石	迁安市五重安乡红峪口村北	1982.7	河北省人民政府	保护范围自东向西由二十六楼至大厂房楼西550米处，宽度为长城两侧向外延伸50米	由二十六楼至大厂房楼西550米处，自保护范围边线向外各扩100米	否
	19	冷口长城（明）	砖石	迁安市建昌营镇冷口村					
	20	徐流口长城（明）	砖石	迁安市杨各庄镇徐流口村北					
迁西县	21	擦崖子—榆木岭长城（明）	石砌砖包	擦崖子、城自岭、大岭寨、兰城沟、榆木岭村	1991.12	河北省人民政府	城墙：均以城墙基外缘为基线，向两侧各外扩50米。独体设施：均以其基础外缘为基线，四周各外扩50米。	城墙：均以保护范围边线为基线，向两侧各外扩100米。独体设施：均以保护范围边线为基线，四周各外扩100米。	

（续表）

县（区）	序号	长城名称	类型	所处地理位置	划定时间	公布机关	保护范围宽度	建设控制地带宽度	是否适应当前需要
	22	董家口—潘家口长城（明）	石砌、砖砌	董家口村、贾庄子村、铁门关村、李家峪村、石梯子村、城外村	1991.12	河北省人民政府	城墙：均以城墙基外缘为基线，向两侧各外扩 50 米。独体设施：均以其基础外缘为基线，四周各外扩 50 米。	城墙：均以保护范围边线为基线，向两侧各外扩 100 米。独体设施：均以保护范围边线为基线，四周各外扩 100 米。	
	23	潘家口—二道城子长城（明）	石砌、砖砌	汉儿庄村、西城峪村、岔沟村、二道城子村、沙窝店村、四楼沟村、三台山村、北峪子村、苏郎峪村、龙井关村、栗树弯子村	1991.12	河北省人民政府	城墙：均以城墙基外缘为基线，向两侧各外扩 50 米。独体设施：均以其基础外缘为基线，四周各外扩 50 米。	城墙：均以保护范围边线为基线，向两侧各外扩 100 米。独体设施：均以保护范围边线为基线，四周各外扩 100 米。	
	24	榆木岭－董家口长城（明）	石砌、砖砌	榆木岭村、青山口村、贾庄子村、大卜城子村、董家口村	1991.12	河北省人民政府	城墙：均以城墙基外缘为基线，向两侧各外扩 50 米。独体设施：均以其基础外缘为基线，四周各外扩 50 米。	城墙：均以保护范围边线为基线，向两侧各外扩 100 米。独体设施：均以保护范围边线为基线，四周各外扩 100 米。	

保定市长城保护范围和建设控制地带情况表

县（区）	序号	长城名称	类型	所处地理位置	划定时间	公布机关	保护范围宽度	建设控制地带宽度	是否适应当前需要
涞源县	1	白石口段（明）	土石结构	涞源县下北头乡白石口村	2004. 2. 19	涞源县人民政府	以城墙外皮为基线，向两侧延伸 50 米	以保护范围边缘为基线，再延伸 100 米为控制地带	适应
	2	插箭岭段（明）	土石结构	涞源县下北头乡插箭村	2004. 6	涞源县人民政府	以城墙外皮为基线，向两侧延伸 50 米	以保护范围边缘为基线，再延伸 100 米为控制地带	适应
	3	黄土岭中山国长城	土石结构	涞源县银坊镇黄土岭村东北方			以城堡外墙皮向外延伸 50 米为保护范围，东面边墙两侧延伸 50 米为保护范围	以保护范围为基线，再延伸 100 米，为控制地带	适应
	4	茨字段（明）	土石结构	涞源县马庄乡上黄土台村北	2004. 4	涞源县人民政府	以城墙外皮为基线，向两侧延伸 50 米	以保护范围边缘为基线，再延伸 100 米为控制地带	适应
	5	浮图峪段（明）	土石结构	位于杨家庄镇浮图峪村	2004. 2. 19	涞源县人民政府	以城墙外皮为基线，向两侧延伸 50 米	以保护范围边缘为基线，再延伸 100 米为控制地带	适应
	6	宁静安段（明）	土石结构	涞源县南屯乡王家庄村东	2004. 2. 19	涞源县人民政府	以城墙外皮为基线，向两侧延伸 50 米	以保护范围边缘为基线，再延伸 100 米为控制地带	适应
	7	乌龙沟段（明）	土石结构	涞源县城东北 27 公里的乌龙沟乡乌龙沟村	2004. 2. 19	涞源县人民政府	以城墙外皮为基线，向两侧延伸 50 米	以保护范围边缘为基线，再延伸 100 米为控制地带	适应
阜平县	8	长城岭口长城（明）	砖、石砌	龙泉关镇印钞石村西北 6 公里处，阜平与五台山交界阜平一侧	1966	河北省人民政府	以城墙基外缘为基线，四周各外扩 50 米	以保护范围边线为基线，四周各外扩 100 米	
	9	大地沟敌楼（明）	砖、石砌	吴王口乡大地沟与木家沟两村之间，距邓家庄行政村 2.5 公里	1956	河北省人民政府	以敌楼基础外缘为基线，四周各外扩 50 米	以保护范围边线为基线，四周各外扩 100 米	

（续表）

县（区）	序号	长城名称	类型	所处地理位置	划定时间	公布机关	保护范围宽度	建设控制地带宽度	是否适应当前需要
阜平县	10	龙泉关城门（明）	砖、石砌	龙泉关镇政府西南50米	1956	河北省人民政府	以城门基础外缘为基线，四周各外扩50米	以保护范围边线为基线，四周各外扩100米	
	11	七里沟敌楼（明）	砖、石砌	史家寨乡七里沟村西北2.5公里			以敌楼基础外缘为基线，四周各外扩50米	以保护范围边线为基线，四周各外扩100米	
	12	吴王口敌楼（明）	砖、石砌	吴王口乡吴王口村东北1公里	1956	河北省人民政府	以敌楼基础外缘为基线，四周各外扩50米	以保护范围边线为基线，四周各外扩100米	
	13	黄崖村敌楼（明）	砖、石砌	黄崖村西1公里	1956	河北省人民政府	以敌楼基础外缘为基线，四周各外扩50米	以保护范围边线为基线，四周各外扩100米	
唐县	14	周家堡中山长城	土石混砌	唐县黄石口乡周家堡村					
	15	上庄村－西大洋村中山长城	土石混砌	唐县白合镇上庄村、大洋乡万里村、中长店村、西大洋村					
	16	马耳山－上庄村中山长城	土石混砌	唐县白合镇双峰峪村、赤城村、上庄村					
	17	洪城中山长城	土石混砌	唐县齐家佐乡北洪城村北					
	18	凤山庄－南屯村中山长城	石砌	唐县雹水乡凤山庄村南山、罗庄乡坡上村、南屯村、灌城村。					

（续表）

县（区）	序号	长城名称	类型	所处地理位置	划定时间	公布机关	保护范围宽度	建设控制地带宽度	是否适应当前需要
	19	倒马关长城（明）	土石或土砖混砌	唐县倒马关乡倒马关村	1982	河北省人民政府	1. 关城城墙以城墙基外缘为基线各向西、向北、向东延伸至唐河岸边，以内墙基外缘为基线各向内扩 20 米；山顶长城以城墙基外缘为基线，各向外扩 50 米。 2. 烽火台以其基础外缘为基线，四周各外扩 50 米。	以保护范围边线为基线各向外延伸 30 米。	适应
徐水县	20	燕长城北上关段	夯土	徐水北上关村西北	1982.7	河北省人民政府	以墙体边缘为基线，向两侧延伸 50 米	以保护范围边线为基线，两侧各外扩 100 米	适应
	21	燕长城城西村东南段	夯土	徐水城西村东南	1982.7	河北省人民政府	以墙体边缘为基线，向两侧延伸 50 米	以保护范围边线为基线，两侧各外扩 100 米	适应
	22	燕长城城西村南段	夯土	徐水城西村西南	1982.7	河北省人民政府	以墙体边缘为基线，向两侧延伸 50 米	以保护范围边线为基线，两侧各外扩 100 米	适应
	23	燕长城城西村西南段	夯土	徐水城西村西南	1982.7	河北省人民政府	以墙体边缘为基线，向两侧延伸 50 米	以保护范围边线为基线，两侧各外扩 100 米	适应
	24	燕长城大马各庄村西南段	夯土	徐水大马各庄村西南	1982.7	河北省人民政府	以墙体边缘为基线，向两侧延伸 50 米	以保护范围边线为基线，两侧各外扩 100 米	适应
	25	燕长城大马各庄村学校段	夯土	徐水大马各庄村学校内	1982.7	河北省人民政府	以墙体边缘为基线，向两侧延伸 50 米	以保护范围边线为基线，两侧各外扩 100 米	适应
	26	燕长城大庞村西北段	夯土	徐水城大庞村西北	1982.7	河北省人民政府	以墙体边缘为基线，向两侧延伸 50 米	以保护范围边线为基线，两侧各外扩 100 米	适应
	27	燕长城广门村南、村西段	夯土	徐水广门村南村西，沿瀑河东岸	1982.7	河北省人民政府	以墙体边缘为基线，向两侧延伸 50 米	以保护范围边线为基线，两侧各外扩 100 米	适应
	28	燕长城解村村南段	夯土	徐水县解村村南	1982.7	河北省人民政府	以墙体边缘为基线，向两侧延伸 50 米	以保护范围边线为基线，两侧各外扩 100 米	适应
	29	燕长城解村村西、北段	夯土	徐水县解村村西、北	1982.7	河北省人民政府	以墙体边缘为基线，向两侧延伸 50 米	以保护范围边线为基线，两侧各外扩 100 米	适应

（续表）

县（区）	序号	长城名称	类型	所处地理位置	划定时间	公布机关	保护范围宽度	建设控制地带宽度	是否适应当前需要
	30	燕长城南梨园段	夯土	徐水县南梨园南	1982.7	河北省人民政府	以墙体边缘为基线，向两侧延伸50米	以保护范围边线为基线，两侧各外扩100米	适应
	31	燕长城瀑河水库段	夯土	徐水县瀑河水库内至曲城界	1982.7	河北省人民政府	以墙体边缘为基线，向两侧延伸50米	以保护范围边线为基线，两侧各外扩100米	适应
	32	燕长城商庄段	夯土	徐水县商庄村南	1982.7	河北省人民政府	以墙体边缘为基线，向两侧延伸50米	以保护范围边线为基线，两侧各外扩100米	适应
易县	33	燕南长城东柳泉村北段	土质	塘湖镇东柳泉村北	1993	河北省人民政府	城墙两侧各50米	保护范围50米为基线，外扩100米为建设控制地带	适应
	34	燕南长城东城阳段	土质	尉都乡东城阳村东南	1993	河北省人民政府	城墙两侧各50米	保护范围50米为基线，外扩100米为建设控制地带	适应
	35	燕南长城曲城段	土质	尉都乡曲城村南	1993	河北省人民政府	城墙两侧各50米	保护范围50米为基线，外扩100米为建设控制地带	适应
	36	瓦窑关长城（明）	砖石	紫荆关镇小盘石村南	1993	河北省人民政府	城墙两侧各50米	保护范围50米为基线，外扩100米为建设控制地带	适应
	37	小盘石城（明）	砖石	小盘石村	1993	河北省人民政府	城墙两侧各50米	保护范围50米为基线，外扩100米为建设控制地带	适应
	38	西线墙体（明）	砖石	三里铺村南	1993	河北省人民政府	城墙两侧各50米	保护范围50米为基线，外扩100米为建设控制地带	适应
	39	紫荆关关城（明）	砖石	紫荆关镇紫荆关村	1993	河北省人民政府	城墙两侧各50米	保护范围50米为基线，外扩100米为建设控制地带	适应
	40	小新城（明）	砖石	三里铺村，小新城庄	1993	河北省人民政府	城墙两侧各50米	保护范围50米为基线，外扩100米为建设控制地带	适应
	41	大雁沟口城墙（明）	砖石	紫荆关镇高庄村	1993	河北省人民政府	城墙两侧各50米	保护范围50米为基线，外扩100米为建设控制地带	适应
	42	官座岭长城（明）	砖石	紫荆关镇君玉村	1993	河北省人民政府	城墙两侧各50米	保护范围50米为基线，外扩100米为建设控制地带	适应

（续表）

县（区）	序号	长城名称	类型	所处地理位置	划定时间	公布机关	保护范围宽度	建设控制地带宽度	是否适应当前需要
涞水县	43	大龙门城堡（明）	青砖条石	涞水县九龙镇大龙门村					
	44	蔡树庵长城（明）	毛石	涞水县九龙镇蔡树庵村西北					
安新县	45	新安古长城	黄土夯筑	安新县三台镇山西村					
容城县	46	黑龙口燕长城	土筑	容城县小里镇黑龙口村东	1987	容城县人民政府			
顺平县	47	神北古长城	土石混筑	神南乡神北村					
	48	马耳山古长城	土石混筑	河口乡坛山村					

石家庄市长城保护范围和建设控制地带情况表

县（区）	序号	长城名称	类型	所处地理位置	划定时间	公布机关	保护范围宽度	建设控制地带宽度	是否适应当前需要
井陉县	1	达滴岩口长城（明）	土石混筑	井陉县白土岭村西北山上	1956. 9. 7	河北省人民委员会	以城墙基外缘为基线，向两侧各外扩 50 米		否
	2	黄龙口长城（明）	土石混筑	井陉县地都村南 500 米的城墙岭上	1956. 9. 7	河北省人民委员会	以城墙基外缘为基线，向两侧各外扩 50 米		否
	3	明代长城（明）	土石混筑	井陉县三县垴到王母窑之间	1956. 9. 7	河北省人民委员会	以城墙基外缘为基线，向两侧各外扩 50 米		否
	4	神堂口长城（明）	土石混筑	井陉县神堂口西砸脚山下	1956. 9. 7	河北省人民委员会	以城墙基外缘为基线，向两侧各外扩 50 米		否
	5	武功口长城（明）	土石混筑	井陉县掌峪山顶	1956. 9. 7	河北省人民委员会	以城墙基外缘为基线，向两侧各外扩 50 米		否
	6	险隘口长城（明）	土石混筑	井陉县松树岭山岭上	1956. 9. 7	河北省人民委员会	以城墙基外缘为基线，向两侧各外扩 50 米		否
	7	小寺明长城（明）	土石混筑	井陉县小寺村与山西盂县交界处	1956. 9. 7	河北省人民委员会	以城墙基外缘为基线，向两侧各外扩 50 米		否
	8	杨庄口长城（明）	土石混筑	井陉县杨庄村山上	1982. 7. 23	河北省政府	以城墙基外缘为基线，向两侧各外扩 50 米		否
灵寿县	9	白草沟长城							否
平山县	10	安门口长城（明）	自然石垒砌	久亩亢乡六亩元村南 5 公里	1998. 8. 16	平山县人民政府	以城墙中心为基点向四周外扩 30 米	以保护范围外线为基点向四周外扩 50 米	是
	11	车见岭长城（明）	自然石垒砌	秋卜洞乡车见岭村南 2.5 公里	1998. 8. 16	平山县人民政府	以城墙中心为基点向四周外扩 30 米	以保护范围外线为基点向四周外扩 50 米	是
	12	大庙长城（明）	自然石垒砌	秋卜洞乡秋卜洞村南 500 米	1998. 8. 16	平山县人民政府	以城墙中心为基点向四周外扩 30 米	以保护范围外线为基点向四周外扩 50 米	是

（续表）

县（区）	序号	长城名称	类型	所处地理位置	划定时间	公布机关	保护范围宽度	建设控制地带宽度	是否适应当前需要
	13	合河口长城（明）	自然石垒砌	合河口乡合河口村西250米	1998. 8. 16	平山县人民政府	以城墙中心为基点向四周外扩30米	以保护范围外线为基点向四周外扩50米	是
	14	清风口长城（明）	自然石垒砌	塔崖乡榆林口村西500米	1998. 8. 16	平山县人民政府	以城墙中心为基点向四周外扩30米	以保护范围外线为基点向四周外扩50米	是
	15	秋卜洞长城（明）	自然石垒砌	秋卜洞乡秋卜洞村北50米	1998. 8. 16	平山县人民政府	以城墙中心为基点向四周外扩30米	以保护范围外线为基点向四周外扩50米	是
	16	白羊关长城（明）	自然石垒砌	营里乡白羊关村西北3公里	1998. 8. 16	平山县人民政府	以城墙中心为基点向四周外扩30米	以保护范围外线为基点向四周外扩50米	是
	17	恶石口长城（明）	自然石垒砌	塔崖乡恶石口村南1.5公里	1998. 8. 16	平山县人民政府	以城墙中心为基点向四周外扩30米	以保护范围外线为基点向四周外扩50米	是
	18	古榆树长城（明）	自然石垒砌	观音堂乡古榆树村北500米	1998. 8. 16	平山县人民政府	以城墙中心为基点向四周外扩30米	以保护范围外线为基点向四周外扩50米	是
	19	黑山关长城（明）	自然石垒砌	瓦房头乡黑山关村北1.5公里	1998. 8. 16	平山县人民政府	以城墙中心为基点向四周外扩30米	以保护范围外线为基点向四周外扩50米	是
	20	黄安口长城（明）	自然石垒砌	塔崖乡黄安村西500米	1998. 8. 16	平山县人民政府	以城墙中心为基点向四周外扩30米	以保护范围外线为基点向四周外扩50米	是
	21	黄草岩长城（明）	自然石垒砌	塔崖乡清风东南2.5公里	1998. 8. 16	平山县人民政府	以城墙中心为基点向四周外扩30米	以保护范围外线为基点向四周外扩50米	是
	22	井子峪口长城（明）	自然石垒砌	塔崖乡井子峪村西南3公里	1998. 8. 16	平山县人民政府	以城墙中心为基点向四周外扩30米	以保护范围外线为基点向四周外扩50米	是
	23	六岭关口长城（明）	自然石垒砌	下口乡六岭关口村西	1998. 8. 16	平山县人民政府	以城墙中心为基点向四周外扩30米	以保护范围外线为基点向四周外扩50米	是
	24	马圈口长城（明）	自然石垒砌	店头乡南营村南1公里	1998. 8. 16	平山县人民政府	以城墙中心为基点向四周外扩30米	以保护范围外线为基点向四周外扩50米	是
	25	南关长城（明）	自然石垒砌	营里乡南关村南500米	1998. 8. 16	平山县人民政府	以城墙中心为基点向四周外扩30米	以保护范围外线为基点向四周外扩50米	是

（续表）

县（区）	序号	长城名称	类型	所处地理位置	划定时间	公布机关	保护范围宽度	建设控制地带宽度	是否适应当前需要
	26	桑元口长城（明）	自然石垒砌	桑元口乡桑元口村北1公里	1998.8.16	平山县人民政府	以城墙中心为基点向四周外扩30米	以保护范围外线为基点向四周外扩50米	是
	27	神堂关长城（明）	自然石垒砌	杀虎乡神堂关村北200米	1998.8.16	平山县人民政府	以城墙中心为基点向四周外扩30米	以保护范围外线为基点向四周外扩50米	是
	28	十八盘口长城（明）	自然石垒砌	下口乡盘里村南1.5公里	1998.8.16	平山县人民政府	以城墙中心为基点向四周外扩30米	以保护范围外线为基点向四周外扩50米	是
	29	水关长城（明）	自然石垒砌	杨家桥乡水关村北滹沱河两岸	1998.8.16	平山县人民政府	以城墙中心为基点向四周外扩30米	以保护范围外线为基点向四周外扩50米	是
	30	寺坪长城（明）	自然石垒砌	秋卜洞乡秋卜洞村西北5公里	1998.8.16	平山县人民政府	以城墙中心为基点向四周外扩30米	以保护范围外线为基点向四周外扩50米	是
	31	桃红沟长城（明）	自然石垒砌	合河口乡桃红沟村	1998.8.16	平山县人民政府	以城墙中心为基点向四周外扩30米	以保护范围外线为基点向四周外扩50米	是
	32	岳子崖长城（明）	自然石垒砌	六亩元乡岳子崖村东500米	1998.8.16	平山县人民政府	以城墙中心为基点向四周外扩30米	以保护范围外线为基点向四周外扩50米	是
	33	宅门沟长城（明）	自然石垒砌	店头乡王家峪村西200米	1998.8.16	平山县人民政府	以城墙中心为基点向四周外扩30米	以保护范围外线为基点向四周外扩50米	是
赞皇县	34	白城口长城							
	35	北泥登口长城							
	36	虎寨口长城							
	37	黄沙岭口长城							
	38	段岭口长城（明）	石砌	黄北坪乡上段村	1987	县政府	东西城墙根基和南北尽头为基线，向四周各扩50米	以保护范围边线为基线，向东西各处扩至岭下，向南北各处扩至领头	否

邢台市长城保护范围和建设控制地带情况表

县（区）	序号	长城名称	类型	所处地理位置	划定时间	公布机关	保护范围宽度	建设控制地带宽度	是否适应当前需要
沙河市	1	大岭口长城（明）	碎条石，黄土垒砌	沙河市蝉房乡西部大寨山上	1982	河北省人民政府	大岭口始，西北与邢台县接壤 由墙基向外各扩 50 米		
	2	黄背岩长城（明）	碎条石，黄土垒砌	沙河市蝉房乡西部山上黄背岩至大岭口	1982	河北省人民政府	西南由黄背岩始，西北大岭口止，由墙基向外各扩 50 米		
内邱县	3	鹤度岭明长城（明）	条石砌筑	内邱县侯家庄乡小岭底村西北 1.6 公里	1982	河北省人民政府	以城墙外墙皮为基线，向西、北、南各外扩 50 米至山坡。	以保护范围边线为基础，向北外扩 30 米至小山丘，向南外扩 80 米至悬崖。	适应
邢台县	4	黄榆岭长城（明）	碎石	邢台县冀家村乡营里村	1982	河北省人民政府	城墙均以城墙外缘为基线，向两侧各外扩 50 米	以保护范围为基础外扩 1000 米	适应
	5	马岭关长城（明）	碎石	邢台县宋家庄乡明水掌村西北 1.5 公里处	1982	河北省人民政府	城墙均以城墙外缘为基线，向两侧各外扩 50 米独立体设施均以基础外缘为基线向四周外扩 50 米。	以保护范围为基础外扩 1000 米	适应
	6	支锅岭长城（明）	碎石	邢台县浆水镇营房台村西 3.5 公里处	1982	河北省人民政府	城墙均以城墙外缘为基线，向两侧各外扩 50 米	以保护范围为基础外扩 1000 米	适应

邯郸市长城保护范围和建设控制地带情况表

县（区）	序号	长城名称	类型	所处地理位置	划定时间	公布机关	保护范围宽度	建设控制地带宽度	是否适应当前需要
武安市	1	大嵌岩口（明）	荒石	武安市活水乡大安村北1公里处，武安，沙河之间交通要道	1998.2		宽度13米，东、西由关墙外各扩5米，南至山顶，北至山顶。	宽度33米，东、西由保护范围边线向外各扩10米，南北由保护范围边线各外扩20米	适应
	2	后柏山长城段（明）	石块	武安市活水乡后柏山村西2公里的山梁上	1998.12	邯郸市人民政府	宽度42－45米，以建筑物外皮各向外扩20米	宽度为200米，以保护范围外缘为基线，各向外扩200米	适应
武安市	3	黄背岩口长城段（明）	荒石砌筑，内填土	武安市活水乡贺家庄、黄背岩庄东北约1公里。武沙二市交界处	1998.12		宽度11－12米，北外扩10米，东、西各外扩5米，南外扩10米	宽度31－32米，北至山顶，东、西由保护范围边线向外扩各10米，南外扩20米	适应
	4	黄泽关（明）	荒石	武安市馆陶乡盘根村西，晋冀两省交界处	1998.12		宽度为11米－19米，以建筑物墙外皮各向外扩5米	宽度10米，以保护范围边线为基线，各向外扩10米。	需要加宽
	5	峻极关长城段（明）	荒石	武安市活水乡奈何坪村西2500米	1995	邯郸市人民政府	宽度11米－12米，东南、西南、西北各外扩5米，东北延伸至断崖	宽度15米－30米，东北、西北、东南三面至断崖，西南至摩天岭	保护范围还应扩大
	6	炮台岩口长城段（明）	荒石砌筑，白灰焊缝	武安市活水乡天阳爵村南沟山庄东1.5公里处	1998.12		11米－18米为保护范围宽度，东、西以墙外皮分别外扩5米。北以墙体外扩10米，南外扩10米	宽度20米，东、西均至断崖，南至山岗，北至山顶	适应

廊坊市长城保护范围和建设控制地带情况表

县（区）	序号	长城名称	类型	所处地理位置	划定时间	公布机关	保护范围宽度	建设控制地带宽度	是否适应当前需要
大城县	1	燕南长城	黄土夯筑	大城县境内		省文物局	堤基两侧向外扩 50 米	以保护范围外缘为基线，向两侧各扩 50 米	是
文安县	2	燕南长城	黄土夯筑	文安向境内		省文物局	堤基两侧向外扩 50 米	以保护范围外缘为基线，向两侧各扩 50 米	是

长城保护范围和建设控制地带内建设工程情况

长城名城	年代	所在位置	工程项目名称
白石口段	明	保定涞源	控制地带内采矿 3 处
浮图峪段	明	保定涞源	控制地带内采矿 4 处，选矿 2 处
宁静安段	明	保定涞源	控制地带内 4 家铁矿
倒马关长城	明	保定唐县	保涞公路
红峪口长城	明	唐山迁安市	板楼东城墙通关涵洞
喜峰口长城	明	唐山迁西县	电影拍摄外景基地
山海关南翼长城	明	秦皇岛山海关区	铁道部集经干校招待所、开发区龙源酒店、自来水公司办公楼等
边墙子峰火台遗址		秦皇岛山海关区	金峰园农业观光园
铁三局烽火台遗址	明	秦皇岛山海关区	铁三局厂房、办公楼
黄背岩口长城	明	邯郸武安市	武安至沙河公路穿城
黄泽关长城	明	邯郸武安市	武左公路穿城
青羊沟北至窑湾沟段长城	明	张家口赤城县	50 万伏输变电塔 4 座
赤城八里庄至周村唐长城	唐	张家口赤城县	50 万伏输变电塔 1 座
赤城县三岔口村南至村西唐长城	唐	张家口赤城县	通信发射塔
赤城县三岔口村西至八里庄唐长城	唐	张家口赤城县	50 万伏输变电塔 3 座
赤城县上虎村北至三岔口村南唐长城	唐	张家口赤城县	50 万伏输变电塔 1 座
渡口堡乡北山长城	明	张家口怀来县	丹垃高带公路
马市口村西北长城	明	张家口怀来县	丹垃高带公路
西洋河村西长城	明	张家口怀来县	丹垃高带公路
常峪口水库长城	明	张家口宣化县	凤凰山寇真矿区、大白阳金矿
军民友谊路至张家口电视台段长城	明	张家口宣化县	张家口电视转播台
青边口至常峪口段长城	明	张家口宣化县	东高山雷达站（军委）、王宗军堆氢厂

长城保护范围和建设控制地带内分布的单位和民居情况

长城名城	年代	所在位置	单位或民居情况
紫荆关长城	明	保定易县	镇政府、水文站、教委、供销社、电管所、民居 290 户
小新城	明	保定易县	民居 38 户
官座岭长城	明	保定易县	民居 55 户
擦崖子—榆木岭长城	明	唐山迁西县	擦崖子居民、兰城沟村居民、榆木村居民、青山口村居民
龙洞峪至马兰关段	明	唐山遵化县	马兰关村居民
大安口至冷咀头段	明	唐山遵化县	大安口村、双义、冷嘴头村居民
沙坡峪段	明	唐山遵化县	沙坡峪村居民
罗文峪段	明	唐山遵化县	罗文峪村民居
山海关南翼长城	明	秦皇岛山海关区	小湾村、南营子等村居民
第一关景区	明	秦皇岛山海关区	第一中学、民居等
关城、东罗城	明	秦皇岛山海关区	民房、企事业单位
山海关北南翼长城	明	秦皇岛山海关区	镇北街村民房
刘道庄烽火台旧址	明	秦皇岛山海关区	刘道庄村居民
威远城遗址	明	秦皇岛山海关区	烈士陵园、民房
虎龙沟至栅子口段长城	明	张家口赤城县	塞北林场赤城分场
康庄东山至下虎村唐长城	唐	张家口赤城县	康庄村依长成建住房 50 户
赤城县三岔口村南至村西唐长城	唐	张家口赤城县	三岔口村民居
赤城县三岔口村西至八里庄唐长城	唐	张家口赤城县	高家沟村民住房 10 户
赤城县上虎村北至三岔口村南唐长城	唐	张家口赤城县	有椴木沟村、三岔口新村依长城而建的民居 164 户
赤城县上虎村东至上虎村北段长城	唐	张家口赤城县	两村村民民居
赤城县周村东至前所西段长城	唐	张家口赤城县	两村村民 350 居民
北齐长城青羊沟段	北齐	张家口赤城县	云州村民建房屋一间
赵家蓬马水长城	明	张家口涿鹿县	民居 10 户房屋 50 户
大境门长城	明	张家口桥西区	2000 户居民、20 间店面

张家口市长城保护标志树立情况表

县（区）	序号	长城名称	保护标志				
			竖立位置	竖立日期	竖立机关	数量	材质
赤城县	1	赤城明长城大边至小庄科段（明）	1块树于后城大边 1块树于长伸地 1块树于古子坊	1982，2003	赤城县人民政府，河北省文物局	3	钢筋混凝土，花岗岩
	2	赤城明长城青虎沟至虎龙沟段（明）	清泉堡	1982	赤城县人民政府	1	钢筋混凝土
	3	赤城明长城小庄科至清平楼口段（明）	赵家庄	1982	赤城县人民政府	1	钢筋混凝土
	4	赤城明长城栅子口至北栅子段（明）	北栅子	1982，2003	赤城县人民政府	1	钢筋混凝土
	5	赤城唐长城三岔口村西至八里庄村东段	三岔口村西壕沟西一块　高家沟村口一块	2002.9	河北省文物局	2	花岗岩
	6	赤城唐长城上虎村北至三岔口村南段	1块位于上虎村北　一块位于椴木沟村北	2003.9	河北省文物局	2	汉白玉
	7	赤城唐长城下虎村东至上虎村北段	下虎村北	2003.9	河北省文物局	1	汉白玉
	8	赤城唐长城周村东至前所西段		2003	河北省文物局	1	花岗岩
崇礼县	9	高家营镇二道边至三道边明长城（明）	二道边路口与三道边分界路口处		崇礼县文物保护管理所	1	石
	10	高家营镇三道边至水晶屯明长城（明）			崇礼县文物保护管理所	1	石
	11	高家营镇水晶屯路至四台嘴乡马驹沟村（明）	水晶屯，韭菜坪		河北省人民政府	2	汉白玉
	12	高家营镇头道边至二道边明长城（明）	头道边路口		崇礼县文物保护管理所	1	石
	13	四台嘴乡老虎沟至白旗乡野鸡山段明长城（明）	野鸡山		河北省人民政府	1	汉白玉
沽源县	14	明长城红泥滩段（明）	一块位于三道林林场长城一侧	2002	河北省人民政府	1	石
	15	明长城西坝段（明）	一块位于红泥滩赤城县与沽源县交界处。	2002	河北省人民政府	1	石
	16	燕、秦、汉、北魏长城段木梁段	一块位于东头盘道沟山坡上，一段位于段木梁公路东侧。	2002	河北省人民政府	2	石
	17	燕、秦、汉、北魏长城西坝段	位于段木梁公路西侧	2002	河北省人民政府	1	石
	18	燕长城	长城南端和北端	1987	沽源县人民政府	2	石

（续表）

县（区）	序号	长城名称	保护标志				
			竖立位置	竖立日期	竖立机关	数量	材质
怀安县	19	怀安县马市口村西北长城（明）	怀安县马市口村西北长城	2001.10	河北省文物局	1	石
	20	怀安县西洋河村西长城（明）	怀安县西洋河村西长城	2001.10	河北省文物局	1	石
怀来县	21	怀来明长城（大营盘——水头段）（明）	长城沿线	2004.8	河北省文物局	2	石
	22	怀来明长城（董庄子——坊口段）（明）	长城沿线	2004.8	河北省文物局	2	石
康保县	23	金长城（“康—邓”公路西至“康—李”公路东）	康—邓”公路西至“康—李”公路东	2002	河北省文物局	1	汉白玉
	24	金长城（“康家地村”河床处至“民善村”北河床处）	康家地村”河床处至“民善村”北河床处				
	25	金长城（“芦—李”公路西至“孙家营村”北河床处）	芦—李”公路西至“孙家营村”北河床处	2002	河北省文物局	1	汉白玉
	26	金长城（“张—康”公路西至三老汉村北）	张—康”公路西至三老汉村北	2002	河北省文物局	1	汉白玉
	27	金长城（贺旺村北至郭油坊村北500米处）	贺旺村北至郭油坊村北500米处	2002	河北省文物局	1	汉白玉
	28	金长城（梁家营村北至小兰城村后）	梁家营村北至小兰城村后	2002	河北省文物局	1	汉白玉
	29	金长城（三老汉村北至“康—邓”公路东）	三老汉村北至“康—邓”公路东	2002	河北省文物局	1	汉白玉
	30	金长城（孙家营村”北河床处至“杨统领地村”南河床处）	孙家营村”北河床处至“杨统领地村”南河床处	2002	河北省文物局	1	汉白玉
	31	金长城（小兰城村后至“张—康公路”东）	小兰城村后至“张—康公路”东	2002	河北省文物局	3	汉白玉
	32	金长城（闫油坊村后至贺旺村北段）	闫油坊村后至贺旺村北段	2002	河北省文物局	1	汉白玉
	33	金长城（闫油坊乡二喇嘛村至闫油坊村后）	闫油坊乡二喇嘛村至闫油坊村后	2002	河北省文物局	3	汉白玉
	34	金长城（杨统领地村南河床处至化德县“李七八村”北康化界）	杨统领地村南河床处至化德县“李七八村”北康化界	2002	河北省文物局	1	汉白玉

（续表）

县（区）	序号	长城名称	保护标志				
			竖立位置	竖立日期	竖立机关	数量	材质
尚义县	35	秦、明长城（桃坪——杏元沟白郭线省二级公路段）（明）	尚义县甲石河乡杏元沟行政村白郭线西南战台旁1块。	2002.5	河北省文物局	1	汉白玉底座、大理石碑
	36	秦汉长城（下马圈乡韭菜沟——桃坪）	下马圈乡韭菜沟口110国道东侧1块。下马圈乡黄草梁路边1块。下马圈乡庄科行政村南赵山1块。小蒜沟镇地上行政村大虎沟东洋河大桥1块	2002.5	河北省文物局	4	汉白玉底座、大理石碑
万全县	37	明代长城（郭白线以西至东洋河地段）（明）	郭白公路与明代长城交叉路口西侧的烽火台南	2002.8	河北省文物局	1	汉白玉
	38	明代长城（小麻坪长城旅游公路以西至郭白线东侧地段）（明）	郭白公路与明长城交叉路口东侧	2002.8	河北省文物局	1	汉白玉
	39	明代长城（张家口坝底村至张石高速公路地段）（明）	张石高速公路（黑风口）东侧	2002.8	河北省文物局	2	汉白玉
	40	明代长城［张石高速至小麻坪（长城旅游公路）地段］（明）	北辛屯乡小麻坪村西长城旅游西侧长城墙体上	2002.8	河北省文物局	1	汉白玉
蔚县	41	飞狐峪长城	北口村、九辛庄村	2001	河北省文物局	4	大理石
	42	黎源岭长城	柏树村、山门庄村	2001	河北省文物局	4	大理石
	43	石门峪长城	西庄头村、大探口村	2001	河北省文物局	4	大理石
宣化县	44	常峪口村季节性河流至410县道段明长城（明）		2002	河北省人民政府	1	大理石
	45	宣化县常峪口水库至宣崇公路旧路段明长城（明）	东望山乡小营盘村矿区公路路口，离长城不足10米	2002	河北省人民政府	1	汉白玉
	46	宣化县军民友谊路至青边口宣崇公路段明长城（明）	宣化县大仓盖村羊房堡村村口宣化县东望山乡青边口宣崇公路路口	2002	河北省人民政府	2	汉白玉
	47	宣化县军民友谊路至张家口市电视转播台段明长城（明）	宣化县大仓盖镇人头山脚下1块。	2000	河北省人民政府	1	汉白玉
	48	宣化县青边口宣崇公路至常峪口村季节性河流段明长城（明）	宣化县东望山乡青边口宣崇公路路口	2002	河北省人民政府	1	汉白玉
	49	宣化县人头山至军民友谊路段明长城（明）	宣化县大仓盖镇人头山脚下一块。	2002	河北省人民政府	1	汉白玉

（续表）

县（区）	序号	长城名称	保护标志				
			竖立位置	竖立日期	竖立机关	数量	材质
宣化县	50	宣化县宣崇公路旧路至大尖山段明长城（明）	保护标志位于李家堡乡正盘台村正盘台段明长城上，离长城不足50米	2002	河北省人民政府	1	汉白玉
张北县	51	古长城［战国——金］（从小二台乡黑脑包始，经西滩、塞寒坝、上白花洼、前后柳条坝、边墙外、化兰井）	小二台乡边墙里村南、前柳条坝村西、后柳条坝村西、塞寒坝村西、杨家村南	2001.10	河北省文物局	5	汉白玉
	52	万里长城（明）（由张北、崇礼分界碑处始，经油篓沟乡化兰井、小南洼、黑脑包、店门口、二道边、黄花坪）（明）	油篓沟乡店门口村东南长城北侧	2001.10	河北省文物局	1	汉白玉
	53	万里长城（由张家口大境门来，自油篓沟乡汉淖坝入境，经周坝、黄花坪、狼窝沟、大水泉、大崖湾、门转沟、黄土囫囵、春垦、镇虎台、正边台、治儿山入万全县）（明）	油篓沟乡（周坝村、狼窝沟村）、台路沟乡（镇虎台村、白龙洞）	2001.10	河北省文物局	4	汉白玉
涿鹿县	54	涿鹿县赵家蓬区马水长城（明）	马水长城，东关、城里、西关、城墙或城关口处	1982、2002	河北省人民政府	5	水泥、汉白玉
桥西区	55	大境门长城（明）	大境门长城下	2000	河北省文物局	2	汉白玉

秦皇岛市长城保护标志树立情况表

县（区）	序号	长城名称	保护标志				
			竖立位置	竖立日期	竖立机关	数量	材质
抚宁县	1	长城抚宁九门口段（明）	九门口段	2002.9	河北省文物局	1	汉白玉
	2	长城抚宁拿子峪段（明）	拿子峪村西	2002.9	河北省文物局	1	汉白玉
	3	长城抚宁柳观峪段（明）	柳观峪村北	2005.6	抚宁县人民政府	1	花岗岩
卢龙县	4	明代蓟镇长城（明）	1. 通往桃林口水库公路的长城断口处路旁 2. 刘家口关楼处公路旁	2001.9	河北省文物局	2	汉白玉
山海关区	5	老龙头长城（入海石城至王受二号台）（明）	入海石城西侧、澄海楼北侧	2001.8	河北省文物局	2	汉白玉
	6	山海关南翼长城（王受二号台至靖边楼）（明）	铁门关东侧，长城西街豁口处	2001.8	河北省文物局	2	汉白玉
	7	第一关景区段长城（靖边楼至关城北垣烽号台）（明）	第一关城台西侧外墙、靖边楼马道下	2001.8	河北省文物局	2	汉白玉、水泥
	8	关城、东罗城段长城（明）	关城西门外、东罗城服远门南侧	2001.8	河北省文物局	2	汉白玉
	9	山海关北翼长城（关城北垣烽号台至57号台）（明）	靶场路长城豁口西侧	2001.8	河北省文物局	2	汉白玉、水泥
	10	角山景区段长城（57号台至角山关）（明）	57号台马道下	2001.8	河北省文物局	1	汉白玉
	11	角山至九门口段长城（明）	滥水关下、九门口	2001.8	河北省文物局	2	汉白玉
山海关区	12	边墙子烽火台遗址（明）	遗址南侧	1984	山海关区人民政府	1	水泥
	13	欢喜岭烽火台遗址（明）	遗址南侧	1984	山海关区人民政府	1	水泥
	14	梁家沟烽火台遗址（明）	遗址南侧	1984	山海关区人民政府	1	水泥
	15	刘道庄烽火台遗址（明）	遗址南侧	1984	山海关区人民政府	1	水泥
	16	铁三局烽号台遗址（明）	遗址北侧	1984	山海关区人民政府	1	水泥
	17	威远城遗址（明）	威远城南侧	1992.8	河北省文物局	1	水泥

承德市长城保护标志树立情况表

县（区）	序号	长城名称	保护标志				
			竖立位置	竖立日期	竖立机关	数量	材质
承德县	1	明代长城（明）	长城沿线	1982	承德县文物保护管理所	3	砖、水泥
	2	汉代长城	位于头沟镇土城子城址路边	1982	承德县文物保护管理所	1	砖、水泥
	3	汉代烽燧	位于头沟镇土城子城址路边	1982	承德县文物保护管理所	1	砖、水泥
丰宁县	4	大营子燕秦长城	大营子南坡上	1982.5	河北省人民政府	1	钢筋混凝土
	5	金代界壕	在草原乡北约500米处	2006.7	国家文物局	1	钢筋混凝土
	6	山嘴燕秦长城	山嘴村南约350米处	1982.5	河北省人民政府	1	钢筋混凝土
	7	五里营燕秦长城	在五里营村300米西北山坡上	1982.5	河北省人民政府	1	钢筋混凝土
	8	小老虎沟西汉长城	小老虎沟西山坡上	1982.5	河北省人民政府	1	钢筋混凝土
宽城县	9	勃罗台乡喜峰口长城段（明）	喜峰口长城北段停车场西侧和南段影视基地入口处	2000.6、2005.8	宽城满族自治县文保所	2	石质
	10	铧尖乡铧尖村长城段（明）	铧尖村南100米处路东	2000	宽城满族自治县文保所	1	砖混理石贴面刻字
宽城县	11	碾子峪乡岭西村长城段（明）	铁门关宽邦公路南侧	2005.8	宽城满族自治县文保所	1	石质
围场县	12	燕秦长城	新拨乡岱尹上村南1公里处长城遗址处、五道川乡九号村西山坡长城遗址处、五道川乡十八号村南2公里西山坡长城遗址处、大唤起乡十七号村北山坡长城遗址处、塔镇十八棵村东长城遗址处	2003.8	围场县文物管理所	6	钢筋水泥

（续表）

县（区）	序号	长城名称	保护标志				
			竖立位置	竖立日期	竖立机关	数量	材质
兴隆县	13	明代万里长城（明）	兴隆县：小关门、龙井关、洪山口、罗文峪、冷嘴头、大安峪、上关、马兰峪、黄门子、黄崖关、龙门、将军关、墙子路、大黄崖口、小黄崖口、黑峪关、雾灵山	1982.12	兴隆县人民政府	17	钢筋水泥
滦平县	14	金山岭长城（明）	龙峪口东水门处、砖垛口、沙岭口、后川口、司马台	1988.2	滦平县人民政府	5	青石
	15	汉代北李营长城	滦平县滦平镇刘印沟脑杨树沟门村	1987.9	滦平县文物保护管理所	1	铁
	16	古城川长城	巴克什营镇古城川西台村	1987	滦平县文物保护管理所	1	铁
	17	明代长城（明）	涝洼关门、司马台、龙峪口、砖垛口、沙岭口、后川口、古北口关门、营盘	1982	滦平县人民政府	8	水泥钢筋、青石

唐山市长城保护标志树立情况表

县（区）	序号	长城名称	保护标志				
			竖立位置	竖立日期	竖立机关	数量	材质
遵化市	1	遵化市长城楦门子段（明）	楦门子		河北省人民政府	1	大理石
	2	遵化市长城马兰关口段（明）	马兰关口		河北省人民政府	1	大理石
	3	遵化市长城上关湖段（明）	上关湖		河北省人民政府	1	大理石
	4	遵化市长城大安口段（明）	大安口		河北省人民政府	1	大理石
	5	遵化市长城罗文峪关口段（明）	罗文峪关口		河北省人民政府	1	大理石
	6	遵化市长城洪山口段（明）	洪山口		河北省人民政府	1	大理石
迁安市	7	白羊峪长城（明）	白羊峪村委会前白羊河边、大庄村北山下	1993	河北省文物局	2	石，水泥
	8	大龙王庙段长城（明）	大龙王庙村北山下		河北省文物局	1	石
	9	河流口长城（明）	河流口村	1993	河北省文物局	1	水泥
	10	红峪口长城（明）	马井子42口、小关村北、红峪口村东北山下		河北省文物局	3	水泥
	11	冷口长城（明）	冷口关城门，教场沟村东北山下		河北省文物局	2	石
	12	徐流口长城（明）	徐流口长城小媳妇楼下		河北省文物局	1	石
迁西县	13	擦崖子—榆木岭长城（明）	擦崖子关城门旧址处		河北省文物局	1	石
	14	董家口—潘家口长城（明）	铁门关迁西县与宽城县交界处		河北省文物局	1	石
	15	榆木岭－董家口长城（明）	青山关关城城门外		河北省文物局	1	石

保定市长城保护标志树立情况表

县（区）	序号	长城名称	保护标志				
			竖立位置	竖立日期	竖立机关	数量	材质
涞源县	1	白石口段（明）	白石口村和后湖海村	2006.7.5	涞源县人民政府	2	砖砌
	2	插箭岭段（明）	下北头乡插箭岭村	2006.7.5	涞源县人民政府	1	砖砌
	3	黄土岭中山国长城	黄土岭村拱券门洞处			1	水泥浇铸
	4	茨字段（明）				5	水泥浇铸
	5	浮图峪段（明）	浮图峪村	2006.7.5	涞源县人民政府	1	砖砌
	6	宁静安段（明）	南屯乡亚家庄村东孟良城	2006.7.5	涞源县人民政府	1	砖砌
	7	乌龙沟段（明）	柱角石村乌龙沟城堡西门处	2006.7.5	涞源县人民政府	2	砖砌
阜平县	8	长城岭口长城（明）	关门洞	1982	阜平县人民政府	1	石
	9	龙泉关城门（明）	关门西侧	1982	阜平县人民政府	1	石
唐县	10	倒马关长城（明）	倒马关关城东门外墙壁上	1982	河北省人民政府	1	汉白玉
徐水县	11	燕长城城西村东南段	城墙北侧	2001.11.15	河北省文物局	1	汉白玉
	12	燕长城城西村西南段	大庞村果园西侧小段墙体北侧1块，仅存碑坐；大段墙体东侧南面1块，已无存	2001.11.15	河北省文物局	2	汉白玉
	13	燕长城大马各庄村学校段	墙体南侧	2001.11.15	河北省文物局	1	汉白玉
徐水县	14	燕长城大庞村西北段	城墙东侧	2001.11.15	河北省文物局	1	汉白玉
	15	燕长城广门村南、村西段	第一段墙体东侧1块，已倒，完整 第二段墙体东侧1块，已倒，完整 第三段墙体东侧1块，坐尚存，碑身砸碎	2005.11.15	河北省文物局	3	汉白玉
	16	燕长城解村村西、北段	村西断崖下1块，已倒，尚存。1号段北侧拐角处1块，无存。4号段墙基西侧1块，坐存，碑身无存。	2001.11.15	河北省文物局	3	汉白玉

（续表）

县（区）	序号	长城名称	保护标志				
			竖立位置	竖立日期	竖立机关	数量	材质
	17	燕长城瀑河水库段	4号段南侧墙基下1块，无存。9号段与曲城交界处墙基下1块，只留坐，身无存。	2001.11.15	河北省文物局	2	汉白玉
易县	18	燕南长城东城阳段		1996	河北省文物局	1	汉白玉
	19	燕南长城曲城段		1996	河北省文物局	1	汉白玉
	20	紫荆关关城（明）	紫荆关关城北门外2块西豁口外1块	1985－1996	县政府省文物局	3	汉白玉、水泥
涞水县	21	大龙门城堡（明）	东门内侧			1	水泥
容城县	22	黑龙口燕长城	燕长城东端	1987.8.26	容城县人民政府	1	水泥

石家庄市长城保护标志树立情况

县（区）	序号	长城名称	保护标志				
			竖立位置	竖立日期	竖立机关	数量	材质
井陉县	1	黄龙口长城（明）	井陉县南岭镇岸底村南	1956. 9. 7	井陉县人民政府	1	青石
	2	险隘口长城（明）	井陉县良沟桥村	2005. 10. 7	井陉县人民政府	1	青石
	3	小寺明长城（明）	井陉县仙台山	2005. 10. 7	井陉县人民政府	1	青石
	4	杨庄口长城（明）	井陉县杨庄村	2005. 10. 7	井陉县人民政府	1	青石
平山县	5	水关长城（明）	杨家桥乡水关村北300米	1998. 8. 16		1	大理石

邢台市长城保护标志树立情况

县（区）	序号	长城名称	保护标志				
			竖立位置	竖立日期	竖立机关	数量	材质
沙河市	1	黄背岩长城（明）	黄背岩郭公关处	1988.6	沙河市人民政府	1	水泥

廊坊市长城保护标志树立情况表

县（区）	序号	长城名称	保护标志				
			竖立位置	竖立日期	竖立机关	数量	材质
大城县	1	燕南长城	辛庄子、郭底、杨堤	2005.1	大城县人民政府	3	水泥钢筋
文安县	2	燕南长城	崔家坊村、司吉城村	2005.7	文安县人民政府	2	水泥钢筋

张家口市长城记录档案情况表

县（区）	序号	长城名称	建档单位	建档时间	档案保管单位	保管人员	备案机关	备案时间	档案内容是否完备、装帧是否符合规范要求			档案变更或补充情况	收集整理借阅利用制度
									主卷	副卷	备考卷		
崇礼县	1	高家营镇二道边至三道边明长城（明）	崇礼县文物保护管理所	1985	崇礼县文物保护管理所	任云飞			是				
	2	高家营镇三道边至水晶屯明长城（明）	崇礼县文物保护管理所	1985	崇礼县文物保护管理所	任云飞			是				
	3	高家营镇水晶屯村明长城（明）	崇礼县文物保护管理所	1985	崇礼县文物保护管理所	任云飞			是				
	4	高家营镇水晶屯路至四台嘴乡马驹沟村（明）	崇礼县文物保护管理所	1985	崇礼县文物保护管理所	任云飞			是				
	5	高家营镇头道边至二道边明长城（明）	崇礼县文物保护管理所	1985	崇礼县文物保护管理所	任云飞			是				
	6	桦皮岭到野鸡山燕北长城	崇礼县文物保护管理所	1985	崇礼县文物保护管理所	任云飞			是				
怀安县	7	怀安县渡口堡乡北山长城（明）	怀安县文物保护管理所	1984.6.15	怀安县文物保护管理所	徐建中	张家口市文化局	1984.7	是				
	8	怀安县马市口村西北长城（明）	怀安县文物保护管理所	1984.6.15	怀安县文物保护管理所	徐建中	张家口市文化局	1984.7	是				
	9	怀安县西洋河村西长城（明）	怀安县文物保护管理所	1984.6.15	怀安县文物保护管理所	徐建中	张家口市文化局	1984.7	是				

（续表）

县（区）	序号	长城名称	建档单位	建档时间	档案保管单位	保管人员	备案机关	备案时间	档案内容是否完备、装帧是否符合规范要求			档案变更或补充情况	收集整理借阅利用制度
									主卷	副卷	备考卷		
怀来县	10	怀来明长城（大营盘——水头段）（明）	怀来县图书馆	1987.10	怀来县博物馆	赵金霞			是				
	11	怀来明长城（董庄子——坊口段）（明）	怀来县图书馆	1987.10	怀来县博物馆	赵金霞			是				
康保县	12	金长城（“民善”村北至“芦—李公路”东）	康保县文物保护管理所	2003	康保县文物保护管理所	乔文品			有	有	有		
	13	金长城（“康—李”公路西至“康家地”村南河床处）	康保县文物保护管理所	2003	康保县文物保护管理所	乔文品			有	有	有		
	14	金长城（“康—邓”公路西至“康—李”公路东）	康保县文物保护管理所	2003	康保县文物保护管理所	乔文品			有	有	有		
	15	金长城（“康家地村”河床处至“民善村”北河床处）	康保县文物保护管理所	2003	康保县文物保护管理所	乔文品			有	有	有		
	16	金长城（“芦—李”公路西至“孙家营村”北河床处）	康保县文物保护管理所	2003	康保县文物保护管理所	乔文品			有	有	有		
	17	金长城（“张—康”公路西至三老汉村北）	康保县文物保护管理所	2003	康保县文物保护管理所	乔文品			有	有	有		
	18	金长城（郭油坊村北至梁家营村后）	康保县文物保护管理所	2003	康保县文物保护管理所	乔文品			有	有	有		

（续表）

县（区）	序号	长城名称	建档单位	建档时间	档案保管单位	保管人员	备案机关	备案时间	档案内容是否完备、装帧是否符合规范要求			档案变更或补充情况	收集整理借阅利用制度
									主卷	副卷	备考卷		
崇礼县	19	金长城（贺旺村北至郭油坊村北500米处）	康保县文物保护管理所	2003	康保县文物保护管理所	乔文品			有	有	有		
	20	金长城（梁家营村北至小兰城村后）	康保县文物保护管理所	2003	康保县文物保护管理所	乔文品			有	有	有		
	21	金长城（三老汉村北至“康—邓”公路东）	康保县文物保护管理所	2003	康保县文物保护管理所	乔文品			有	有	有		
	22	金长城（孙家营村”北河床处至“杨统领地村”南河床处）	康保县文物保护管理所	2003	康保县文物保护管理所	乔文品			有	有	有		
	23	金长城（小兰城村后至“张—康公路”东）	康保县文物保护管理所	2003	康保县文物保护管理所	乔文品			有	有	有		
	24	金长城（闫油坊村后至贺旺村北段）	康保县文物保护管理所	2003	康保县文物保护管理所	乔文品			有	有	有		
	25	金长城（闫油坊乡二喇嘛村至闫油坊村后）	康保县文物保护管理所	2003	康保县文物保护管理所	乔文品			有	有	有		
	26	金长城（杨统领地村南河床处至化德县“李七八村”北康化界）	康保县文物保护管理所	2003	康保县文物保护管理所	乔文品			有	有	有		

（续表）

县（区）	序号	长城名称	建档单位	建档时间	档案保管单位	保管人员	备案机关	备案时间	档案内容是否完备、装帧是否符合规范要求			档案变更或补充情况	收集整理借阅利用制度
									主卷	副卷	备考卷		
尚义县	27	北齐长城（甲石河乡杏元沟白郭线—下青杨沟）	尚义县文物保护管理所	1985	尚义县文物保护管理所	王桂岐	尚义县文化旅游局	2002. 7	是			未变更补充	有
	28	秦、明长城（桃坪——杏元沟白郭线省二级公路段）（明）	尚义县文物保护管理所	1985	尚义县文物保护管理所	王桂岐	尚义县文化旅游局	2002. 7	是			未变更补充	有
	29	秦汉长城（下马圈乡韭菜沟——桃坪）	尚义县文物保护管理所	1985	尚义县文物保护管理所	王桂岐	尚义县文化旅游局	2002. 7	是			未变更补充	有
蔚县	30	飞狐峪长城	蔚县文物事业管理所	1987	蔚县文物事业管理所	杨海勇	市文物局，省文物局	1987	是				
	31	黎源岭长城	蔚县文物事业管理所	1987	蔚县文物事业管理所	杨海勇	市文物局，省文物局	1987	是				
	32	石门峪长城	蔚县文物事业管理所	1987	蔚县文物事业管理所	杨海勇	市文物局，省文物局	1987	是				
宣化县	33	常峪口村季节性河流至410县道段明长城（明）	宣化县文管所	1983. 7. 5	宣化县文管所	贾卫英			是		是		
	34	宣化县常峪口水库至宣崇公路旧路段明长城（明）	宣化县文管所	1983. 7. 5	宣化县文管所	贾卫英			是		是		借阅
	35	宣化县军民友谊路至青边口宣崇公路段明长城（明）	宣化县文管所	1983. 7. 5	宣化县文管所	贾卫英			是		是		借阅

（续表）

县（区）	序号	长城名称	建档单位	建档时间	档案保管单位	保管人员	备案机关	备案时间	档案内容是否完备、装帧是否符合规范要求			档案变更或补充情况	收集整理借阅利用制度
									主卷	副卷	备考卷		
	36	宣化县军民友谊路至张家口市电视转播台段明长城（明）	宣化县文管所	1983.7.5	宣化县文管所	贾卫英			是		是		借阅
	37	宣化县青边口宣崇公路至常峪口村季节性河流段明长城（明）	宣化县文管所	1983.7.5	宣化县文管所	贾卫英			是		是		借阅
	38	宣化县人头山至军民友谊路段明长城（明）	宣化县文管所	1983.7.5	宣化县文管所	贾卫英			是		是		借阅
	39	宣化县宣崇公路旧路至大尖山段明长城（明）	宣化县文管所	1983.7.5	宣化县文管所	贾卫英			是		是		借阅
张北县	40	古长城［战国——金］（从小二台乡黑脑包始，经西滩、塞寒坝、上白花洼、前后柳条坝、边墙外、化兰井）	张北县文化局	1983.8	张北县文化局	董向英	张北县文化局	1983.8	是	是	是		
	41	古长城［战国——金］（自桦皮岭入境，经威远门沟、老虎沟入沽源县与崇礼县）	张北县文化局	1983.8	张北县文化局	董向英	张北县文化局	1983.8	是	是	是		

（续表）

县（区）	序号	长城名称	建档单位	建档时间	档案保管单位	保管人员	备案机关	备案时间	档案内容是否完备、装帧是否符合规范要求			档案变更或补充情况	收集整理借阅利用制度
									主卷	副卷	备考卷		
	42	万里长城（明）（由张北、崇礼分界碑处始，经油篓沟乡化兰井、小南洼、黑脑包、店门口、二道边、黄花坪）（明）	张北县文化局	1983.8	张北县文化局	董向英	张北县文化局	1983.8	是	是	是		
	43	万里长城（由张家口大境门来，自油篓沟乡汉淖坝入境，经周坝、黄花坪、狼窝沟、大水泉、大崖湾、门转沟、黄土囫囵、春垦、镇虎台、正边台、治儿山入万全县）（明）	张北县文化局	1983.8	张北县文化局	董向英	张北县文化局	1983.8	是	是	是		
桥西区	44	大境门长城（明）	张家口市桥西区文化体育旅游局		桥西区文体旅游局文保所	王臣，施雪欢，田晓丽	市文物局文物保护所	2003	是	是	是		

秦皇岛市长城记录档案情况

县（区）	序号	长城名称	建档单位	建档时间	档案保管单位	保管人员	备案机关	备案时间	档案内容是否完备、装帧是否符合规范要求			档案变更或补充情况	收集整理借阅利用制度
									主卷	副卷	备考卷		
抚安县	1	长城抚宁段（明）	抚宁县文物管理所	2004	抚宁县文物管理所	陈晖	全国重点文物保护单位记录档案备案工作项目实施小组	2004. 8. 18	是				无
卢龙县	2	明代蓟镇长城（明）	卢龙县文物保护管理所	1986	卢龙县文物保护管理所	赵全明			是				
青龙县	3	明代蓟镇长城（明）	青龙县文保所	1982	青龙县文保所	所长			是				无
	4	北齐长城	青龙县文保所	1982	青龙县文保所	所长			是				无
山海关区	5	老龙头长城（入海石城至王受二号台）（明）	山海关区文物局	2005	山海关区文物旅游局档案中心	冯晓冬	河北省文物局	2005	1卷84页				有
	6	山海关南翼长城（王受二号台至靖边楼）（明）	山海关区文物局	2005	山海关区文物旅游局档案中心	冯晓冬	河北省文物局	2005	1卷84页				有
	7	第一关景区段长城（靖边楼至关城北垣烽号台）（明）	山海关区文物局	2005	山海关区文物旅游局档案中心	冯晓冬	河北省文物局	2005	1卷84页				有
	8	关城、东罗城段长城（明）	山海关区文物局	2005	山海关区文物旅游局档案中心	冯晓冬	河北省文物局	2005	1卷84页				有

（续表）

县（区）	序号	长城名称	建档单位	建档时间	档案保管单位	保管人员	备案机关	备案时间	档案内容是否完备、装帧是否符合规范要求			档案变更或补充情况	收集整理借阅利用制度
									主卷	副卷	备考卷		
	9	山海关北翼长城（关城北垣烽号台至57号台）（明）	山海关区文物局	2005	山海关区文物旅游局档案中心	冯晓冬	河北省文物局	2005	1卷84页				有
	10	角山景区段长城（57号台至角山关）（明）	山海关区文物局	2005	山海关区文物旅游局档案中心	冯晓冬	河北省文物局	2005	1卷84页				有
	11	角山至九门口段长城（明）	山海关区文物局	2005	山海关区文物旅游局档案中心	冯晓冬	河北省文物局	2005	1卷84页				有
	12	边墙子烽火台遗址（明）	山海关区文物局	2005	山海关区文物旅游局档案中心	冯晓冬	河北省文物局	2005	1卷84页				有
	13	欢喜岭烽号台遗址（明）	山海关区文物局	2005	山海关区文物旅游局档案中心	冯晓冬	河北省文物局	2005	1卷84页				有
	14	梁家沟烽火台遗址（明）	山海关区文物局	2005	山海关区文物旅游局档案中心	冯晓冬	河北省文物局	2005	1卷84页				有
	15	刘道庄烽火台遗址（明）	山海关区文物局	2005	山海关区文物旅游局档案中心	冯晓冬	河北省文物局	2005	1卷84页				有
	16	铁三局烽号台遗址（明）	山海关区文物局	2005	山海关区文物旅游局档案中心	冯晓冬	河北省文物局	2005	1卷84页				有
	17	威远城遗址（明）	山海关区文物局	2005	山海关区文物旅游局档案中心	冯晓冬	河北省文物局	2005	1卷84页				有

承德市长城记录档案情况表

县（区）	序号	长城名称	建档单位	建档时间	档案保管单位	保管人员	备案机关	备案时间	档案内容是否完备、装帧是否符合规范要求			档案变更或补充情况	收集整理借阅利用制度
									主卷	副卷	备考卷		
承德县	1	明代长城（明）	承德县文物保护管理所	1982	承德县文物保护管理所	刘朴	承德县文物保护管理所	1982	档案完备，装帧准确，符合规范要求				
	2	汉代长城	承德县文物保护管理所	1982	承德县文物保护管理所	刘朴	承德县文物保护管理所	1982	档案完备，装帧准确，符合规范要求				
	3	汉代烽燧	承德县文物保护管理所	1982	承德县文物保护管理所	刘朴	承德县文物保护管理所	1982	档案完备，装帧准确，符合规范要求				
丰宁县	4	大营子燕秦长城	丰宁满族自治县文物保护管理所	1977.7	丰宁满族自治县文物保护管理所	刘月	丰宁满族自治县文物保护管理所		县级档案内容完备，装帧规范	齐全	齐全		
	5	金代界壕	丰宁满族自治县文物保护管理所	2006.7	丰宁满族自治县文物保护管理所	刘月	丰宁满族自治县文物保护管理所	2006.7.10	县级档案内容完备，装帧规范	齐全	齐全		
	6	山嘴燕秦长城	丰宁满族自治县文物保护管理所	1977.7	丰宁满族自治县文物保护管理所	刘月	丰宁满族自治县文物保护管理所	1977	县级档案内容完备，装帧规范	齐全	齐全		
	7	五里营燕秦长城	丰宁满族自治县文物保护管理所	1977.7	丰宁满族自治县文物保护管理所	刘月	丰宁满族自治县文物保护管理所	1977	县级档案内容完备，装帧规范	齐全	齐全		
	8	小老虎沟西汉长城	丰宁满族自治县文物保护管理所	1977.4	丰宁满族自治县文物保护管理所	刘月	丰宁满族自治县文物保护管理所	1977	县级档案内容完备，装帧规范	齐全	齐全		
	9	西汉烽燧	丰宁满族自治县文物保护管理所	1986.3.31	丰宁满族自治县文物保护管理所		丰宁满族自治县文物保护管理所	1986	基本完备				

（续表）

县（区）	序号	长城名称	建档单位	建档时间	档案保管单位	保管人员	备案机关	备案时间	档案内容是否完备、装帧是否符合规范要求			档案变更或补充情况	收集整理借阅利用制度
									主卷	副卷	备考卷		
宽城县	10	勃樗台乡喜峰口段长城（明）	宽城满族自治县文保所	1981.6	宽城满族自治县文保所	张卫东			不完备				
	11	勃樗台乡白台子村长城段（明）	宽城满族自治县文保所	1981.6	宽城满族自治县文保所	张卫东			不完备				
	12	勃樗台乡炮岭村长城段（明）	宽城满族自治县文保所	1981.6	宽城满族自治县文保所	张卫东			不完备				
	13	勃樗台乡西堡子村长城段（明）	宽城满族自治县文保所	1981.6	宽城满族自治县文保所	张卫东			不完备				
	14	勃樗台乡新甸子村长城段（明）	宽城满族自治县文保所	1981.6	宽城满族自治县文保所	张卫东			不完备				
	15	大地乡关石村长城段（明）	宽城满族自治县文保所	1981.6	宽城满族自治县文保所	张卫东			不完备				
宽城县	16	锌尖乡三道岭村头道岭长城	宽城满族自治县文保所	1981.6	宽城满族自治县文保所	张卫东			不完备				
	17	独石沟乡车厂沟村爬虎塘长城段（明）	宽城满族自治县文保所	1981.6	宽城满族自治县文保所	张卫东			不完备				
	18	独石沟乡小河口村长城段（明）	宽城满族自治县文保所	1981.6	宽城满族自治县文保所	张卫东			不完备				
	19	锌尖乡东沟村长城段（明）	宽城满族自治县文保所	1981.6	宽城满族自治县文保所	张卫东			不完备				
	20	锌尖乡沟口子村长城段（明）	宽城满族自治县文保所	1981.6	宽城满族自治县文保所	张卫东			不完备				
	21	锌尖乡锌尖村长城段（明）	宽城满族自治县文保所	1981.6	宽城满族自治县文保所	张卫东			不完备				
	22	锌尖乡三道岭村长城段（明）	宽城满族自治县文保所	1981.6	宽城满族自治县文保所	张卫东			不完备				

（续表）

县（区）	序号	长城名称	建档单位	建档时间	档案保管单位	保管人员	备案机关	备案时间	档案内容是否完备、装帧是否符合规范要求			档案变更或补充情况	收集整理借阅利用制度
									主卷	副卷	备考卷		
宽城县	23	铧尖乡榆林村长城段（明）	宽城满族自治县文保所	1981.6	宽城满族自治县文保所	张卫东			不完备				
	34	碾子峪乡艾峪口村长城段（明）	宽城满族自治县文保所	1981.6	宽城满族自治县文保所	张卫东			不完备				
	25	碾子峪乡大屯村长城段（明）	宽城满族自治县文保所	1981.6	宽城满族自治县文保所	张卫东			不完备				
	26	碾子峪乡岭西村长城段（明）	宽城满族自治县文保所	1981.6	宽城满族自治县文保所	张卫东			不完备				
隆化县	27	汉代烽燧	隆化县文物管理所	1986	隆化县文物管理所	伍利军			完备				健全
围场县	28	燕秦长城	围场满族蒙古族自治县文物管理所	1997.12.15	围场满族蒙古族自治县文物管理所	徐健瑾	省市文物局	1997.	符合	符合	符合		制定有借阅登记制定
兴隆县	29	明代万里长城（明）	兴隆县文物保护管理所	1980.12	兴隆县文物保护管理所	张淑香、孙赵鑫	承德市文物局	1995.	是				
滦平县	30	金山岭长城（明）	金山岭长城管理处	2006.4	金山岭长城管理处文保科	林全国			主卷已建文字卷、照片卷				
	31	汉代北李营长城	滦平县文物保护管理所	1987.5	文物保护管理所	单迎红、马兰			不完备	不完备	不完备		
	32	烽燧	滦平县文物保护管理所	1987	滦平县文物保护管理所	单迎红、马兰			不完备	不完备	不完备		
	33	古城川长城	滦平县文物保护管理所	1987	滦平县文物保护管理所	单迎红、马兰			不完备	不完备	不完备		
	34	明代长城（明）	滦平县文物保护管理所	1987	滦平县文物保护管理所	单迎红、马兰			不完备	不完备	不完备		

唐山市长城记录档案情况表

县（区）	序号	长城名称	建档单位	建档时间	档案保管单位	保管人员	备案机关	备案时间	档案内容是否完备、装帧是否符合规范要求			档案变更或补充情况	收集整理借阅利用制度
									主卷	副卷	备考卷		
遵化市	1	新立上海村至棺门子段	遵化市文物管理所		遵化市文物管理所	杨术臣			是				有
	2	棺门子至龙洞峪段	遵化市文物管理所		遵化市文物管理所	杨术臣			是				有
	3	龙洞峪至马兰关段	遵化市文物管理所		遵化市文物管理所	杨术臣			是				有
	4	马兰关至上关段	遵化市文物管理所		遵化市文物管理所	杨术臣			是				有
	5	上关至大安口段	遵化市文物管理所		遵化市文物管理所	杨术臣			是				有
	6	大安口至冷咀头段	遵化市文物管理所		遵化市文物管理所	杨术臣			是				有
	7	冷咀头至沙坡峪段	遵化市文物管理所		遵化市文物管理所	杨术臣			是				有
	8	沙波峪至前后杖子关口段	遵化市文物管理所		遵化市文物管理所	杨术臣			是				有
	9	前后杖子至罗文峪关口段	遵化市文物管理所		遵化市文物管理所	杨术臣			是				有
	10	罗文峪至秋科峪口段	遵化市文物管理所		遵化市文物管理所	杨术臣			是				有
	11	秋科峪至蔡家峪北弯道口段	遵化市文物管理所		遵化市文物管理所	杨术臣			是				有
	12	蔡家峪北道口至马蹄峪关口段	遵化市文物管理所		遵化市文物管理所	杨术臣			是				有

（续表）

县（区）	序号	长城名称	建档单位	建档时间	档案保管单位	保管人员	备案机关	备案时间	档案内容是否完备、装帧是否符合规范要求			档案变更或补充情况	收集整理借阅利用制度
									主卷	副卷	备考卷		
	13	马蹄峪至洪山口段	遵化市文物管理所		遵化市文物管理所	杨术臣			是				有
	14	洪山口至野鸡峪段与迁西交界处	遵化市文物管理所		遵化市文物管理所	杨术臣			是				有
迁安市	15	白羊峪长城（明）	迁安市文物管理所	1993	迁安市文物管理所	付智军	唐山市文物管理处	1993	是	是	是		
	16	大龙王庙段长城（明）	迁安市文物管理所	1993	迁安市文物管理所	付智军	唐山市文物管理处	1993	是	是	是		
	17	河流口长城（明）	迁安市文物管理所	1993	迁安市文物管理所	付智军	唐山市文物管理处	1993	是	是	是		
	18	红峪口长城（明）	迁安市文物管理所	1993	迁安市文物管理所	付智军	唐山市文物管理处	1993	是	是	是		
	19	徐流口长城（明）	迁安市文物管理所	1993	迁安市文物管理所	付智军	唐山市文物管理处	1993	是	是	是		

保定市长城记录档案调查表

县（区）	序号	长城名称	建档单位	建档时间	档案保管单位	保管人员	备案机关	备案时间	档案内容是否完备、装帧是否符合规范要求			档案变更或补充情况	收集整理借阅利用制度
									主卷	副卷	备考卷		
涞源县	1	白石口段（明）	涞源县旅游文物局	2004.6	涞源县文物保管所	赵晓惠，张淑萍			是	是	是		
	2	插箭岭段（明）	涞源县旅游文物局	2004.6	涞源县文物保管所	赵晓惠，张淑萍			是	是	是		
	3	黄土岭中山国长城	涞源县旅游文物局	2006.7.5	涞源县文物保管所	赵晓惠，张淑萍			是	是	是		
	4	茨字段（明）	涞源县旅游文物局	2004.6	涞源县文物保管所	赵晓惠，张淑萍			是	是	是		
	5	浮图峪段（明）	涞源县旅游文物局	2004.6	涞源县文物保管所	赵晓惠，张淑萍			是	是	是		
	6	宁静安段（明）	涞源县旅游文物局	2004.6	涞源县文物保管所	赵晓惠，张淑萍			是	是	是		
	7	乌龙沟段（明）	涞源县旅游文物局	2004.6	涞源县文物保管所	赵晓惠，张淑萍			是	是	是		
阜平县	8	长城岭口长城	阜平县文物保管所	1985.5	阜平县保管所	张振芹			否	否	否		
	9	大地沟敌楼（明）	阜平县文物保管所	1985.5	阜平县保管所	张振芹			否	否	否		
	10	龙泉关城门（明）	阜平县文物保管所	1985.5	阜平县文物保管所	张振芹			否	否	否		
	11	七里沟敌楼（明）	阜平县文物保管所	1985.5	阜平县保管所	张振芹			否	否	否		
	12	吴王口敌楼（明）	阜平县文物保管所	1985.5	阜平县保管所	张振芹			否	否	否		
	13	黄崖村敌楼（明）	阜平县文物保管所	1985.5	阜平县保管所	张振芹			否	否	否		

（续表）

县（区）	序号	长城名称	建档单位	建档时间	档案保管单位	保管人员	备案机关	备案时间	档案内容是否完备、装帧是否符合规范要求			档案变更或补充情况	收集整理借阅利用制度
									主卷	副卷	备考卷		
唐县	14	倒马关长城（明）	唐县文物保管所	1987，	2004	唐县文物保管所				是	是	是	
徐水县	15	燕长城北上关段	徐水县文物管理所	1998. 2. 15	徐水县文物管理所	于保全	河北省文物局	1998. 2	完备	完备	完备	1996. 11 保定市文管处第二次长城普查资料	
	16	燕长城城西村东南段	徐水县文物管理所	1998. 2. 15	徐水县文物管理所	于保全	河北省文物局	1998. 2	完备	完备	完备	1996. 11 保定市文管处第二次长城普查资料	
	17	燕长城城西村南段	徐水县文物管理所	1998. 2. 15	徐水县文物管理所	于保全	河北省文物局	1998. 2	完备	完备	完备	1996. 11 保定市文管处第二次长城普查资料	
	18	燕长城城西村西南段	徐水县文物管理所	1998. 2. 15	徐水县文物管理所	于保全	河北省文物局	1998. 2	完备	完备	完备	1996. 11 保定市文管处第二次长城普查资料	
	19	燕长城大马各庄村西南段	徐水县文物管理所	1998. 2. 15	徐水县文物管理所	于保全	河北省文物局	1998. 2	完备	完备	完备	1996. 11 保定市文管处第二次长城普查资料	
	20	燕长城大马各庄村学校段	徐水县文物管理所	1998. 2. 15	徐水县文物管理所	于保全	河北省文物局	1998. 2	完备	完备	完备	1996. 11 保定市文管处第二次长城普查资料	
	21	燕长城大庞村西北段	徐水县文物管理所	1998. 2. 15	徐水县文物管理所	于保全	河北省文物局	1998. 2	完备	完备	完备	1996. 11 保定市文管处第二次长城普查资料	

（续表）

县（区）	序号	长城名称	建档单位	建档时间	档案保管单位	保管人员	备案机关	备案时间	档案内容是否完备、装帧是否符合规范要求			档案变更或补充情况	收集整理借阅利用制度
									主卷	副卷	备考卷		
	22	燕长城广门村南、村西段	徐水县文物管理所	1998. 2. 15	徐水县文物管理所	于保全	河北省文物局	1998. 2.	完备	完备	完备	1996. 11 保定市文管处第二次长城普查资料	
	23	燕长城解村村南段	徐水县文物管理所	1998. 2. 15	徐水县文物管理所	于保全	河北省文物局	1998. 2	完备	完备	完备	1996. 11 保定市文管处第二次长城普查资料	
	24	燕长城解村村西、北段	徐水县文物管理所	1998. 2. 15	徐水县文物管理所	于保全	河北省文物局	1998. 2	完备	完备	完备	1996. 11 保定市文管处第二次长城普查资料	
	25	燕长城南梨园段	徐水县文物管理所	1998. 2. 15	徐水县文物管理所	于保全	河北省文物局	1998. 2	完备	完备	完备	1996. 11 保定市文管处第二次长城普查资料	
	26	燕长城瀑河水库段	徐水县文物管理所	1998. 2. 15	徐水县文物管理所	于保全	河北省文物局	1998. 2	完备	完备	完备	1996. 11 保定市文管处第二次长城普查资料	
	27	燕长城商庄段	徐水县文物管理所	1998. 2. 15	徐水县文物管理所	于保全	河北省文物局	1998. 2	完备	完备	完备	1996. 11 保定市文管处第二次长城普查资料	
易县	28	瓦窑关长城（明）	易县文物保管所	1997	易县文物保管所	张鹏明	易县旅游文物管理局	1997	否	否	否		
	29	小盘石城（明）	易县文物保管所	1997	易县文物保管所	张鹏明	易县旅游文物管理局	1997	否	否	否		
	30	西线墙体（明）	易县文物保管所	1997	易县文物保管所	张鹏明	易县旅游文物管理局	1997	否	否	否		

（续表）

县（区）	序号	长城名称	建档单位	建档时间	档案保管单位	保管人员	备案机关	备案时间	档案内容是否完备、装帧是否符合规范要求			档案变更或补充情况	收集整理借阅利用制度
									主卷	副卷	备考卷		
遵化市	31	紫荆关关城（明）	易县文物保管所	1997	易县文物保管所	张鹏明	易县旅游文物管理局	1997	完备	完备	完备	2002年易县文物保管所长城保护维修方案	齐全
	32	小新城（明）	易县文物保管所	1997	易县文物保管所	张鹏明	易县旅游文物管理局	1997	否	否	否		
	33	大雁沟口城墙（明）	易县文物保管所	1997	易县文物保管所	张鹏明	易县旅游文物管理局	1997	否	否	否		
	34	官座岭长城（明）	易县文物保管所	1997	易县文物保管所	张鹏明	易县旅游文物管理局	1997	否	否	否		
涞水县	35	大龙门城堡（明）	涞水县文物管理所	1988. 7. 20	涞水县文物管理所	刘丽娟			否	否	否		
	36	蔡树庵长城（明）	涞水县文物管理所	1988. 7. 20	涞水县文物管理所	刘丽娟			否	否	否		
容城县	37	黑龙口燕长城	容城县文物保管所	1988					否	否	否		

石家庄市长城记录档案情况表

县（区）	序号	长城名称	建档单位	建档时间	档案保管单位	保管人员	备案机关	备案时间	档案内容是否完备、装帧是否符合规范要求			档案变更或补充情况	收集整理借阅利用制度
									主卷	副卷	备考卷		
井陉县	1	达滴岩口长城（明）	井陉县文物保护管理所	1982	井陉县文物保护管理所				正在整理中	正在整理中	正在整理中		
	2	黄龙口长城（明）	井陉县文物保护管理所	1982	井陉县文物保护管理所				正在整理中	正在整理中	正在整理中		
	3	明代长城（明）	井陉县文物保护管理所	1982	井陉县文物保护管理所				正在整理中	正在整理中	正在整理中		
	4	神堂口长城（明）	井陉县文物保护管理所	1982					是	是	是		
	5	武功口长城（明）	井陉县文物保护管理所	1982	井陉县文物保护管理所				正在整理中	正在整理中	正在整理中		
	6	险隘口长城（明）	井陉县文物保护管理所	1982	井陉县文物保护管理所				正在整理中	正在整理中	正在整理中		
	7	小寺明长城（明）	井陉县文物保护管理所	1982	井陉县文物保护管理所				正在整理中	正在整理中	正在整理中		
	8	杨庄口长城（明）	井陉县文物保护管理所	1982	井陉县文物保护管理所				正在整理中	正在整理中	正在整理中		
灵寿县	9	白草沟长城	灵寿县文物管理所	1986. 10. 20	灵寿县文物管理所	孟宪国			1卷完备				
平山县	10	安门口长城（明）	平山县文保所	1986. 7	平山县文保所	杜彩平			是				
	11	车见岭长城（明）	平山县文保所	1986. 7	平山县文保所	杜彩平			是				

（续表）

县（区）	序号	长城名称	建档单位	建档时间	档案保管单位	保管人员	备案机关	备案时间	档案内容是否完备、装帧是否符合规范要求			档案变更或补充情况	收集整理借阅利用制度
									主卷	副卷	备考卷		
	12	大庙长城（明）	平山县文保所	1986.7	平山县文保所	杜彩平			是				
	13	合河口长城（明）	平山县文保所	1986.7	平山县文保所	杜彩平			是				
	14	清风口长城（明）	平山县文保所	1986.7	平山县文保所	杜彩平			是				
	15	秋卜洞长城（明）	平山县文保所	1986.7	平山县文保所	杜彩平			是				
	16	白羊关长城（明）	平山县文保所	1986.7	平山县文保所	杜彩平			是				
	17	恶石口长城（明）	平山县文保所	1986.7	平山县文保所	杜彩平			是				
	18	古榆树长城（明）	平山县文保所	1986.7	平山县文保所	杜彩平			是				
	19	黑山关长城（明）	平山县文保所	1986.7	平山县文保所	杜彩平			是				
	20	黄安口长城（明）	平山县文保所	1986.7	平山县文保所	杜彩平			是				
	21	黄草岩长城（明）	平山县文保所	1986.7	平山县文保所	杜彩平			是				
	22	井子峪口长城（明）	平山县文保所	1986.7	平山县文保所	杜彩平			是				
	23	六岭关口长城（明）	平山县文保所	1986.7	平山县文保所	杜彩平			是				
	24	马圈口长城（明）	平山县文保所	1986.7	平山县文保所	杜彩平			是				

（续表）

县（区）	序号	长城名称	建档单位	建档时间	档案保管单位	保管人员	备案机关	备案时间	档案内容是否完备、装帧是否符合规范要求			档案变更或补充情况	收集整理借阅利用制度
									主卷	副卷	备考卷		
	25	南关长城（明）	平山县文保所	1986. 7	平山县文保所	杜彩平			是				
	26	桑元口长城（明）	平山县文保所	1986. 7	平山县文保所	杜彩平			是				
	27	神堂关长城（明）	平山县文保所	1986. 7	平山县文保所	杜彩平			是				
	28	十八盘口长城（明）	平山县文保所	1986. 7	平山县文保所	杜彩平			是				
	29	水关长城（明）	平山县文保所	1986. 7	平山县文保所	杜彩平			是				
	30	寺坪长城（明）	平山县文保所	1986. 7	平山县文保所	杜彩平			是				
	31	桃红沟长城（明）	平山县文保所	1986. 7	平山县文保所	杜彩平			是				
	32	岳子崖长城（明）	平山县文保所	1986. 7	平山县文保所	杜彩平			是				
	33	宅门沟长城（明）	平山县文保所	1986. 7	平山县文保所	杜彩平			是				

邢台市长城记录档案情况表

县（区）	序号	长城名称	建档单位	建档时间	档案保管单位	保管人员	备案机关	备案时间	档案内容是否完备、装帧是否符合规范要求			档案变更或补充情况	收集整理借阅利用制度
									主卷	副卷	备考卷		
沙河市	1	大岭口长城（明）	邢台市文物处	1996.11	沙河市文物保护管理所	孙翠娜	邢台市文物处	1996.11	是				
	2	黄背岩长城（明）	邢台市文物处	1996.11	沙河市文物保护管理所	孙翠娜	邢台市文物处	1996.11	是				
邢台县	3	黄榆岭长城（明）	邢台县文物保管所	1982	邢台县文物保管所	刘九梅	邢台市文物管理处	1982	完备				
	4	马岭关长城（明）	邢台县文物保管所	1982	邢台县文物保管所	刘九梅	邢台市文物管理处	1982	完备				
	5	支锅岭长城（明）	邢台县文物保管所	1982	邢台县文物保管所	刘九梅	邢台市文物管理处	1982	完备				

邯郸市长城记录档案情况表

县（区）	序号	长城名称	建档单位	建档时间	档案保管单位	保管人员	备案机关	备案时间	档案内容是否完备、装帧是否符合规范要求			档案变更或补充情况	收集整理借阅利用制度
									主卷	副卷	备考卷		
武安市	1	大嵌岩口（明）	邯郸市文物研究所	1999.5	武安市文物保管所	贾明田			有				
	2	后柏山长城段（明）	武安市文物保管所	1995.12	武安市文物保护管理所	贾明田			有				
	3	黄背岩口长城段（明）	邯郸市文物研究所	1995.5	武安市文物保管所	贾明田			有				
	4	黄泽关（明）	邯郸市文物研究所	1995.5	武安市文物保管所	贾明田			有				
	5	峻极关长城段（明）	武安市文物保管所	1995	武安市文物保管所	贾明田			有				
	6	炮台岩口长城段（明）	邯郸市文物研究所	1995.5	武安市文物保管所	贾明田			有				

廊坊市长城记录档案调查表

县（区）	序号	长城名称	建档单位	建档时间	档案保管单位	保管人员	备案机关	备案时间	档案内容是否完备、装帧是否符合规范要求			档案变更或补充情况	收集整理借阅利用制度
									主卷	副卷	备考卷		
大城县	1	燕南长城	大城县文物管理所	2005.1	大城县文物管理所	刘艳华			是				
文安县	2	燕南长城	文安县文物管理所	2005.7	文安县文物管理所				是				

河北省长城保护管理专职机构情况表

县（区）	长 城 名 称	长城保护专职机构				
		机构名称	设立时间	隶属机关	人员编制	负责人
山海关区	老龙头长城（入海石城至王受二号台）（明）	老龙头景区管理处	1989	山海关区文物旅游局	195	孟繁英
山海关区	第一关景区段长城（靖边楼至关城北垣烽号台）（明）	第一关景区管理处	1989	山海关区文物旅游局	135	郑涛
山海关区	角山景区段长城（57 号台至角山关）（明）	角山景区管理处	1989	山海关区文物旅游局	80	高立群
滦平县	金山岭长城（明）	金山岭长城管理处	1981. 5	滦平县人民政府	28	张惠东

张家口市长城保护管理机构调查表

县（区）	长城名称	无专职机构但设有专职人员		长城保护员						
		人员数量	隶属机关	人员数量	设立时间	平均年龄	培训情况	管理单位	管理方式	报酬落实
赤城县	赤城明长城北栅子至马莲口段（明）			1	1982	70	未培训			无
	赤城明长城大边至小庄科段（明）			2	1982	65	未培训			无
	赤城明长城虎龙沟至栅子口段（明）			1	1982	65	未培训			无
	赤城明长城青虎沟至虎龙沟段（明）			1	1982		未培训			无
	赤城明长城清平楼口至青虎沟段（明）			1	1982		未培训			无
崇礼县	白旗乡野鸡山至清三营乡谷嘴夭（明）			10		50			通过签订义务保护协议来约束对方	
	高家营镇二道边至三道边明长城（明）			4		47			通过签订义务保护协议来约束对方	无
	高家营镇三道边至水晶屯明长城（明）			4		47			通过签订义务保护协议来约束对方	无
	高家营镇水晶屯村明长城（明）			4		47			通过签订义务保护协议来约束对方	无
	高家营镇水晶屯路至四台嘴乡马驹沟村（明）			7		50			通过签订义务保护协议来约束对方	无
	高家营镇头道边至二道边明长城（明）			4		47			通过签订义务保护协议来约束对方	无
	四台嘴乡老虎沟至白旗乡野鸡山段明长城（明）			4		50			通过签订义务保护协议来约束对方	无

（续表）

县（区）	长城名称	无专职机构但设有专职人员		长城保护员						
		人员数量	隶属机关	人员数量	设立时间	平均年龄	培训情况	管理单位	管理方式	报酬落实
	四台嘴乡马驹沟至四台嘴乡老虎沟段明长城（明）			4		50			通过签订义务保护协议来约束对方	无
	崇礼县坝顶段秦长城			4		50			通过签订义务保护协议来约束对方	无
	桦皮岭到野鸡山燕北长城			4		50			通过签订义务保护协议来约束对方	无
	喇嘛窑村至窑子沟村燕秦长城			4		50			通过签订义务保护协议来约束对方	无
怀安县	怀安县马市口村西北长城（明）			1	1982. 10	50		怀安县文体旅游广电局、乡政府	会议	无
	怀安县西洋河村西长城（明）			2	1982. 10	50		怀安县文体旅游广电局、乡政府	会议	无
康保县	金长城（“民善”村北至“芦—李公路”东）	1	李家地镇政府	1	2000	42		康保县文物保护管理所	奖励	年人均2400元，乡财政列支
	金长城（“康—李”公路西至“康家地”村南河床处）	3	处长地乡政府	3	2000	48		康保县文物保护管理所	奖励	年人均2400元，乡财政列支
	金长城（“康—邓”公路西至“康—李”公路东）	2	处长地乡政府	2	2000	47		康保县文物保护管理所	奖励	年人均2400元，乡财政列支
	金长城（“康家地村”河床处至“民善村”北河床处）	2	李家地镇政府	2	2000	46		康保县文物保护管理所	奖励	年人均2400元，乡财政列支
	金长城（“芦—李”公路西至“孙家营村”北河床处）	4	李家地镇政府	4	2000	47		康保县文物保护管理所	奖励	年人均2400元，乡财政列支

（续表）

县（区）	长城名称	无专职机构但设有专职人员		长城保护员						
		人员数量	隶属机关	人员数量	设立时间	平均年龄	培训情况	管理单位	管理方式	报酬落实
	金长城（“张—康”公路西至三老汉村北）	4	张纪镇政府	4	2000	49		康保县文物保护管理所	奖励	年人均2400元，乡财政列支
	金长城（郭油坊村北至梁家营村后）	2	丹清河乡政府	2	2000	43		康保县文物保护管理所	奖励	年人均2400元，乡财政列支
	金长城（贺旺村北至郭油坊村北500米处）	2	闫油坊乡政府	2	2000	48		康保县文物保护管理所	奖励	年人均2400元，乡财政列支
	金长城（梁家营村北至小兰城村后）	2	丹清河乡政府	2	2000	45		康保县文物保护管理所	奖励	年人均2400元，乡财政列支
	金长城（三老汉村北至“康—邓”公路东）	6	处长地乡政府	6	2000	45		康保县文物保护管理所	奖励	年人均2400元，乡财政列支
	金长城（孙家营村”北河床处至“杨统领地村”南河床处）	3	李家地镇政府	3	2000	48		康保县文物保护管理所	奖励	年人均2400元，乡财政列支
	金长城（小兰城村后至“张—康公路”东）	3	康保镇镇政府	3	2000	48		康保县文物保护管理所	奖励	年人均2400元，乡财政列支
	金长城（闫油坊村后至贺旺村北段）	2	闫油坊乡政府	2	2000	47		康保县文物保护管理所	奖励	年人均2400元，乡财政列支
	金长城（闫油坊乡二喇嘛村至闫油坊村后）	6	闫油坊乡政府	6	2000	46		康保县文物保护管理所	奖励	年人均2400元，乡财政列支
	金长城（杨统领地村南河床处至化德县“李七八村”北康化界）	1	芦家营乡政府	1	2000	49		康保县文物保护管理所	奖励	年人均2400元，乡财政列支

（续表）

县（区）	长城名称	无专职机构但设有专职人员		长城保护员						
		人员数量	隶属机关	人员数量	设立时间	平均年龄	培训情况	管理单位	管理方式	报酬落实
桥东区	桥东区东太平山长城（明）			4	2006.4	50				
尚义县	北齐长城（甲石河乡杏元沟白郭线—下青杨沟）			20	2006.6.30	42	以会代训1次	县文化旅游局、甲石河乡政府	县、乡、村三级管理	
	秦、明长城（桃坪——杏元沟白郭线省二级公路段）（明）			10	2006.6.30	38	以会代训1次	县文化旅游局、小蒜沟镇政府	县、乡、村三级管理	
	秦汉长城（下马圈乡韭菜沟——桃坪）			11	2006.6.30	38	以会代训1次	县文化旅游局、下马圈乡政府	县、乡、村三级管理	
万全县	明代长城（张家口坝底村至张石高速公路地段）（明）			2	2006			正北沟村	义务	
蔚县	飞狐峪长城			8	1986	38		宋家庄镇、南杨庄乡、草沟堡乡、柏树乡	义务	
	黎源岭长城			4	1986	41		柏树乡、常宁乡、小五台自然保护区	义务	
	石门峪长城			4	1986	40		宋家庄镇、下宫村乡	义务	

（续表）

县（区）	长城名称	无专职机构但设有专职人员		长城保护员						
		人员数量	隶属机关	人员数量	设立时间	平均年龄	培训情况	管理单位	管理方式	报酬落实
宣化县	常峪口村季节性河流至410县道段明长城（明）			1						
	宣化县常峪口水库至宣崇公路旧路段明长城（明）			8	2005.12	38				
	宣化县军民友谊路至青边口宣崇公路段明长城（明）			2						
	宣化县军民友谊路至张家口市电视转播台段明长城（明）			2	2006.7					
	宣化县青边口宣崇公路至常峪口村季节性河流段明长城（明）			5	2004.4.7	47				
	宣化县人头山至军民友谊路段明长城（明）			2	2006.7					
	宣化县宣崇公路旧路至大尖山段明长城（明）			2	2005.12	46				
阳原县	虎头梁烽火台			2	2006.7	61.5		阳原县文物保护管理所	个别谈话落实	无
	井儿洼烽火台			1	2006.7	51		阳原县文物保护管理所	个别谈话落实	无
	西六马坊烽火台			1	2006.7	45		阳原县文物保护管理所	个别谈话落实	无
	下滋铺烽火台			2	2006.7	52		阳原县文物保护管理所	个别谈话落实	无
	要家庄烽火台			2	2006.7	50.5		阳原县文物保护管理所	个别谈话落实	无

（续表）

县（区）	长城名称	无专职机构但设有专职人员		长城保护员						
		人员数量	隶属机关	人员数量	设立时间	平均年龄	培训情况	管理单位	管理方式	报酬落实
张北县	古长城［战国——金］（从小二台乡黑脑包始，经西滩、塞寒坝、上白花洼、前后柳条坝、边墙外、化兰井）			2	2006	41	由县文物局进行了统一培训，发放了文物保护的相关资料	张北县文物局	对工作积极认真的文保员进行鼓励、宣传	不定期的给予物质或经济补助，经费由文物局筹措
	古长城［战国——金］（自桦皮岭入境，经威远门沟、老虎沟入沽源县与崇礼县）			1	2006	53	由县文物局进行了统一培训，发放了文物保护的相关资料	张北县文物局	对工作积极认真的文保员进行鼓励、宣传	不定期的给予物质或经济补助，经费由文物局筹措
	万里长城（明）（由张北、崇礼分界碑处始，经油篓沟乡化兰井、小南洼、黑脑包、店门口、二道边、黄花坪）（明）			1	2006	60	由县文物局进行了统一培训，发放了文物保护的相关资料	张北县文物局	对工作积极认真的文保员进行鼓励、宣传	不定期的给予物质或经济补助，经费由文物局筹措
	万里长城（由张家口大境门来，自油篓沟乡汉淖坝入境，经周坝、黄花坪、狼窝沟、大水泉、大崖湾、门转沟、黄土圐圙、春垦、镇虎台、正边台、治儿山入万全县）（明）			1	2006	27	由县文物局进行了统一培训，发放了文物保护的相关资料	张北县文物局	对工作积极认真的文保员进行鼓励、宣传	不定期的给予物质或经济补助，经费由文物局筹措

（续表）

县（区）	长城名称	无专职机构但设有专职人员		长城保护员						
		人员数量	隶属机关	人员数量	设立时间	平均年龄	培训情况	管理单位	管理方式	报酬落实
涿鹿县	涿鹿县赵家蓬区马水长城（明）			14	1982			区文体分局、文管所	松散式	无
桥西区	大境门长城（明）			6	2003	38		张家口市桥西区文化体育旅游局		

秦皇岛长城保护管理机构调查表

县（区）	长城名称	长城保护专职机构							无专职机构但设有专职人员		长城保护员				
		机构名称	设立时间	隶属机关	人员编制	负责人	人员数量	隶属机关	人员数量	设立时间	平均年龄	培训情况	管理单位	管理方式	报酬落实
抚宁县	长城抚宁段（明）								18	2004.3	48	每年2次	县文物管理所	聘用制	误工补贴按时发放（每年3万元）
卢龙县	明代蓟镇长城（明）						1	卢龙县文体局	13	2005.1	45	每年1次	卢龙县文物保护管理所	聘用	已落实9100元，由县财政拨款
青龙县	明代蓟镇长城（明）						4	青龙县文体局	33	2005.1.25	49	会议培训一次	青龙县文体局	依据年度考核结果兑现报酬，奖惩	县财政列支，每人每年300元
青龙县	北齐长城						4	青龙县文体局							
山海关区	老龙头长城（入海石城至王受二号台）（明）	老龙头景区管理处	1989	山海关区文物旅游局	195	孟繁英									
山海关区	山海关南翼长城（王受二号台至靖边楼）（明）								3	1980	52	每年一次	山海关区文物局	会议	340元每月

（续表）

县（区）	长城名称	长城保护专职机构							无专职机构但设有专职人员		长城保护员				
		机构名称	设立时间	隶属机关	人员编制	负责人	人员数量	隶属机关	人员数量	设立时间	平均年龄	培训情况	管理单位	管理方式	报酬落实
山海关区	第一关景区段长城（靖边楼至关城北垣烽号台）（明）	第一关景区管理处	1989	山海关区文物旅游局	135	郑涛									
山海关区	关城、东罗城段长城（明）								3	1980	52	每年集中培训一次	山海关区文物局	会议	340 元每月，财政拨款
山海关区	山海关北翼长城（关城北垣烽号台至57号台）（明）								3	1980	52	每年集中培训一次	山海关区文物局	会议	340 元每月，财政拨款
山海关区	角山景区段长城（57号台至角山关）（明	角山景区管理处	1989	山海关区文物旅游局	80	高立群									
山海关区	角山至九门口段长城（明）								1	1980	55	每年培训一次	山海关区文物局	会议	300 元每月
山海关区	边墙子烽火台遗址（明）								3	1980	52	每年培训一次	山海关区文物局	会议	340 元每月
山海关区	欢喜岭烽号台遗址（明）								3	1980	52	每年培训一次	山海关区文物局	会议	340 元每月

（续表）

县（区）	长城名称	长城保护专职机构							无专职机构但设有专职人员		长城保护员				
		机构名称	设立时间	隶属机关	人员编制	负责人	人员数量	隶属机关	人员数量	设立时间	平均年龄	培训情况	管理单位	管理方式	报酬落实
山海关区	梁家沟烽火台遗址（明）								3	1980	52	每年培训一次	山海关区文物局	会议	340 元每月
山海关区	刘道庄烽火台遗址（明）								3	1980	52	每年培训一次	山海关区文物局	会议	340 元每月
山海关区	铁三局烽号台遗址（明）								3	1980	52	每年培训一次	山海关区文物局	会议	340 元每月
山海关区	威远城遗址（明）								3	1980	52	每年培训一次	山海关区文物局	会议	340 元每月
山海关区	北齐长城								1	2000	55	每年培训一次	山海关区文物局	会议	300 元每月，财政拨款

承德市长城保护管理机构情况表

县（区）	长城名称	长城保护专职机构					无专职机构但设有专职人员		长城保护员						
		机构名称	设立时间	隶属机关	人员编制	负责人	人员数量	隶属机关	人员数量	设立时间	平均年龄	培训情况	管理单位	管理方式	报酬落实
承德县	明代长城（明）								4	1982	43		承德县文物保护管理所		
承德县	汉代长城								4	1982	39		承德县文物保护管理所		
承德县	汉代烽燧								4	1982	39		承德县文物保护管理所		
丰宁县	大营子燕秦长城	大营子燕秦长城保护组织	1984. 6. 20	丰宁满族自治县文物保护管理所	2	白瑞杰			6		30		县文物保护管理所		
丰宁县	金代界壕	金代界壕保护组织	1984. 6. 20	丰宁满族自治县文物保护管理所	2	白瑞杰	6	丰宁文物管理所、草原乡政府	6		29		县文物保护管理所		
丰宁县	山嘴燕秦长城	山嘴燕秦长城保护组织	1984. 6. 20	丰宁满族自治县文物保护管理所	2	白瑞杰	11	丰宁文物管理所、鱼儿山政府	11		34		县文物保护管理所		
丰宁县	五里营燕秦长城	五里营燕秦长城保护组织	1984. 6. 20	丰宁满族自治县文物保护管理所	2	白瑞杰	5	丰宁文物管理所、万胜永乡政府	5		38		县文物保护管理所		
丰宁县	小老虎沟西汉长城	小老虎沟西汉长城保护组织	1984. 6. 20	丰宁满族自治县文物保护管理所	2	白瑞杰	4	丰宁文物管理所、波罗诺乡政府	4		40		县文物保护管理所		

（续表）

县（区）	长城名称	长城保护专职机构					无专职机构但设有专职人员		长城保护员						
		机构名称	设立时间	隶属机关	人员编制	负责人	人员数量	隶属机关	人员数量	设立时间	平均年龄	培训情况	管理单位	管理方式	报酬落实
宽城县	勃椤台乡喜峰口长城段（明）	横城子村喜峰口长城保护组织	1984.9	勃椤台乡政府长城保护领导小组	4	张义海			2	1984.9	51	会议	乡政府长城保护领导小组	会议，奖励	
宽城县	勃椤台乡白台子村长城段（明）	白台子村长城保护组织	1984.9	勃椤台乡政府长城保护领导小组	3	李建民			1	1984.9	35	会议	乡政府长城保护领导小组	会议，奖励	
宽城县	勃椤台乡炮岭村长城段（明）	炮岭村长城保护组织	1984.9	勃椤台乡政府长城保护领导小组	4	万金山			1	1984.9	35	会议	乡政府长城保护领导小组	会议，奖励	
宽城县	勃椤台乡西堡子村长城段（明）	西堡子村长城保护组织	1984.9	勃椤台乡政府长城保护领导小组	4	周凤阁			2	1984.9	45	会议	乡政府长城保护领导小组	会议，奖励	
宽城县	勃椤台乡新甸子村长城段（明）	新甸子村长城保护组织	1984.9	勃椤台乡政府长城保护领导小组	4	刘宏			1	1984.9	37	会议	乡政府长城保护领导小组	会议，奖励	
宽城县	大地乡关石村长城段（明）	关石村长城保护组织	1984.9	大地乡政府长城保护领导小组	5	刘凤富			2	1984.9	35	会议	乡政府长城保护领导小组	会议，奖励	
宽城县	铧尖乡三道岭村头道岭长城	三道岭村长城保护组织	1984.9	铧尖乡政府长城保护领导小组	5	李明			2	1984.9	44	会议	铧尖乡政府长城保护领导小组	会议，奖励	
宽城县	独石沟乡车厂沟村爬虎塘长城段（明）	车厂沟村长城保护组织	1984.9	独石沟乡政府长城保护领导小组	5	徐宝新			2	1984.9	35	会议	独石沟乡政府长城保护领导小组	会议，奖励	

（续表）

县（区）	长城名称	长城保护专职机构					无专职机构但设有专职人员		长城保护员						
		机构名称	设立时间	隶属机关	人员编制	负责人	人员数量	隶属机关	人员数量	设立时间	平均年龄	培训情况	管理单位	管理方式	报酬落实
宽城县	独石沟乡小河口村长城段（明）	小河口村长城保护组织	1984.9	独石沟乡政府长城保护领导小组	4	孙万军			2	1984.9	35	会议	独石沟乡政府长城保护领导小组	会议，奖励	
宽城县	铧尖乡东沟村长城段（明）	东沟村长城保护组织	1984.9	铧尖乡政府长城保护领导小组	6	叶成林			1	1984.9	52	会议	铧尖乡政府长城保护领导小组	会议，奖励	
宽城县	铧尖乡沟口子村长城段（明）	沟口子村长城保护组织	1984.9	铧尖乡政府长城保护领导小组	5	吕玉林			1	1984.9	59	会议	铧尖乡政府长城保护领导小组	会议，奖励	
宽城县	铧尖乡铧尖村长城段（明）	铧尖村长城保护组织	1984.9	铧尖乡政府长城保护领导小组	5	周凤祥			1	1984.9	46	会议	铧尖乡政府长城保护领导小组	会议，奖励	
宽城县	铧尖乡三道岭村长城段（明）	三道岭村长城保护组织	1984.9	铧尖乡政府长城保护领导小组	5	李明			2	1984.9	43	会议	铧尖乡政府长城保护领导小组	会议，奖励	
宽城县	铧尖乡榆林村长城段（明）	榆林村长城保护组织	1984.9	铧尖乡政府长城保护领导小组	5	刘国			1	1984.9	47	会议	铧尖乡政府长城保护领导小组	会议，奖励	
宽城县	碾子峪乡艾峪口村长城段（明）	艾峪口村长城保护组织	1984.9	碾子峪乡政府长城保护领导小组	5	刘福华			4	1984.9	46	会议	碾子峪乡政府长城保护领导小组	会议，奖励	
宽城县	碾子峪乡大屯村长城段（明）	大屯村长城保护组织	1984.9	碾子峪乡政府长城保护领导小组	5	田广华			2	1984.9	41	会议	碾子峪乡政府长城保护领导小组	会议，奖励	

（续表）

县（区）	长城名称	长城保护专职机构					无专职机构但设有专职人员		长城保护员						
		机构名称	设立时间	隶属机关	人员编制	负责人	人员数量	隶属机关	人员数量	设立时间	平均年龄	培训情况	管理单位	管理方式	报酬落实
宽城县	碾子峪乡岭西村长城段（明）	岭西村长城保护组织	1984. 9	碾子峪乡政府长城保护领导小组	7	鲁联胜			3	1984. 9	47	会议	碾子峪乡政府长城保护领导小组	会议，奖励	
围场县	燕秦长城								15	2005. 12	43		围场满族蒙古族自治县文物管理所	检查及通讯	
兴隆县	明代万里长城（明）								120	2005. 1	40		兴隆县文管会		
滦平县	金山岭长城（明）	金山岭长城管理处	1981. 5	滦平县人民政府	28	张惠东									
滦平县	汉代北李营长城								3	1996	40		县文物保护管理所		
滦平县	汉代烽燧								4	1996	40		县文物保护管理所		
滦平县	古城川长城								5	1996	42		县文物保护管理所		
滦平县	明代长城（明）								16	1996	50		县文物保护管理所		

唐山市长城保护管理机构调查表

汇总区域：唐山市

县（区）	长城名称	长城保护专职机构					无专职机构但设有专职人员		长城保护员						
		机构名称	设立时间	隶属机关	人员编制	负责人	人员数量	隶属机关	人员数量	设立时间	平均年龄	培训情况	管理单位	管理方式	报酬落实
迁安市	白羊峪长城（明）								3		41		白羊峪村	会议	
迁安市	河流口长城（明）								1		40		河流口村	会议	
迁安市	红峪口长城（明）								9		54		白羊峪村	会议	
迁安市	红峪口长城（明）								1		36		冷口村、大龙王庙村	会议	
迁安市	徐流口长城（明）								1		60		徐流口村委	会议	
迁西县	擦崖子—榆木岭长城（明）	太平寨镇长城保护领导小组金厂峪镇长城保护领导小组	2006.7			刘永红，郝志军			23	2006	40		太平寨镇政府，金厂峪镇政府		
迁西县	董家口—潘家口长城（明）	上营乡长城保护领导小组滦阳镇长城保护领导小组	2006.7			张学华，孙晓钧			22	2006	45		上营乡镇政府 滦阳镇政府	会议	

（续表）

县（区）	长城名称	长城保护专职机构					无专职机构但设有专职人员		长城保护员						
		机构名称	设立时间	隶属机关	人员编制	负责人	人员数量	隶属机关	人员数量	设立时间	平均年龄	培训情况	管理单位	管理方式	报酬落实
迁西县	潘家口—二道城子长城（明）	汉儿庄乡长城保护领导小组	2006.7			郭新芝			40	2006	48		汉儿庄乡政府	会议	
迁西县	榆木岭—董家口长城（明）	上营乡长城保护领导小组金厂峪镇长城保护领导小组	2006.7			张学华，郝志军			15	2006	44		上营乡镇政府，金厂峪镇政府	会议	

保定市长城保护管理机构情况表

县（区）	长城名称	长城保护专职机构					无专职机构但设有专职人员		长城保护员						
		机构名称	设立时间	隶属机关	人员编制	负责人	人员数量	隶属机关	人员数量	设立时间	平均年龄	培训情况	管理单位	管理方式	报酬落实
涞源县	白石口段（明）								3	2004.1	48	采取会议形式培训	涞源县文物保管所	利用电话联系，不定期检查	每年每名保护员补贴500元
涞源县	插箭岭段（明）								3	2004.1	50	采取会议形式培训	涞源县文物保管所	利用电话联系，不定期检查	每年每名保护员补贴500元
涞源县	黄土岭中山国长城								1	2006.7	50	采取会议形式	涞源县文物保管所	电话联系	每年补贴500元
涞源县	茨字段（明）								1	2004.1	50	采取会议形式	涞源县文物保管所	电话联系	每年补贴500元
涞源县	浮图峪段（明）								3	2004.1	41	采取会议形式	涞源县文物保管所	电话联系	每年补贴500元
涞源县	宁静安段（明）								2	2004.1	50	采取会议形式	涞源县文物保管所	电话联系	每年补贴500元
涞源县	乌龙沟段（明）								6	2004.1	50	采取会议形式	涞源县文物保管所	电话联系	每年补贴500元
阜平县	长城岭口长城（明）								1		44				每年360元
阜平县	大地沟敌楼（明）								1		44				360元
阜平县	龙泉关城门（明）								1		44				360元

（续表）

县（区）	长城名称	长城保护专职机构					无专职机构但设有专职人员		长城保护员						
		机构名称	设立时间	隶属机关	人员编制	负责人	人员数量	隶属机关	人员数量	设立时间	平均年龄	培训情况	管理单位	管理方式	报酬落实
阜平县	七里沟敌楼（明）								1		44				360 元
阜平县	吴王口敌楼（明）								1		44				360 元
阜平县	黄崖村敌楼（明）								1		44				360 元
唐县	倒马关长城（明）								1	2006	51		倒马关乡政府，县文物保管所	电话联系	未落实
易县	燕南长城东柳泉村北段						2	易县文物保管所							
易县	燕南长城东城阳段						2	易县文物保管所							
易县	燕南长城曲城段						2	易县文物保管所							
易县	瓦窑关长城（明）						3	易县文物保管所							
易县	小盘石城（明）						3	易县文物保管所							
易县	西线墙体（明）						3	易县文物保管所							
易县	紫荆关关城（明）						3	易县文物保管所	1	1993	55		易县文物保管所		300 元每月

（续表）

县（区）	长城名称	长城保护专职机构					无专职机构但设有专职人员		长城保护员						
		机构名称	设立时间	隶属机关	人员编制	负责人	人员数量	隶属机关	人员数量	设立时间	平均年龄	培训情况	管理单位	管理方式	报酬落实
易县	小新城（明）						3	易县文物保管所							
易县	大雁沟口城墙（明）						3	易县文物保管所							
易县	官座岭长城（明）						3	易县文物保管所							
涞水县	大龙门城堡（明）								1	2006.5	48		涞水县文物管理所	电话、走访	无

石家庄市长城保护管理机构情况表

县（区）	长城名称	长城保护专职机构					无专职机构但设有专职人员		长城保护员						
		机构名称	设立时间	隶属机关	人员编制	负责人	人员数量	隶属机关	人员数量	设立时间	平均年龄	培训情况	管理单位	管理方式	报酬落实
赞皇县	白城口长城								1	2005.1	46				
赞皇县	北泥登口长城								1	2005.1	41				
赞皇县	虎寨口长城								1	2005.2	41				
赞皇县	黄沙岭口长城								1	2005.1	46				
赞皇县	段岭口长城（明）								1	1996.7	42				

邢台市长城保护管理机构调查表

汇总区域：邢台市

县（区）	长城名称	长城保护专职机构					无专职机构但设有专职人员		长城保护员						
		机构名称	设立时间	隶属机关	人员编制	负责人	人员数量	隶属机关	人员数量	设立时间	平均年龄	培训情况	管理单位	管理方式	报酬落实
沙河市	大岭口长城（明）						3	沙河市文物保护管理所	3	2003	40	每年召集一次	沙河市文物保护管理所		
沙河市	黄背岩长城（明）						3	沙河市文物保护管理所	3	2003	40	每年召集一次	沙河市文物保护管理所		
内邱县	鹤度岭明长城（明）						1	内邱县文物局	3	1999. 8	48	不定期培训	县文保所		
邢台县	黄榆岭长城（明）						2	邢台县文物保管所	1	1998	65	每年一次	县文保所		
邢台县	马岭关长城（明）						2	邢台县文物保管所	1	1998	55	每年一次	邢台县文物保管所		
邢台县	支锅岭长城（明）						2	邢台县文物保管所	1	1998	55	每年一次	县文保所		

邯郸市长城保护管理机构情况表

县（区）	长城名称	长城保护专职机构					无专职机构但设有专职人员		长城保护员						
		机构名称	设立时间	隶属机关	人员编制	负责人	人员数量	隶属机关	人员数量	设立时间	平均年龄	培训情况	管理单位	管理方式	报酬落实
武安市	大嵌岩口（明）								1	1999	40		市文保所		
武安市	后柏山长城段（明）								2	1999	57		市文保所		
武安市	黄背岩口长城段（明）								2	1999	48		市文保所		
武安市	黄泽关（明）								2	1999	50		市文保所		
武安市	峻极关长城段（明）								2	1999	50		市文保所		
武安市	炮台岩口长城段（明）								2	1999	55		市文保所		

廊坊市长城保护管理机构调查表

汇总区域：廊坊市

县（区）	长城名称	长城保护专职机构					无专职机构但设有专职人员		长城保护员						
		机构名称	设立时间	隶属机关	人员编制	负责人	人员数量	隶属机关	人员数量	设立时间	平均年龄	培训情况	管理单位	管理方式	报酬落实
大城县	燕南长城								3	2005. 1	35		大城县文物管理所		
文安县	燕南长城								9	2005. 7	28		文安县文物管理所	月保护员学习例会制度，年复查制度	

河北省长城维修情况汇总表

别县（区）	长城名称	长城维修情况							目前长城现状和需要维修的情况
		长城维修项目	审批机关	工程设计单位	工程施工单位	工作起止时间	经费投入	资金来源	
保定涞源县	浮图峪段（明）	东沟长城	河北省文物局	河北省古建筑所	省古建所浮图峪工程队	2004.2－2004.3	53159.49	自筹	抢修，维修工程量非常大
保定唐县	倒马关长城（明）	倒马关城墙维修	河北省人民政府	河北省古建筑所	易县西陵古建处	2000.7－2001.8	30万元	县政府自筹	城墙多处坍塌，关城城墙、城门和战台楼急需维修
保定易县	紫荆关关城（明）	城墙维修	国家文物局	中国文物研究所	河北省古建园林有限公司	2003.4－2004.9	180万	国拨	需要继续维修，东山段急需抢险加固
承德滦平县	金山岭长城（明）	砖垛口西墙体	国家文物局	国家文物局朱希元	巴克什营古建队	1983	10万	国家局拨款	金山岭长城后川口以东和西五眼楼以西自然毁坏严重，墙体部分剥落，敌楼部分裂缝，券门坍塌，敌楼与墙体多处渗漏，砖木结构敌楼坍塌。
		西方台、砖垛楼、墙体	国家文物局	国家文物局朱希元	巴克什营古建队	1984	30万	国家局拨款	
		库房楼、支墙、墙体	国家文物局	国家文物局朱希元	巴克什营古建队	1985	30万	国家局拨款	
		沙岭口、黑楼、墙体	国家文物局	国家文物局朱希元	巴克什营古建队	1986	30万	国家局拨款	
		大小金山楼、墙体	国家文物局	国家文物局朱希元	巴克什营古建队	1987	18万	国家局拨款	
		文字砖墙等			维修队	1998－2005	20万	自筹	
邯郸武安市	峻极关长城段（明）	维修、恢复峻极关长城	邯郸市文物局	武安市文物保管所	长寿泉公司施工队	2003年6月－7月	2万元	基层自筹	目前关墙变形，墙体鼓歪，券顶裂缝。城墙基本上坍塌或遭破坏。需要彻底维护，

（续表）

别县（区）	长城名称	长城维修情况							目前长城现状和需要维修的情况
		长城维修项目	审批机关	工程设计单位	工程施工单位	工作起止时间	经费投入	资金来源	
秦皇岛山海关区	第一关景区段长城（靖边楼至关城北垣烽号台）（明）	山海关镇东楼修缮	国家文物局	河北省古建专家组	山海关区文物局	1998.10/28 –1999.4.24	256 万	地方自筹	
		牧营楼北侧长城外墙抢险修缮	国家文物局	河北省古代建筑保护研究所	河北古建筑园林公司	2005.7.8 – 2006.7.2	120 万	自筹	
		牧营楼南 110 米长城修缮工程	国家文物局	河北省古代建筑保护研究所	北京首华建设经营公司	2006.7 –11	180 万	自筹	
	关城、东罗城段长城（明）	山海关迎恩楼、望洋楼城台修缮加固工程	国家文物局	河北省古代建筑保护研究所	河北古建园林工程有限公司	2004.6.25 – 2005.5.8	222 万	地方自筹	
		山海关迎恩楼、望洋楼城台两侧城墙、马道修缮工程	国家文物局	河北省古代建筑保护研究所	河北古建园林工程有限公司	2004.9.29 – 2005.7.14	880 万	国拨	
		东罗城南墙长城修缮工程	国家文物局	河北省古代建筑保护研究所	山西古建保护工程有限公司	2006.7 –11	480 万	国拨	
		山海关迎恩楼修复	国家文物局	河北省古代建筑保护研究所	北京房修一建筑公司	2005.2 – 2006.8	225 万	地方自筹	
		山海关望洋楼修复	国家文物局	河北省古代建筑保护研究所	苏州园林发展股份有限公司	2004.10 – 2006.8	200 万	地方自筹	
		山海关东罗城服远楼	国家文物局	河北省古代建筑保护研究所	河北古建园林工程有限公司	2005.10.8 – 2006.5.22	42 万	地方自筹	
		山海关东罗城城台及东南、东北角台整体保护	国家文物局	河北省古代建筑保护研究所	河北古建园林工程有限公司	2005.8.20	364 万	国拨	

（续表）

别县（区）	长城名称	长城维修情况							目前长城现状和需要维修的情况
		长城维修项目	审批机关	工程设计单位	工程施工单位	工作起止时间	经费投入	资金来源	
秦皇皇抚宁县	长城抚宁九门口段（明）	点将台（子母台）	河北省文物局	市文物管理处	市文物管理处	2001.3－6	27.73	省拨	
石家庄赞皇县	段岭口长城（明）	墙体维修	旅游局	旅游局	棋盘山管理处	2004.3－2005.11	30万	自筹	年久失修部分地带自然毁坏严重，急需维修
唐山迁安市	红峪口长城（明）	红峪口板楼东城墙	国家文物局	河北省古建所	河北省古建所	2005年3月－2005年10月	100万元	迁安财政	
唐山遵化市	遵化市长城（明）	上关湖长城	无	不详	不祥	1988	19万	遵化市政府投入	遵化市境内的长城全部需要加以维修

河北省破坏长城的违法、违规案件调查汇总表

汇总区域：河北省

县（区）	案件名称	类别	处罚处理主体	有处理结果
保定市涞源县	浮图峪东沟长城被破坏案	刑事处罚	省市县文物部门、县司法机关	经司法部门对犯罪嫌疑人张保忠、蔡德勇提起公诉，判处二犯有期徒刑三年，责令将所破坏的长城修复好。
承德市滦平县	金山岭长城被承德光大农业发展有限责任公司作为企业资产经营事件	行政处理，责令改正	国家文物局，省文物局	2005 年 12 月，原经营公司撤出金山岭长城，2005 年 12 月滦平县成立金山岭长城管理处，负责金山岭长城的保护管理工作。
承德市滦平县	涞源县金山岭长城旅游开发有限公司未经批准在长城上安装灯具，在长城城体上钉金字招牌。	行政处理，责令拆除	省市、文物局	拆除灯具、电线和金字招牌。
秦皇岛市抚宁县	上平山石矿、温泉堡石矿开矿破坏长城烽火台案	行政处罚，罚款	省市文物部门	1. 关闭温泉堡石矿，由国土部门吊销采矿许可证。 并处罚金 3 万元。 2. 上平山石矿已撤离文物保护范围建设控制地带。并处罚金 4 万元
秦皇岛市青龙县	青龙县修京沈高速破坏长城案	行政处理	市县文物部门	县文保所将案件调查情况和实地勘察结果通过文体局报县政府，并同时上报市文物局（当时为市文物处）处理。
秦皇岛市山海关区	1997 年 4 月铁新街路网工程拓宽长城豁口事件（将南水关南侧长城豁口拓宽 35 米，铁新街路从此穿过）	行政处理	省政府	有关责任人进行了行政处理。当年 12 月，经秦皇岛市政府批准，成立了山海关区文物局，使得文物的保护、修缮、研究、执法等项工作得到全面加强。
秦皇岛市山海关区	河北移动通讯公司在山海关东罗城范围内架设信号发射塔事件	行政处理	山海关区文物局	该单位已将违法设施拆除
秦皇岛市山海关区	2003. 6 秦皇岛市电业局擅自在长城保护范围内架设送电高压铁塔事件	行政处理	山海关区文物局	送电高压铁塔已迁出保护范围以外

（续表）

县（区）	案件名称	类别	处罚处理主体	有处理结果
秦皇岛市山海关区	2004. 11 山海关农家饭庄法人卢志强擅自在保护范围内修建围墙事件	行政处理	山海关区文物局	农家饭庄围墙已拆除
唐山市遵化市	1999. 7 马兰关长城非法开采金矿	行政处罚	市文物部门	1. 封堵矿井　2. 罚款 2 万元
唐山市遵化市	罗文峪口西侧堆放尾矿砂	行政处罚	遵化市文体局、环保局	1. 停止排放尾矿沙。2. 恢复植被。3. 罚款 1 万元。
唐山市迁安市	2001 年，红峪山庄旅游开发有限公司在红峪口北山和青龙凉水河乡石山沟开发溶洞并破坏长城事件	行政处罚	省文物局	责令红峪山庄旅游开发有限公司立即停止一切开发利用长城的活动，并依法对其罚款人民币 10 万元；做出被毁坏部分长城修复方案，依法审批后限期实施。2005 年 3 月至 10 月，由省古建所对该段长城进行修复。
唐山市迁安市	违法维修长城，用白灰勾抹	行政处理	省文物局	清除白灰，然后再重新继续修建
唐山市迁西县	榆木岭村民叶志红在其住宅后院城墙内侧修建了一个简易厕所。	行政处理，责令改正	县文物部门	当事人一拆除了城墙内侧的厕所，恢复了原状。
唐山市迁西县	龙全友在青山口村次峪碾盘沟长城内侧建设控制地带内挖掘铁矿石。	行政处理，责令改正	县文物部门	当事人已停止了建设控制地带内的铁矿石开采，恢复了原貌
张家口市宣化县	寇真原矿区（凤凰山正沟长城段）在凤凰山正沟敌楼下不足 20 米露天开采事件	行政处理	县文物部门	按照与东望山乡政府于 2003 年 11 月 25 日签订的恢复长城山体原貌的协议进行了恢复。
张家口市宣化县	寇真在凤凰山正沟长城段城墙东面不足 150 米处露天采矿事件	行政处理	县文物部门	东望山乡政府已将矿区所有人员及车辆清理出山，避免使长城山体遭到更大的破坏
张家口市宣化县	大白阳金矿矿区某采矿车间就建在长城脚下，离明长城不足 150 米	行政处理	县文物部门	该案件正在处理之中。
张家口市宣化县	大白阳金矿将矿口深入到长城腹内，已危及长城安全事件	行政处理	县文物部门	该案件正在处理之中。

（续表）

县（区）	案件名称	类别	处罚处理主体	有处理结果
张家口市宣化县	王宗军在未经我县文物部门审批、调查的情况下，擅自将堆氢厂建在我县明长城保护范围之内事件	行政处理	县文物部门	该案件当事人现正在填平所挖深坑，并在上面种上草籽，尽量恢复长城山体原貌。
张家口市万全县	当地群众拆狼窝沟口长城事件	行政处理	省市文物局	被毁长城得到修复
承德宽城	游艺机投资商拆掉了喜峰口北段长城的一段自然豁口上的城墙	行政处罚	宽城满族自治县政府	今年春季由飞龙游艺中心按原状修复，并处罚款 1000 元

附件五：

中华人民共和国国务院令

第 476 号

《长城保护条例》已经2006年9月20日国务院第150次常务会议通过，现予公布，自2006年12月1日起施行。

总　理　温家宝

二〇〇六年十月十一日

长 城 保 护 条 例

（2006年9月20日国务院第150次常务会议通过，自2006年12月1日起施行）

第一条　为了加强对长城的保护，规范长城的利用行为，根据《中华人民共和国文物保护法》（以下简称文物保护法），制定本条例。

第二条　本条例所称长城，包括长城的墙体、城堡、关隘、烽火台、敌楼等。

受本条例保护的长城段落，由国务院文物主管部门认定并公布。

第三条　长城保护应当贯彻文物工作方针，坚持科学规划、原状保护的原则。

第四条　国家对长城实行整体保护、分段管理。

国务院文物主管部门负责长城整体保护工作，协调、解决长城保护中的重大问题，监督、检查长城所在地各地方的长城保护工作。

长城所在地县级以上地方人民政府及其文物主管部门依照文物保护法、本条例和其他有关行政法规的规定，负责本行政区域内的长城保护工作。

第五条　长城所在地县级以上地方人民政府应当将长城保护经费纳入本级财政预算。

国家鼓励公民、法人和其他组织通过捐赠等方式设立长城保护基金，专门用于长城保护。长城保护基金的募集、使用和管理，依照国家有关法律、行政法规的规定执行。

第六条　国家对长城保护实行专家咨询制度。制定长城保护总体规划、审批与长城有关的建设工程、决定与长城保护有关的其他重大事项，应当听取专家意见。

第七条　公民、法人和其他组织都有依法保护长城的义务。

国家鼓励公民、法人和其他组织参与长城保护。

第八条　国务院文物主管部门、长城所在地县级以上地方人民政府及其文物主管部门应当对在长城保护中作出突出贡献的组织或者个人给予奖励。

第九条　长城所在地省、自治区、直辖市人民政府应当对本行政区域内的长城进行调查；对认为属于长城的段落，应当报国务院文物主管部门认定，并自认定之日起1年内依法核定公布为省级文物保护单位。

本条例施行前已经认定为长城但尚未核定公布为全国重点文物保护单位或者省级文物保护单位的段落，应当自本条例施行之日起1年内依法核定公布为全国重点文物保护单位或者省级文物保护单位。

第十条 国家实行长城保护总体规划制度。

国务院文物主管部门会同国务院有关部门，根据文物保护法的规定和长城保护的实际需要，制定长城保护总体规划，报国务院批准后组织实施。长城保护总体规划应当明确长城的保护标准和保护重点，分类确定保护措施，并确定禁止在保护范围内进行工程建设的长城段落。

长城所在地县级以上地方人民政府制定本行政区域的国民经济和社会发展计划、土地利用总体规划和城乡规划，应当落实长城保护总体规划规定的保护措施。

第十一条 长城所在地省、自治区、直辖市人民政府应当按照长城保护总体规划的要求，划定本行政区域内长城的保护范围和建设控制地带，并予以公布。

省、自治区、直辖市人民政府文物主管部门应当将公布的保护范围和建设控制地带报国务院文物主管部门备案。

第十二条 任何单位或者个人不得在长城保护总体规划禁止工程建设的保护范围内进行工程建设。在建设控制地带或者长城保护总体规划未禁止工程建设的保护范围内进行工程建设，应当遵守文物保护法第十七条、第十八条的规定。

进行工程建设应当绕过长城。无法绕过的，应当采取挖掘地下通道的方式通过长城；无法挖掘地下通道的，应当采取架设桥梁的方式通过长城。任何单位或者个人进行工程建设，不得拆除、穿越、迁移长城。

第十三条 长城所在地省、自治区、直辖市人民政府应当在长城沿线的交通路口和其他需要提示公众的地段设立长城保护标志。设立长城保护标志不得对长城造成损坏。

长城保护标志应当载明长城段落的名称、修筑年代、保护范围、建设控制地带和保护机构。

第十四条 长城所在地省、自治区、直辖市人民政府应当建立本行政区域内的长城档案，其文物主管部门应当将长城档案报国务院文物主管部门备案。

国务院文物主管部门应当建立全国的长城档案。

第十五条 长城所在地省、自治区、直辖市人民政府应当为本行政区域内的长城段落确定保护机构；长城段落有利用单位的，该利用单位可以确定为保护机构。

保护机构应当对其所负责保护的长城段落进行日常维护和监测，并建立日志；发现安全隐患，应当立即采取控制措施，并及时向县级人民政府文物主管部门报告。

第十六条 地处偏远、没有利用单位的长城段落，所在地县级人民政府或者其文物主管部门可以聘请长城保护员对长城进行巡查、看护，并对长城保护员给予适当补助。

第十七条 长城段落为行政区域边界的，其毗邻的县级以上地方人民政府应当定期召开由相关部门参加的联席会议，研究解决长城保护中的重大问题。

第十八条 禁止在长城上从事下列活动：

（一）取土、取砖（石）或者种植作物；

（二）刻划、涂污；

（三）架设、安装与长城保护无关的设施、设备；

（四）驾驶交通工具，或者利用交通工具等跨越长城；

（五）展示可能损坏长城的器具；

（六）有组织地在未辟为参观游览区的长城段落举行活动；

（七）文物保护法禁止的其他活动。

第十九条 将长城段落辟为参观游览区，应当坚持科学规划、原状保护的原则，并应当具备下列条件：

（一）该长城段落的安全状况适宜公众参观游览；

（二）该长城段落有明确的保护机构，已依法划定保护范围、建设控制地带，并已建立保护标志、档案；

（三）符合长城保护总体规划的要求。

第二十条 将长城段落辟为参观游览区，应当自辟为参观游览区之日起 5 日内向所在地省、自治区、直辖市人民政府文物主管部门备案；长城段落属于全国重点文物保护单位的，应当自辟为参观游览区之日起 5 日内向国务院文物主管部门备案。备案材料应当包括参观游览区的旅游容量指标。

所在地省、自治区、直辖市人民政府文物主管部门和国务院文物主管部门，应当自收到备案材料之日起 20 日内按照职权划分核定参观游览区的旅游容量指标。

第二十一条 在参观游览区内举行活动，其人数不得超过核定的旅游容量指标。

在参观游览区内设置服务项目，应当符合长城保护总体规划的要求。

第二十二条 任何单位或者个人发现长城遭受损坏向保护机构或者所在地县级人民政府文物主管部门报告的，接到报告的保护机构或者县级人民政府文物主管部门应当立即采取控制措施，并向县级人民政府和上一级人民政府文物主管部门报告。

第二十三条 对长城进行修缮，应当依照文物保护法的规定办理审批手续，由依法取得文物保护工程资质证书的单位承担。长城的修缮，应当遵守不改变原状的原则。

长城段落已经损毁的，应当实施遗址保护，不得在原址重建。

长城段落因人为原因造成损坏的，其修缮费用由造成损坏的单位或者个人承担。

第二十四条 违反本条例规定，造成长城损毁，构成犯罪的，依法追究刑事责任；尚不构成犯罪，违反有关治安管理的法律规定的，由公安机关依法给予治安处罚。

第二十五条 违反本条例规定，有下列情形之一的，依照文物保护法第六十六条的规定责令改正，造成严重后果的，处 5 万元以上 50 万元以下的罚款；情节严重的，由原发证机关吊销资质证书：

（一）在禁止工程建设的长城段落的保护范围内进行工程建设的；

（二）在长城的保护范围或者建设控制地带内进行工程建设，未依法报批的；

（三）未采取本条例规定的方式进行工程建设，或者因工程建设拆除、穿越、迁移长城的。

第二十六条 将不符合本条例规定条件的长城段落辟为参观游览区的，由省级以上人民政府文物主管部门按照职权划分依法取缔，没收违法所得；造成长城损坏的，处 5 万元以上 50 万元以下的罚款。

将长城段落辟为参观游览区未按照本条例规定备案的，由省级以上人民政府文物主管部门按照职权划分责令限期改正，逾期不改正的，依照前款规定处罚。

在参观游览区内设置的服务项目不符合长城保护总体规划要求的，由县级人民政府文物主管部门责令改正，没收违法所得。

第二十七条 违反本条例规定，有下列情形之一的，由县级人民政府文物主管部门责令改正，造成严重后果的，对个人处 1 万元以上 5 万元以下的罚款，对单位处 5 万元以上 50 万元以下的罚款：

（一）在长城上架设、安装与长城保护无关的设施、设备的；

（二）在长城上驾驶交通工具，或者利用交通工具等跨越长城的；

（三）在长城上展示可能损坏长城的器具的；

（四）在参观游览区接待游客超过旅游容量指标的。

第二十八条 违反本条例规定，有下列情形之一的，由县级人民政府文物主管部门责令改正，给予警告；情节严重的，对个人并处 1000 元以上 5000 元以下的罚款，对单位并处 1 万元以上 5 万元以下的罚款：

（一）在长城上取土、取砖（石）或者种植作物的；

（二）有组织地在未辟为参观游览区的长城段落举行活动的。

第二十九条 行政机关有下列情形之一的，由上级行政机关责令改正，通报批评；对负有责任的主管人员和其他直接责任人员，依照文物保护法第七十六条的规定给予行政处分；情节严重的，依法开除公职：

（一）未依照本条例的规定，确定保护机构、划定保护范围或者建设控制地带、设立保护标志或者建立档案的；

（二）发现不符合条件的长城段落辟为参观游览区未依法查处的；

（三）有其他滥用职权、玩忽职守行为，造成长城损坏的。

第三十条 保护机构有下列情形之一的，由长城所在地省、自治区、直辖市人民政府文物主管部门责令改正，对负有责任的主管人员和其他直接责任人员依法给予行政处分；情节严重的，依法开除公职：

（一）未对长城进行日常维护、监测或者未建立日志的；

（二）发现长城存在安全隐患，未采取控制措施或者未及时报告的。

第三十一条 本条例自 2006 年 12 月 1 日起施行。

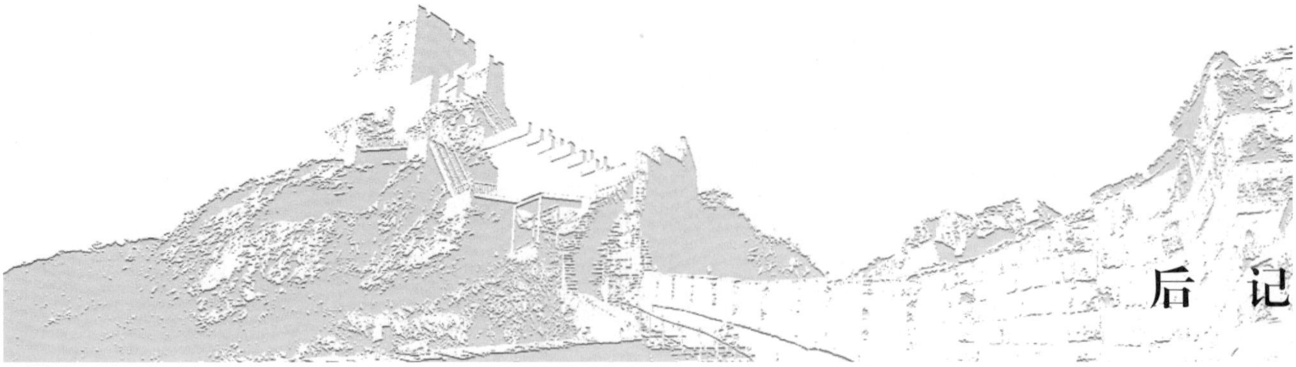

后　记

明长城资源调查是建国以来我国实施的最重要的长城保护工程的基础工作。河北省作为国家文物局确定的明长城资源调查试点省份，于2006年上半年展开了全省范围内的明长城资源调查。为配合国家明长城保护工程及国家文物局明长城资源调查试点工作，河北省文物局同时启动了全省长城保护管理和执法情况调查研究项目，省文物局执法督查处具体承担了这项工作。为做好调查研究，成立了由谢飞副局长任组长的长城保护管理和执法情况调查研究工作组，成员有刘连生、王占良、常金国，并制定了切实可行的工作方案。为保障调查研究工作的顺利实施，相关市、县文物行政主管部门也确定了相应的负责人员，张家口市文物研究所李岩、李现云，唐山市文物管理处翟良富、陈萍，秦皇岛市文物局张立敏，保定市文物局李秋占，石家庄市文物局王兰军、郑健飞，承德市文物局赵晓光，滦平县金山岭长城管理处林全国，邢台市文物管理处魏星，廊坊市文物管理处李明琴，武安市文物管理所贾明田等同志，对当地长城保护管理和执法情况调研做了组织和资料报送工作。

在省文物局执法督查处刘连生处长的主持下，调查研究工作从2006年5月开始，到2007年3月结束，历时10个月，涉及全省9个设区市，48个县（市、区），共268处长城区段。期间，以刘连生为组长，王占良、常金国为成员的长城保护管理和执法情况调研核查组，对承德、张家口、秦皇岛、唐山等市的长城保护管理状况进行了实地核查。承德市文物局赵晓光、秦皇岛市文物局马猛、唐山市文物管理处翟良富、张家口市文物研究所李现云等同志参加了核查工作。通过调查，掌握了大量翔实的科学数据和资料，并在综合分析研究的基础上，展开了《河北省长城保护管理和执法情况调查研究报告》的编写工作。谢飞副局长确定了调查研究报告大纲，对报告撰写提出了明确要求。常金国承担了资料整理和调查研究报告的撰写任务。承德市避暑山庄博物馆杜小东、谭志刚参与了资料统计工作。调查研究报告最后由谢飞副局长审定定稿。此外，县（市、区）文物保护管理部门的同志做了大量艰辛工作，则于人员众多，不一一列出。

2007年6月27日，河北省文物局在北京召开了《河北省长城保护管理和执法情况调查研究报告》座谈会，谢辰生、黄景略、张廷皓、吴加安、成大林、王力军等著名文物专家，国家文物局柴晓明、周明副司长，刘铭威、刘华彬处长应邀出席，领导和专家们对调查研究报告提出了宝贵的意见和建议。2008年9月，著名文物法学专家李晓东先生为报告作序，并对报告内容提出了具体的修改意见。在此，对各位领导和专家对该项调研工作的关心和支持一并致谢。

长城保护是一项长期复杂的系统工程，需要在不断的工作实践中认真总结和探索。这次长城保护管理和执法调查研究工作，是从调查研究入手，对几十年来长城保护管理工作进行回顾，对现状进行客观分析，对今后长城的保护管理工作提出科学意见。由于时间仓促和水平所限，难免有疏漏或不当之处，敬请批评指正。

河北省文物局长城保护管理
和执法情况调查研究工作组

艺术家风采

润喜 主编

YI SHU JI FENG CAI

中国文联出版社